Controvérsias Tributárias dos Mecanismos Contratuais de Ajuste de Preço em Operações de Fusões e Aquisições

Controvérsias Tributárias dos Mecanismos Contratuais de Ajuste de Preço em Operações de Fusões e Aquisições

2019

Mariana Monte Alegre de Paiva

CONTROVÉRSIAS TRIBUTÁRIAS DOS MECANISMOS CONTRATUAIS DE AJUSTE DE PREÇO EM OPERAÇÕES DE FUSÕES E AQUISIÇÕES
© ALMEDINA, 2019

AUTORA: Mariana Monte Alegre de Paiva
DIAGRAMAÇÃO: Almedina
DESIGN DE CAPA: FBA.
ISBN: 978-85-8493-473-7

Dados Internacionais de Catalogação na Publicação (CIP)
(Câmara Brasileira do Livro, SP, Brasil)

Paiva, Mariana Monte Alegre de
Controvérsias tributárias dos mecanismos
contratuais de ajuste de preço em operações de fusões
e aquisições / Mariana Monte Alegre de Paiva. – São Paulo:
Almedina, 2019.
Bibliografia

ISBN 978-85-8493-473-7

1. Direito Tributário, Direito Civil e Contratual
2. Contratos (Direito civil) 3. Direito tributário
4. Direito tributário – Brasil 5. Empresas – Fusões e
aquisições 6. Preços I. Título.

19-24141   CDU-34:336.2(81)

Índices para catálogo sistemático:

1. Brasil: Direito tributário 34:336.2(81)
Maria Alice Ferreira – Bibliotecária – CRB-8/7964

Aviso: O presente trabalho não representa parecer legal ou a opinião de Pinheiro Neto Advogados sobre o assunto tratado, mas apenas de seu autor, para fins acadêmicos.

Este livro segue as regras do novo Acordo Ortográfico da Língua Portuguesa (1990).

Todos os direitos reservados. Nenhuma parte deste livro, protegido por copyright, pode ser reproduzida, armazenada ou transmitida de alguma forma ou por algum meio, seja eletrônico ou mecânico, inclusive fotocópia, gravação ou qualquer sistema de armazenagem de informações, sem a permissão expressa e por escrito da editora.

Março, 2019

EDITORA: Almedina Brasil
Rua José Maria Lisboa, 860, Conj. 131 e 132, Jardim Paulista | 01423-001 São Paulo | Brasil
editora@almedina.com.br
www.almedina.com.br

PREFÁCIO

O livro de autoria de Mariana Monte Alegre de Paiva é fruto do cuidadoso trabalho de conclusão desenvolvido no âmbito do mestrado profissional da Escola de Direito de São Paulo, da Fundação Getúlio Vargas (FGV Direito SP), sob a competente orientação do professor Flavio Rubinstein. O trabalho foi escolhido como um dos três melhores da linha de Direito Tributário, de alunos titulados até final 2017, em concurso de premiação organizado pela Escola. O concurso contou com a participação de mais de uma dezena de avaliadores externos.

O trabalho produzido pela autora é um ótimo exemplo do modelo de pesquisa adotado no mestrado profissional da FGV Direito SP, cuja tônica recai sobre o caráter aplicado do resultado da investigação. A utilidade prática é relevada pelo componente prescritivo do trabalho, sob a forma de recomendações de conduta dirigidas precipuamente aos operadores do direito.

Nesse sentido, o trabalho não pode se limitar a discutir uma questão conceitual ou um problema hermenêutico situado no plano puramente abstrato. Tampouco precisa explorar desavenças doutrinárias ou buscar avançar proposições teóricas. No fundo, o pesquisador se serve do referencial teórico-normativo disponível para resolver questões práticas, embora sem deixar de lado o senso crítico ou descurar da solidez da fundamentação jurídica das soluções propostas. O domínio da legislação aplicável, assim como dos entendimentos doutrinários e jurisprudenciais existentes, possui função instrumental e não deve ser encarado como objetivo maior do trabalho. Importa menos dar uma resposta com pretensões de verdade dogmática e, sim, mapear controvérsias jurídicas para identificar riscos e sugerir alternativas de mitigação.

Para dar conta disso, a pesquisa deve se preocupar inicialmente em conhecer e compreender o contexto fático, a partir de uma visão integrada e multidisciplinar da realidade, para então identificar estratégias de ação juridicamente embasadas. Essa postura transcende a dicotomia clássica entre lícito e ilícito, que tem orientado a produção doutrinária na área jurídica. Não basta ao jurista moderno responder a questões sobre legalidade de condutas; ele também precisa formular juízos de equidade ou de conveniência, dentro da moldura legal previamente definida.

De outro lado, o saber jurídico relevante não mais se amolda às fronteiras disciplinares tradicionais do Direito, que se tornaram artificiais em face da complexidade dos problemas atuais. Tampouco o Direito pode ser corretamente aplicado, sem levar em conta a realidade concreta e as consequências práticas das soluções propostas. Para cumprir sua missão, tanto o pesquisador docente quanto o profissional militante devem ser capazes de transitar entre os vários ramos do Direito e manter diálogo com outras áreas afins do conhecimento.

O tratamento tributário aplicável aos mecanismos contratuais de ajustes de preço no negócio de compra e venda de participação societária, que constitui o tema central da obra, é exemplar nesse aspecto. O enfrentamento do assunto pressupõe inicialmente a compreensão das práticas usuais de mercado, importadas da experiência norte-americana, que se traduzem nas cláusulas contratuais conhecidas como *earn out*, *hold back* e *escrow account*. A realidade concreta inclui ainda outras modalidades de complemento de preço ou de pagamento adicional a título de indenização, por violação de declarações e garantias que o vendedor normalmente presta ao comprador nesse tipo de negócio.

A autora descreve com precisão os mecanismos de ajuste preço considerados mais relevantes, procurando explicar sua racionalidade econômica, as alternativas de expressão contábil e os possíveis desdobramentos fiscais. O relato não foi extraído de textos clássicos de Direito Tributário, mas demandou uma pesquisa articulada com a linha de Direito dos Negócios, que também faz parte do mestrado profissional da FGV Direito SP. A abordagem multidisciplinar nesse caso foi essencial para permitir a construção de parâmetros jurídicos devidamente fundamentados, que fizessem sentido na prática e fossem equilibrados sob o ponto de vista dos vários interesses em jogo (públicos e privados).

O trabalho se destaca pela multiplicidade de exemplos práticos, que buscam ilustrar e contextualizar a discussão sobre o enquadramento do arranjo negocial à luz do Direito Privado, para então determinar seus efeitos no campo do Direito Tributário. Os exemplos não se resumem a situações que geraram disputas administrativas ou judiciais, mas também abrangem casos reais não litigiosos.

A preocupação em se manter conectada com a realidade concreta demandou da autora um esforço de investigação que transcende a consulta às fontes tradicionais da pesquisa jurídica (legislação, doutrina e jurisprudência). A autora valeu-se ainda de outros meios de informação, como o exame de instrumentos contratuais disponíveis ao público em geral, ou a que teve acesso em função de sua atuação profissional. Daí resultou um trabalho que não se baseia apenas em referências bibliográficas, ou se limita a reproduzir conhecimento doutrinário já publicado.

A autora identifica, problematiza e discute as questões jurídicas sensíveis, considerando o contexto fático em que estão inseridas e suas consequências práticas. As polêmicas não são apresentadas de forma maniqueísta ou sustentadas por argumentos puramente dogmáticos. As reflexões são dotadas de rigor acadêmico, na medida em que analisam posições contrapostas, mostrando os vários ângulos do problema, de forma neutra e abrangente.

Além da capacidade de análise e avaliação crítica, merece elogio a postura da autora em formular recomendações de conduta ou ação prática, com a objetivo de mitigar riscos de dissenso posterior com as autoridades tributárias. Daí porque se espera que a obra proporcione ao leitor não apenas a aquisição de conhecimento qualificado e teoricamente robusto, mas sobretudo útil e diretamente aplicável à atividade profissional.

Mario Engler Pinto Junior
Professor e Coordenador do Mestrado Profissional da FGV Direito SP

SUMÁRIO

PREFÁCIO 5

SUMÁRIO 9

1. INTRODUÇÃO 13

2. REFERENCIAL TEÓRICO 19
   2.1. As Razões pelas Quais os Mecanismos Contratuais de Ajuste
      de Preço Existem 19
   2.2. As Regras Tributárias que Atualmente Tratam dos Mecanismos ... 28
   2.3. A Interpretação das Normas que Regem os Mecanismos
      Contratuais 41
      2.3.1. A Dificuldade de Interpretação pelo Fisco: o Exemplo
         da Aplicação do Artigo 123 do CTN 41
      2.3.2. As Formas de "Interpretação Econômica"
         e a "Interpretação Contextualizada" 49
      2.3.3. A Importância dos Lançamentos Contábeis e os Fluxos
         Financeiros 56

3. *EARN OUT* 63
   3.1. A Função do Mecanismo de *Earn Out* 63
   3.2. Natureza Jurídica do *Earn Out*: Preço 69
      3.2.1. O Tratamento Tributário da Contraprestação Contingente ... 70
      3.2.2. Contraprestação Contingente Sujeita a Condição Resolutiva:
         e se Depois o *Earn Out* não For Pago? Impactos na Redução
         do Custo de Aquisição 92

CONTROVÉRSIAS TRIBUTÁRIAS DOS MECANISMOS CONTRATUAIS

3.2.3. E a Tributação do Ganho do Vendedor? Qual o Momento da Disponibilidade?	94
3.3. Natureza Jurídica do *Earn Out*: Pagamento Adicional (Despesa do Comprador e Rendimento / Receita do Vendedor)	96
3.4. Natureza Jurídica do *Earn Out*: Remuneração do Vendedor Pessoa Física	107
3.5. Sugestões e Recomendações Práticas no Pagamento de *Earn Out*	116

4. *HOLDBACK* E DEPÓSITO EM *ESCROW* — 121

4.1. A Função do Mecanismo de *Holdback* e *Escrow*	121
4.2. Natureza Jurídica do *Holdback* e *Escrow*: Preço	124
4.2.1. E a Tributação do Ganho do Vendedor? Novamente a Questão da Disponibilidade	135
4.2.2. E se o Valor Retido não for Liberado ao Vendedor? Impactos da Redução do Custo de Aquisição	143
4.2.3. A Recuperação do Valor Retido pelo Comprador Poderia ser Tratada como Indenização, em vez de Redução de Custo de Aquisição?	144
4.3. Peculiaridades no Tratamento da *Escrow*: a Tributação de Rendimentos Financeiros	153
4.4. Sugestões e Recomendações Práticas no *Holdback* e *Escrow*	158

5. AJUSTES DE PREÇO — 161

5.1. A Função do Mecanismo de Ajuste de Preço	161
5.2. Natureza Jurídica do Ajuste de Preço Positivo e Negativo: Contraprestação Sujeita a Condição Suspensiva	165
5.3. Sugestões e Recomendações Práticas na Execução dos Ajustes de Preço	182

6. INDENIZAÇÃO — 185

6.1. A Função do Mecanismo de Indenização	185
6.2. Conceito Jurídico de Dano e Espécies de Indenização	192
6.3. Tratamento Tributário de Indenização	193
6.4. As Problemáticas da Indenização em Fusões e Aquisições	198
6.4.1. Qual o Dano e Quem o Sofre?	198
6.4.2. Tratamento de Preço como Indenização	203
6.4.3. Indenização *versus* Reembolso de Despesas	205
6.4.4. Valores Devidos pelo Comprador ao Vendedor por Ativos Contingentes: Indenização ou Reembolso?	210
6.5. Sugestões e Recomendações Práticas no Pagamento de Indenização	217

7. CONCLUSÕES	221
7.1. Síntese Objetiva das Controvérsias Discutidas	221
7.2. Comentários Finais	227
7.3. Cuidados com a Documentação Pré-fechamento e Pós-fechamento	228
REFERÊNCIAS	235

1
Introdução

O livro pretende examinar as principais controvérsias tributárias decorrentes dos mecanismos contratuais de ajuste de preço, usualmente utilizados em contratos de aquisição de participação societária, no contexto de operações societárias de fusões e aquisições (também denominadas em conjunto como "transações")[1].

Especialmente em grandes transações, é bastante comum que as partes envolvidas[2], com base nos resultados da auditoria e da diligência legal, discordem em relação a alguns aspectos da própria avaliação financeira da empresa[3] ("empresa-alvo") ou a respeito de passivos e contingências específicos envolvidos no negócio. Para alcançar um consenso, as partes podem estabelecer condições, ajustes e limitações ao pagamento do preço. Assim, o preço poderá variar dependendo de certos eventos, sofrendo

---

[1] *Mergers and Acquisitions,* termo mais utilizado no mercado, ou simplesmente "operações de M&A". Aqui tratadas como fusões e aquisições. Para facilitar análise, vamos cuidar da aquisição de quotas ou ações de uma empresa, mas, evidentemente, há uma série de outras operações societárias que também podem envolver as mesmas discussões aqui propostas, como uma cisão parcial seguida de aquisição, incorporação de ações, *drop down* etc.

[2] No âmbito da aquisição de quotas ou ações, vamos tratar aqui de adquirente e alienante. Apenas para facilitar a leitura, utilizaremos a terminologia mais coloquial: comprador e vendedor.

[3] *Target company,* aqui denominada de empresa-alvo.

alterações – complementações ou até reduções – conforme as cláusulas contratuais acordadas.

Existem diversos mecanismos contratuais que vem sendo aprimorados ao longo do tempo para flexibilizar a determinação do preço, dentre os quais destacamos aqueles utilizados com mais frequência na prática: *earn out*[4]; *holdback*[5] e *escrow*[6], ajustes de preço[7] e indenizações.

Note-se que, na prática, podem ser utilizados procedimentos de implementação dos tipos de mecanismos contratuais de forma isolada ou, como ocorre na maioria das vezes, conjuntamente. Assim, é comum que uma mesma transação envolva a retenção de uma parcela de preço para fins de garantia (*holdback*) e que o pagamento de outra parcela de preço seja condicionada a determinadas metas estipuladas (*earn out*). Um mesmo contrato também pode prever diferentes mecanismos de ajustes devidos ao comprador e também deveres de indenizar o comprador. Não há qualquer regra quanto à possibilidade de utilização de um ou mais mecanismos: a adoção desses mecanismos decorre somente da negociação entre as partes.

Segundo o Private Target M&A Deal Points Study, estudo elaborado pela American Bar Association e publicado nos Estados Unidos em dezembro de 2017[8], que analisou transações em 2016 e no primeiro semestre de 2017, em 86% das transações foram negociados diferentes ajustes de preços.

---

[4] Como será explicado adiante, *earn out* consiste em uma parcela do preço de aquisição cujo pagamento é postergado para um momento futuro, a depender de determinada condição acordada entre as partes.

[5] *Holdback* trata essencialmente de uma parcela do preço de aquisição retida pelo comprador, para fins de garantia, que somente será efetivamente paga no caso de verificação de determinadas condições acordadas entre as partes.

[6] *Escrow*, ou conta-garantia, diz respeito a uma parcela do preço de aquisição retida pelo comprador, para fins de garantia, e depositada em uma conta específica, sendo que sua liberação depende de determinadas condições acordadas entre as partes.

[7] Em relação ao ajuste de preço, o preço da aquisição da participação societária pode variar no tempo, normalmente no período compreendido entre a assinatura do contrato e o fechamento, de forma que as partes fixam um preço inicial que deverá ser posteriormente ajustado, para cima ou baixo, a depender de certos parâmetros financeiros. Tecnicamente, o mecanismo de ajuste de preço não se confunde com os demais mecanismos analisados como o *earn out* e *holdback*, que podem ser denominados genericamente como "mecanismos de ajuste", já que, na prática, acabam por também afetar o preço final do negócio.

[8] Vide informações extraídas de: https://www.stikeman.com/en-ca/kh/canadian-ma-law/New-Private-MA-Deal-Points-Details-You-Need-to-Know. Acesso em 20.9.2018.

INTRODUÇÃO

Em 45% dos casos, houve retenção de parte do preço por meio de *escrow*. Ainda, em 29% dos casos se verificou cláusulas de declarações e garantias.

A pesquisa conduzida pelo escritório norte-americano Kramer Levin[9] analisou 93 operações no período de janeiro de 2016 a setembro de 2018. Em 65% dos casos, foram utilizadas cláusulas de declarações e garantias; em 41% dos casos foram adotados mecanismos de *holdback* ou *escrow*.

Infelizmente pesquisas e estudos similares no Brasil são ainda escassos, a despeito do enorme volume de fusões e aquisições nos últimos anos. Em relação a tal volume, registre-se que, segundo levantamento da PriceWaterhouseCoopers ("PwC"), em 2017 foram concluídas 643 transações[10]. Do total, apenas 216 transações tiveram seu valor revelado; essas transações totalizaram aproximadamente R$ 184 Bilhões. No período de 2010 a 2016, foram concluídas 5.353 transações, uma média de 764 por ano, segundo a PwC[11].

Conforme revela o estudo da Deloitte Touche Tohmatsu ("Deloitte") de 2015[12], baseado em entrevista com 87 executivos que realizaram transações no Brasil nos 3 anos anteriores, em 50% dos casos foi utilizada conta *escrow* e em 48% dos casos mecanismos contratuais para garantir contingências da empresa-alvo (até o término do prazo decadencial ou prescricional)[13].

É certo que os mecanismos de ajuste de preço são inegavelmente utilizados de forma intensa na prática dos negócios, mas isso não é exatamente

---

[9] Disponível em: https://www.kramerlevin.com/en/perspectives-search/deal-points-study--representations-and-warranties-insurance-continues-its-significant-influence-on-M&A-deal--terms.html. Acesso em 17.9.2018.

[10] Disponível em: https://www.pwc.com.br/pt/estudos/servicos/assessoria-tributaria-societaria/fusoes-aquisicoes/2017/pwc-fusoes-aquisicoes-dezembro-2017.html. Acesso em 22.1.2019.

[11] Disponível em: https://www.pwc.com.br/pt/.../assets/fusoes.../pwc-fusoes-aquisicoes--dezembro-2016.pdf. Acesso em 21.10.2018.

[12] Disponível em: https://www2.deloitte.com/content/dam/Deloitte/br/Documents/mergers--acqisitions/Pesquisa-de-Integracao-Brasil-2015.pdf. Acesso em 21.8.2017.

[13] Quando se trata de contingências não materializadas, ou seja, potenciais, que ainda não se concretizaram, geralmente as partes concordam em reservar uma parte do preço caso as contingências se materializem, isto é, caso as Autoridades de fato identifiquem as irregularidades e formalizem as cobranças. Em razão disso, normalmente os valores ficam retidos pelo prazo decadencial ou prescricional, já que, ultrapassado tal prazo, as Autoridades não poderiam mais exigir da empresa-alvo, e o comprador não teria mais desembolsos com eventuais cobranças.

novidade. Por que então surgiu agora a necessidade de estudar esses mecanismos, especificamente sob o viés do Direito Tributário?

Como será visto adiante, as normas que existem hoje não cuidam de forma particular do tratamento tributário dos mecanismos contratuais ora analisados e geram dúvidas para as empresas. Além disso, por serem naturalmente complexos, os mecanismos contratuais não necessariamente têm uma única natureza jurídica, de modo que a identificação desta natureza pode variar conforme as peculiaridades de cada caso.

Neste contexto, o papel de definir a natureza jurídica e esclarecer os respectivos impactos tributários tem sido relegado ao Fisco e aos Julgadores, que, ao examinarem os casos concretos, acabam preenchendo as próprias lacunas e incertezas da legislação. A complexidade inerente aos mecanismos só torna esse papel mais difícil de ser executado.

Porém, o próprio Fisco não tem se atentado de forma tão intensa às questões tributárias derivadas dos grandes contratos de fusões e aquisições, com exceção da questão do ágio, hoje tratado como *goodwill* (ágio por rentabilidade futura)[14], que há tempos vem sendo objeto de grande disputa com as empresas. Além disso, quando o Fisco analisa determinada matéria, nem sempre é fácil compreender a real função e utilização dos mecanismos no contexto negocial.

Para ilustrar, vale comentar a respeito da discussão em torno dos valores depositados em *escrow*. Durante anos o Fisco entendeu que valores depositados em *escrow*, quaisquer que fossem as justificativas, seriam parte do preço de aquisição e deveriam ser considerados como ganho de capital do vendedor independentemente da efetiva disponibilidade jurídica e econômica, sujeitando-se à tributação no momento do depósito.

Diante dessa interpretação, muitos contribuintes sofreram grandes autuações fiscais e, aos poucos, levaram a discussão ao Conselho Administrativo de Recursos Fiscais ("CARF"), responsável por julgar, em última instância, as matérias tributárias na esfera administrativa. O CARF tem entendido que os valores depositados em *escrow* deveriam ser tributados somente quando liberados definitivamente ao vendedor, após

---

[14] Como será visto adiante, *goodwill* é hoje definido na legislação como ágio por rentabilidade futura e corresponde à diferença positiva entre o preço pago pelo comprador ao vendedor e a soma do patrimônio líquido da empresa-alvo e da mais-valia ou menos-valia dos ativos (a mais ou menos-valia é a diferença entre o valor justo e o valor contábil dos ativos). Sob certas condições, o *goodwill* pode ser amortizado na apuração do lucro real.

implementadas as condições contratualmente definidas pelas partes. Na sua visão, o pagamento daquela parcela de preço retida e depositada em *escrow* é condicionado a um evento futuro e incerto e, em razão disso, não seria possível exigir a tributação quando do depósito.

Esse exemplo mostra que a jurisprudência administrativa do CARF tem evoluído, gradativamente, para reconhecer que a análise de cada contrato e as peculiaridades de cada caso são essenciais para determinar a real natureza jurídica dos mecanismos contratuais. Nesse sentido, em todas as situações em que os Julgadores administrativos verificaram que a liberação dos valores retidos em *escrow* estava condicionada a eventos futuros e incertos, a exigência da tributação foi afastada.

No entanto, mesmo analisando com mais atenção os aspectos tributários dos mecanismos contratuais, a jurisprudência não consegue acompanhar a rapidez com que o mundo corporativo caminha e, apesar dos precedentes favoráveis aos contribuintes no que tange à questão da tributação do *escrow*, outras questões muito relevantes como a tributação dos pagamentos feitos a título de *earn out* e *holdback*, por exemplo, não foram ainda devidamente desenvolvidas.

São ainda relativamente poucos os precedentes jurisprudenciais, em especial na esfera judicial, que cuidam de mecanismos como *earn out*, *holdback*, ajustes de preço etc., de forma que certamente há muito espaço para discutir os impactos tributários decorrentes da utilização dessas cláusulas.

Nesse contexto, e especialmente porque, no calor das negociações, muitas vezes as próprias partes não prestam tanta atenção às implicações tributárias dos mecanismos contratuais de ajuste de preço, surgiu o interesse de explorar com maior profundidade as problemáticas envolvidas, com um viés objetivo e que mostre efetivamente quais são os principais problemas que podem vir a ser enfrentados no âmbito tributário, para que os profissionais e as próprias partes possam compreender adequadamente os riscos e optar por se precaver contra eventuais questionamentos do Fisco.

Assim, o objetivo central deste livro é tratar das principais controvérsias tributárias envolvendo os referidos mecanismos contratuais, permitindo ao leitor a compreensão de todas as suas possíveis implicações tribu-tárias e possibilitando a comparação e escolha em cada caso concreto. Adicionalmente, o livro pretende examinar medidas de mitigação de riscos, em especial quanto à elaboração dos contratos e à definição de estratégias, considerando as suas próprias limitações e fragilidades.

Espera-se, assim, que este livro possa colaborar de forma prática em um campo tão relevante do mercado, qual seja, a área de fusões e aquisições, estimulando a reflexão a respeito das implicações tributárias de cada mecanismo e a discussão de novas alternativas e estruturas.

Após essa Introdução, o capítulo 2 traz o chamado "referencial teórico": com o auxílio de conceitos básicos de economia, será visto porque os mecanismos de ajuste de preço foram desenvolvidos e são tão relevantes para viabilizar as transações. Na sequência, serão mencionadas as principais regras tributárias que hoje tratam dos mecanismos. Em razão da insuficiente regulamentação normativa, serão apontadas as linhas da "interpretação econômica" e será proposta a chamada "interpretação contextualizada" dos mecanismos.

Uma vez apresentadas essas premissas básicas, os capítulos 3 a 6 analisarão as controvérsias envolvidas na qualificação jurídico-tributária dos mecanismos contratuais, respectivamente, *earn out*, *holdback* e *escrow*, ajustes de preço e indenização. Nesse contexto, será essencial demonstrar que não existe uma única resposta: um mesmo mecanismo pode ser enquadrado de várias maneiras, dependendo da sua real natureza jurídica. Assim, essa reflexão crítica será o ponto crucial deste livro: mostrar que não há uma fórmula pronta e que as partes devem se atentar para todos os possíveis cenários e riscos na utilização desses mecanismos.

Ao longo dos referidos capítulos, serão propostos cuidados na redação das cláusulas contratuais e nos procedimentos adotados, justamente para oferecer parâmetros que tragam maior segurança para lidar com esses mecanismos no dia-a-dia. O capítulo final retoma as discussões e traz uma síntese das principais conclusões do livro.

É importante esclarecer que a escolha das cláusulas analisadas se deu pela sua evidente utilização na prática. A seleção dos mecanismos de ajuste de preço, portanto, não foi arbitrária, mas sim baseada na experiência prática própria da autora, que se dedica a questões tributárias há anos, levando em consideração quais são os mecanismos adotados com maior frequência pelas partes.

Após a delimitação dos mecanismos contratuais, o livro considerou as regras legais, as várias regulamentações tributárias, a doutrina nacional e estrangeira e a jurisprudência em sentido amplo, tanto administrativa como judicial, incluindo manifestações do Fisco.

2
Referencial Teórico

O propósito desse capítulo é mostrar como se pretendeu efetuar a análise tributária dos mecanismos contratuais. Para tanto, as seguintes indagações serão percorridas: por que, afinal, existem mecanismos contratuais de ajuste de preço? Quais as regras que hoje tratam desses mecanismos? Essas regras são claras o suficiente? Em caso negativo, como interpretar os mecanismos e definir a sua natureza jurídica para fins de determinação do tratamento tributário? Como o artigo 123 do Código Tributário Nacional ("CTN") tem sido aplicado pelo Fisco? Ao final, será indicada como sugestão a adoção de uma linha de interpretação que insira os mecanismos contratuais no contexto negocial.

2.1. As Razões pelas Quais os Mecanismos Contratuais de Ajuste de Preço Existem

Na linha do que foi indicado anteriormente, os mecanismos contratuais são utilizados com muita frequência, o que já justificaria a sua relevância prática. Mas é preciso dar um passo atrás e buscar entender a lógica desses mecanismos. Para tanto, surge a indagação: afinal, por que os mecanismos contratuais de ajuste de preço existem? Em uma transação, se as partes têm o mesmo interesse em comum, qual seja, concluir o negócio, por que os seus interesses se chocam, exigindo a adoção dessas ferramentas?

Como em qualquer negócio, é absolutamente natural um certo descompasso: o comprador em geral quer pagar o mínimo possível, enquanto o vendedor quer maximizar o preço. Mas na realidade as razões de divergência em transações envolvendo a aquisição de participação societária são um pouco mais complexas do que esse simples descompasso. Sem a pretensão de aprofundamento nos estudos de economia – o que fugiria ao objeto do presente livro – vale trazer alguns conceitos econômicos básicos que são importantes para compreender essas divergências, que são o motivo pelo qual os mecanismos contratuais surgiram.

De forma sintética, a economia mostra que precisamos de intervenção do Estado porque, devido a certas "falhas de mercado", nem sempre os mercados são capazes de se autorregular a ponto de atingir um determinado nível de bem-estar social desejado, conforme expõem Robert Cooter e Thomas Ulen[15]. Dentre as principais "falhas" que afetam a eficiência do mercado, se destacam os monopólios (poder de mercado), as externalidades (positivas ou negativas), os bens públicos e a assimetria de informações.

No que interessa ao presente livro, vale explorar, ainda que brevemente, a assimetria informacional, uma das mais graves falhas de mercado. Os mencionados autores[16] explicam que a assimetria informacional significa, em síntese, um desequilíbrio de informações entre as partes, que pode ser tão grave a ponto de impedir que uma parte seja capaz de obter quaisquer informações a respeito de outra.

Ao comentar sobre o problema da assimetria informacional, Joseph E. Stigliz[17] aponta que a assimetria é absolutamente natural, já que em geral um indivíduo terá mais conhecimento do que o outro sobre determinado tema ou assunto. Para ilustrar, o economista cita um exemplo simples: um empregado sabe muito melhor das suas habilidades técnicas do que o seu futuro empregador. Assim, é evidente que o empregador, ao contratar o empregado, tem menos informações disponíveis, ainda que faça uma extensa pesquisa a respeito do candidato e diversas entrevistas e análises, porque há informações que apenas o empregado detém.

---

[15] COOTER, Robert; ULEN, Thomas. Law and Economics. 6ª edição. Berkeley Law Books, 2016. Disponível em: http://scholarship.law.berkeley.edu/books/2. p. 53.

[16] Ibidem. p. 43.

[17] STIGLIZ, Joseph. E. Information and the Change in the Paradigm in Economic. p. 11. The American Economic Review, Vol. 92, nº 3, junho 2002. pp. 469 e 470.

A regulação estatal consegue mitigar esse problema de assimetria informacional em várias situações. Robert Cooter e Thomas Ulen[18] citam o exemplo da aquisição de imóveis: os compradores estão, em regra, em uma situação pior por desconhecerem problemas dos imóveis sobre os quais somente os vendedores têm pleno conhecimento. Os compradores podem pagar valores altos por imóveis que apresentam problemas ocultos, distorcendo a eficiência do mercado imobiliário. O Estado pode tentar corrigir essa falha ao impor o dever dos vendedores de divulgar os problemas dos imóveis, sob pena de serem civilmente responsabilizados caso os vendedores descubram, posteriormente, defeitos que não foram devidamente informados.

No contexto de transações de fusões e aquisições, a assimetria informacional significa um grave problema, porque, sem acesso completo e integral às informações necessárias, as partes enfrentam dificuldades ao negociar a alienação de participação societária. Daniel Lundenberg e Brice Bostian[19] comentam que, no mundo ideal, sem falhas de mercado, qualquer um seria plenamente capaz de avaliar com exatidão o valor dos bens e direitos e apurar as contingências e sua extensão. Assim, para avaliar a participação societária em uma empresa, nesse mundo ideal, o comprador teria total capacidade de realizar a melhor avaliação financeira possível e identificar com precisão o valor exato do seu investimento e os riscos inerentes ao negócio.

Diferentemente do mundo ideal em que as informações estariam plenamente disponíveis e o próprio mercado forneceria as ferramentas para precificar exatamente os negócios, na realidade a informação é escassa e obtê-la de forma completa e precisa tem um alto preço e leva bastante tempo.

Em transações de fusões e aquisições, na prática, o vendedor (i) deveria ter todas as informações disponíveis sobre a empresa que está negociando, mas muitas vezes sequer tem conhecimento de certos problemas envolvendo a empresa-alvo, que só são descobertos na diligência, e por isso o vendedor

---

[18] Ibidem. pp. 41 e 42.

[19] LUNDENBERG, Daniel; BOSTIAN, Brice. Accounting for Transaction Costs and Earn-outs in M&A. In Practical Law Company. 2012. p. 3. Disponível em: https://www.grantthornton.ca/resources/Accounting%20for%20Transaction%20Costs%20and%20Earn-outs%20in%20M-A%20(4-504-4662).pdf. Acesso em 26.9.2017.

não consegue fornecer informações relevantes para a análise do comprador; (ii) às vezes, não tem interesse em fornecer tudo que for solicitado pelo comprador, e até intencionalmente não fornece todas as informações para ocultar determinado aspecto mais problemático ou menos favorável da empresa-alvo; (iii) não consegue fornecer de maneira compreensível e eficiente por falta de tempo ou organização; ou mesmo (iv) não compreende exatamente a importância de fornecer todas as informações, deixando de prover, até por desconhecimento, documentos imprescindíveis.

Diante desse problema de assimetria informacional, em tese o comprador deveria tentar, ao máximo, obter todas as informações disponíveis para precificar a sua proposta, mas na prática isso custa tempo e dinheiro. Logo, nem sempre é possível que o comprador colete um nível razoável de informações a respeito da empresa-alvo. Como então viabilizar o fechamento de um negócio sem ter acesso a todas as informações daquele investimento? Como se proteger em relação a informações inacessíveis?

Além das falhas de mercado, a própria economia, em sua vertente mais moderna, tem destacado o grave problema da racionalidade limitada dos indivíduos. Tradicionalmente, a economia assumiu que, ao fazer escolhas, os indivíduos seriam racionais. Mas, na prática, diversos experimentos mostraram que essa premissa não seria real, como indica Richard Posner[20], e que, portanto, o comportamento dos indivíduos seria mais complexo e influenciável do que imaginado.

Essa premissa da economia tradicional, assim, se mostrou inadequada e deu origem, inclusive, ao desenvolvimento de um ramo específico da economia conhecido como "economia comportamental", a qual explora justamente a irracionalidade inerente mesmo aos indivíduos mais capacitados, como comentam Robert Cooter e Thomas Ulen[21].

---

[20] POSNER, Richard. Economics Analysis of Law. Aspen Casebook Series. 8ª edição, 2011. pp. 20 e 21.

[21] Segundo os autores: *"In our review of microeconomic theory we have followed modern microeconomists in assuming that decision makers are rationally self-interested. This theory of decision making is called rational choice theory and has served the economics profession well over the past 60 or more years in theorizing about how people make explicitly economic decisions. But rational choice theory has been under attack over the past 30 years or so. This attack has been principally empirical. That is, it has been premised on experimental findings that people do not behave in the ways predicted by rational choice theory".* Complementam ao expor que *"rational choice theory cannot explain the observed behavior*

REFERENCIAL TEÓRICO

Ao tratar do tema, Hal R. Varian[22] menciona importantes descobertas da economia comportamental: os indivíduos tomam decisões de acordo com o contexto em que estão inseridos, ou seja, conforme as escolhas são apresentadas; tendem a ancorar suas decisões com base em parâmetros já conhecidos ou fornecidos; e constroem e variam suas preferências ao longo do tempo.

A racionalidade limitada tem sérias consequências quando tratamos de grandes transações de fusões e aquisições: o contexto influencia muito uma transação, de modo que, por exemplo, se o comprador propuser a retenção de parte do preço para fins de garantia, o vendedor pode reagir de maneira distinta dependendo da forma como a proposta é feita pelo comprador.

Se o comprador propuser um preço inicial menor, a retenção de uma parte do preço e o pagamento dessa parcela de preço apenas caso determinado evento se materialize no futuro, o vendedor poderia se sentir menos confortável em aceitar do que se o comprador oferecer um preço inicial maior, o depósito do valor em *escrow* e se comprometer a liberar se determinado evento não ocorrer. Na prática, o mecanismo é exatamente o mesmo, mas colocado de forma mais positiva para o vendedor, a sua decisão pode variar. Da mesma forma que, se o comprador oferecer a retenção do preço por meio de depósito em *escrow*, o vendedor poderia se sentir mais disposto a aceitar a retenção se for titular da conta ao invés de a titularidade remanescer com o comprador, ainda que, em ambas as hipóteses, o contrato somente permita a liberação ao vendedor sob certas condições.

Cass R. Sunstein[23], por sua vez, também comenta sobre outro problema relevante identificado pela economia comportamental: a aversão ao risco. Em geral, os indivíduos são mais avessos ao risco e preferem maior certeza face ao risco.

A aversão ao risco se verifica de maneira especialmente curiosa nos casos de transações de fusões e aquisições: o comprador mais avesso ao risco, em regra, tenta descontar o máximo possível do preço em relação

---

in the ultimatum bargaining game or hindsight bias. The central insight of behavioral economics is that human beings make predictable errors in judgment, cognition, and decision making". Ibidem. p. 50.

[22] VARIAN, Hal R. Microeconomia: conceitos básicos. Rio de Janeiro: Elsevier, 2006. pp. 586 a 601.

[23] SUNSTEIN, Cass R. Behavioral Analysis of Law (Program in Law & Economics Working Paper No 46, 1997). Disponível em: http://chicagounbound.uchicago.edu/law_and_economics/79/. pp. 5 a 8. Acesso em 21.8.2017.

aos riscos identificados, busca garantias suficientes para se proteger contra riscos ocultos e ainda tende a superestimar os passivos da empresa-alvo. Esse comprador mais avesso ao risco tenta impor ao vendedor uma série de mecanismos de ajuste de preço para se garantir contra quaisquer problemas futuros.

Ainda, Cass R. Sunstein[24] aborda problemas como visão enviesada, otimismo irreal e confiança exagerada. O autor ressalta que os julgamentos dos indivíduos tendem a ser parciais e demasiadamente otimistas e confiantes: um indivíduo geralmente acha que ele merece mais do que o outro. E isso se aplica mesmo para indivíduos bem instruídos e de altas classes sociais: trata-se de uma percepção geral de autoconfiança exagerada[25].

Esse tipo de visão enviesada gera sérias consequências no contexto tratado: em regra, o vendedor tem apego e vínculo emocional com o seu negócio, e, com um viés mais tendencioso, acaba por subestimar as fragilidades e os pontos críticos da sua empresa e superestimar o seu potencial e, consequentemente, o preço.

Por exemplo, quando um comprador identifica uma contingência não materializada de natureza cível, apresenta o embasamento legal, a jurisprudência e outros casos similares para mostrar ao vendedor o risco identificado e a sua valoração. Mas o vendedor tende a desconsiderar e argumentar que a sua empresa nunca sofreu qualquer questionamento e que o risco seria mais teórico, e que, logo, as chances de a contingência se materializar e implicar efetivo desembolso financeiro seriam na realidade baixas. Isso acontece com razoável frequência e decorre justamente em razão dos aspectos acima examinados. Cass R. Sunstein[26] inclusive comenta que os indivíduos são sequer capazes de considerar as reais probabilidades de eventos ocorrerem, ainda que tenham dados suficientes para tal estimativa.

---

[24] Ibidem. pp. 9 e 10.

[25] Para exemplificar, o autor cita várias pesquisas empíricas que indicam que os indivíduos acreditam que estão menos propensos a sofrerem acidentes, a perderem o emprego, a se divorciarem etc. Segundo Cass R. Sunstein: *"People's judgments about fairness are self-serving; people also tend to be both unrealistically optimistic and overconfident about their judgments. (...) self-serving bias – a belief that one deserves more than other people tend to think – affects both parties to a negotiation, and this makes agreement very difficult"*. Ibidem. p. 9.

[26] Ainda, o autor comenta que *"people make judgments about probability on the basis of heuristic devices, responsive perhaps to high costs of inquiry and decision, that work in many cases but that tend also to lead to systematic errors"*. Ibidem. p. 13.

REFERENCIAL TEÓRICO

Cabe ressalvar que essas considerações se aplicam inclusive quanto tratamos de vendedor e comprador pessoas jurídicas, já que, afinal, quem comanda as empresas são os acionistas principais, os presidentes, os diretores e administradores etc., ou seja, indivíduos pessoas físicas que inevitavelmente apresentam os problemas acima comentados, em menor ou maior grau.

Nesse contexto de falhas de mercado e racionalidade limitada, Ronald J. Gilson[27] aplica, exatamente, os conceitos econômicos acima no ambiente de negócios para questionar a chamada *"capital asset pricing theory"*, cuja compreensão é importante na presente análise.

A esse respeito, no mundo perfeito, todos os bens e serviços seriam corretamente precificados, mas esse mundo perfeito dependeria, essencialmente, das seguintes premissas: (i) todos os investidores avaliam seus investimentos com o mesmo horizonte temporal; (ii) todos os investidores compartilham as mesmas expectativas quanto aos riscos futuros de cada ativo; (iii) não há custos de transação envolvidos nos negócios; e (iv) a informação está integralmente disponível no mercado para todo e qualquer investidor.

Contudo, o autor aponta que essas premissas são irreais, essencialmente em razão dos problemas acima mencionados. Tratando de forma mais específica das falhas no ambiente de negócios e investimentos, Ronald J. Gilson[28] indica que (i) investidores não lidam com o mesmo horizonte temporal, dependendo do seu perfil específico; (ii) cada investidor apresenta um método próprio de prever riscos e avaliar desempenhos futuros;

---

[27] GILSON, Ronald J. Value Creation by Business Lawyers: Legal Skills and Asset Pricing. Yale Law Journal, 1984. Disponível em https://www.jstor.org/stable/796226?seq=1#page_scan_tab_contents. Acesso em 21.8.2017.

[28] Ronald J. Gilson adiciona que *"these assumptions, of course, do not describe the real world. Investors do not have the same time horizons; indeed, it is often precisely because they do not-for example, an older person may wish to alter the composition of his portfolio in favor of assets whose earnings patterns more closely match his remaining life span that a transaction occurs in the first place. Similarly, investors do not have homogeneous expectations; the phenomenon of conflicting forecasts of earnings or value even among reputed experts is too familiar for that assumption to stand. Transaction costs, of course, are pervasive. Finally, information is often one of the most expensive and poorly distributed commodities. In short, the world in which capital assets are priced and transactions actually carried out differs in critical respects from the world of perfect markets in which capital asset pricing theory operates".* Ibidem. p. 253.

(iii) custos de transação são consideráveis; e (iv) informação é a *commodity* mais rara e difícil de obter no mercado.

Logo, é absolutamente normal que as grandes transações apresentem diversas fases de investigação, incluindo diligência legal e negociação entre as partes, que podem levar meses, envolvendo não apenas as empresas, mas também consultores financeiros, auditores e advogados, e que, ao final, haja sérias desavenças entre as partes que compliquem o fechamento do negócio.

É curioso notar que geralmente as operações são estruturadas em algumas etapas principais cuja sequência cronológica mostra, justamente, a necessidade de superar os problemas acima. Michael E. S. Frankel[29] sintetiza as etapas da seguinte maneira: (i) avaliação preliminar da aquisição da empresa-alvo[30]; (ii) análise financeira da empresa-alvo e elaboração de modelagens financeiras; (iii) condução do processo de diligência legal pelos auditores e advogados, envolvendo as principais áreas (RH, TI, jurídico, etc.) para identificação de problemas, passivos e contingências do negócio; (iv) discussão e negociação quanto às questões identificadas na diligência legal; (v) finalização da negociação quanto ao preço e condições do negócio; e finalmente (vi) assinatura do contrato de aquisição[31]; seguida de (vi) providências com o momento pós-fechamento (obrigações das partes, divulgação de informações ao mercado etc.).

Em um mundo ideal, o vendedor forneceria todas as informações possíveis sobre a empresa-alvo, e ao menos as etapas (i) a (iv) acima seriam absolutamente desnecessárias. Como já mencionado, porém, na realidade existe uma série de problemas e limitações, e, especialmente após as fases (ii) e (iii), o comprador pode não conseguir avaliar determinado aspecto pela ausência ou incompletude de informações ou mesmo conseguir identificar de forma parcial aspectos que podem impactar a transação – e que talvez fossem avaliados de forma mais completa e precisa se o nível de informações se mostrasse adequado.

Por exemplo, na fase (ii), o comprador pode identificar que há certos problemas financeiros com a empresa, como um alto índice de endividamento

---

[29] FRANKEL, Michael E. S. Mergers and Acquisitions Basics: the key steps of acquisitions, divestitures and investments. Wiley, 2005. p. 281.

[30] Acompanhada, muitas vezes, da assinatura de um documento formal que mostra a intenção preliminar do comprador de fechar o negócio, como o *Memorandum of Understanding* ("MOU").

[31] Em regra, denominado de *Share Purchase Agreement* ("SPA").

com instituições financeiras, ou mesmo uma margem de lucro que não era aquela inicialmente informada pela empresa-alvo. Na fase (iii), por exemplo, após a conclusão dos trabalhos de auditoria, o comprador pode identificar graves problemas que podem igualmente impactar a transação, como contingências trabalhistas envolvendo reclamações ajuizadas por empregados ainda em curso e sem acordo, ou passivos não materializados de natureza tributária que podem implicar futuras cobranças milionárias contra a empresa-alvo.

Todas essas etapas são, portanto, necessárias porque, na realidade em que estamos inseridos, a *capital asset pricing theory* é, infelizmente, apenas uma ficção desse mundo perfeito. Por isso, na prática, o maior desafio por parte do comprador nas grandes transações é justamente obter e avaliar adequadamente todas as informações possíveis e negociar efetivas garantias e proteções, assim como o vendedor também vai tentar se precaver da melhor maneira e buscar o melhor negócio para si mesmo.

Além disso, especialmente no caso de grandes transações, é preciso ter em mente que o processo de aquisição como um todo é muito custoso e desgastante. Nesse contexto, não é incomum que as negociações se encerrem sem sucesso. Isso ocorre em geral porque (i) o comprador pode ter dúvidas quanto ao desempenho financeiro futuro da empresa-alvo; (ii) o comprador e o vendedor podem apresentar avaliações de risco distintas em relação a passivos e contingências da empresa-alvo etc., e o vendedor mais enviesado pode se recusar a admitir riscos no seu negócio; (iii) o comprador avesso ao risco pode não querer assumir todos os passivos e contingências e não conseguir negociar de forma lógica com o vendedor as garantias e proteções que deseja; (iv) o comprador pode não obter e analisar todas as informações e documentos necessários para fazer uma avaliação completa quanto à empresa-alvo, dentre vários outros problemas. Nesse sentido, quando as partes não conseguem chegar a um consenso, as operações simplesmente terminam.

Mas, com o passar do tempo, foram sendo desenvolvidos vários mecanismos contratuais que têm conseguido mitigar consideravelmente os efeitos danosos desses pontos de divergência entre as partes, evitando que, em face de graves discordâncias, os negócios deixem de ser fechados. Logo, para superar essas dificuldades, as partes podem optar por (i) não prever um preço determinado, condicionando o pagamento de uma parcela do preço a eventos futuros (*earn out*); (ii) acordar um valor determinado mas que será parcialmente retido pelo comprador (*holdback* e *escrow*); (iii) estabelecer hipóteses contratuais diversas de ajuste do preço do negócio dependendo de certas condições; e (iv) prever declarações e garantias que, caso se verifiquem falsas ou impressas, ensejam o dever de indenização.

Assim, hoje temos diversos mecanismos contratuais que servem exatamente para viabilizar a conclusão da transação, prevendo essas alterações no preço de venda. Dentre esses mecanismos, serão objeto de análise no presente livro aqueles utilizados com mais frequência na experiência da autora.

2.2. As Regras Tributárias que Atualmente Tratam dos Mecanismos

Sendo inegável a importância dos mecanismos de ajuste de preço, seria possível assumir que, em termos de normas, o Governo teria todo interesse em regulamentar de forma precisa a sua utilização, para que as empresas tivessem segurança e pudessem prever exatamente os impactos tributários desses mecanismos. No entanto, a legislação tributária atualmente não endereça, de maneira específica e completa, os efeitos tributários dos mecanismos de ajustes.

Vale apenas comentar que a insuficiência de regulamentação tributária específica não é, por si só, necessariamente um problema. Afinal, há vários negócios jurídicos, estruturas e contratos atípicos utilizados na prática com muita frequência sem qualquer regulamentação em lei[32]. O próprio Código Civil ("CC/2002") garante a licitude de contratos atípicos, desde que respeitadas as regras gerais[33]. Além disso, segundo o nosso ordenamento jurídico, as empresas têm direito à livre iniciativa e plena liberdade de contratar[34], de modo que a insuficiência de regulamentação tributária não

---

[32] Apenas para exemplificar: atividades diversas como *streaming* de vídeos e filmes, armazenamento de dados em nuvens, locação de espaço físico e infraestrutura para hospedagem de equipamentos, hospedagem de websites, gestão de programas de fidelização (pontos) etc.

[33] Vide artigo 425 do CC/2002: "Art. 425. É lícito às partes estipular contratos atípicos, observadas as normas gerais fixadas neste Código".

[34] Nos termos dos artigos 170, parágrafo único, e 5º, II, da CF/1988:
"Art. 170. A ordem econômica, fundada na valorização do trabalho humano e na livre iniciativa, tem por fim assegurar a todos existência digna, conforme os ditames da justiça social, observados os seguintes princípios:
(...)
Parágrafo único. É assegurado a todos o livre exercício de qualquer atividade econômica, independentemente de autorização de órgãos públicos, salvo nos casos previstos em lei".

deveria ser um empecilho para a utilização dos mecanismos de ajuste que, aliás, nunca deixaram de ser utilizados pelas empresas.

Como será visto abaixo, a regulamentação para fins tributários foi na realidade introduzida apenas em 2014 e antes disso, mesmo sem quaisquer regras tributárias, certamente as empresas já se valiam dos mecanismos e tinham que lidar com as incertezas quanto ao tratamento tributário. A introdução de normas tributárias infralegais trouxe mais debate aos mecanismos contratuais, já que se valeu de conceitos mais abrangentes sem definir exatamente como tratar cada situação. Essas normas estão sendo aos poucos interpretadas e não foram ainda objeto de tanto debate entre Fisco e contribuintes.

Nesse contexto, a insuficiência de regulamentação tributária atual, aliada à complexidade das cláusulas dos contratos de aquisição de participação societária, e, adicionalmente, à jurisprudência ainda incipiente, gera um quadro de instabilidade na utilização dos mecanismos de ajuste para fins de determinação dos impactos tributários. As manifestações do Fisco e dos Julgadores do CARF não são tantas e são relativamente recentes, de modo que hoje existe um cenário de maior incerteza, razão pela qual as controvérsias identificadas neste livro merecem ser discutidas.

Primeiro, vale sintetizar as normas tributárias hoje existentes para evidenciar suas lacunas. É preciso pontuar que, do ponto de vista do comprador, a aquisição de participação societária implica a determinação do custo de aquisição. O custo de aquisição é importante porque está em regra intimamente relacionado com o conceito de *goodwill*, que se torna interessante por ser amortizável para fins fiscais. Conforme autorizado pela legislação, o comprador pode, sob certas circunstâncias, excluir para fins de apuração do lucro real o saldo do ágio existente na contabilidade na data da aquisição da participação societária, à razão de 1/60 no máximo, para cada mês do período de apuração, à alíquota conjugada de 34%[35], diminuindo assim o IRPJ/CSL a recolher.

"Art. 5º Todos são iguais perante a lei, sem distinção de qualquer natureza, garantindo-se aos brasileiros e aos estrangeiros residentes no País a inviolabilidade do direito à vida, à liberdade, à igualdade, à segurança e à propriedade, nos termos seguintes:

(...)

II – ninguém será obrigado a fazer ou deixar de fazer alguma coisa senão em virtude de lei".

[35] A alíquota do IRPJ é de 15%, mas é devido um adicional de 10% sobre a parcela que exceder o valor resultante da multiplicação de R$ 20.000,00 pelo número de meses do período de

Como a própria expressão já diz, o custo de aquisição é o valor pago pelo comprador ao vendedor em determinada transação, ou seja, é o próprio preço de aquisição.

No caso da aquisição de um investimento, a legislação autoriza o registro do investimento pelo seu custo de aquisição, sem sofrer qualquer alteração conforme o desempenho da investida (custo histórico registrado na contabilidade pelo preço pago no momento da aquisição), ou exige a avaliação pelo método da equivalência patrimonial ("MEP")[36].

O artigo 20 do Decreto-Lei nº 1.598/1977, com a redação dada pela Lei nº 12.973/2014, estabelece que, na aquisição de participação societária, o comprador que avaliar o investimento pelo valor do patrimônio líquido deve desdobrar o custo de aquisição[37]. Inicialmente, deve ser apontado o valor do patrimônio líquido na época da aquisição, conforme a legislação comercial[38].

O comprador tem o dever de mensurar os ativos adquiridos e passivos assumidos pelo valor justo na data da aquisição, nos termos do parágrafo 5º do referido artigo 20. Segundo Sérgio de Iudícibus e Eliseu Martins[39],

---

apuração. A aliquota de CSL, regra geral, é de 9%. Ao longo do trabalho, para as empresas sujeitas ao lucro real, será indicada a alíquota conjunta de IRPJ/CSL como 34%.

[36] Em síntese, o MEP implica a atualização do valor contábil do investimento ao valor correspondente à porcentagem de participação detida pela investidora no capital social sobre o patrimônio líquido da empresa investida. Nos termos do artigo 248 da Lei das S.A., todo investimento em controlada e coligada deve ser obrigatoriamente avaliado pelo MEP, de modo que as variações no patrimônio líquido da investida se refletem no balanço patrimonial da investidora.

[37] "Art. 20. O contribuinte que avaliar investimento pelo valor de patrimônio líquido deverá, por ocasião da aquisição da participação, desdobrar o custo de aquisição em:

I – valor de patrimônio líquido na época da aquisição, determinado de acordo com o disposto no artigo 21; e II – mais ou menos-valia, que corresponde à diferença entre o valor justo dos ativos líquidos da investida, na proporção da porcentagem da participação adquirida, e o valor de que trata o inciso I do caput; e

III – ágio por rentabilidade futura (goodwill), que corresponde à diferença entre o custo de aquisição do investimento e o somatório dos valores de que tratam os incisos I e II do caput".

[38] Nos termos do artigo 248 da Lei das S.A.

[39] IUDÍCIBUS, Sérgio de; MARTINS, Eliseu. Uma investigação e uma proposição sobre o conceito e o uso do valor justo. In Revista de Contabilidade e Finanças da USP, nº 44, 2007. pp. 11 e 17. Disponível em: https://www.revistas.usp.br/rcf/article/view/34220/36952. Acesso em 26.9.2017.

com base nas normas contábeis internacionais e nas normas contábeis brasileiras[40], valor justo é aquele valor pelo qual o ativo ou passivo poderia ser transacionado entre partes em uma operação no mercado sem qualquer favorecimento, devendo corresponder, em síntese, ao valor de mercado.

Em seu *caput*, o artigo 20 determina que o comprador deve apurar a diferença entre o valor justo dos ativos e o valor do patrimônio líquido na época da aquisição, o que resulta em mais-valia ou menos-valia.

É preciso verificar a diferença entre o preço da aquisição do investimento (contraprestação paga pelo comprador ao vendedor) e a soma do patrimônio líquido e da mais-valia ou menos-valia. Se a diferença for positiva, o comprador apura *goodwill*, que é definido no inciso III do mencionado artigo 20 como o ágio por rentabilidade futura; se for negativa, apura ganho na compra vantajosa (deságio). Note-se que o *goodwill*, na condição de ágio por rentabilidade futura, deve ser justificado pelo comprador com base em estimativas, projeções e previsões sólidas quanto à lucratividade futura da empresa-alvo.

Assim, nos termos da legislação, existe uma ordem obrigatória de alocação do preço de aquisição[41], que, a princípio, não comporta exceções: o preço é alocado em razão da participação societária adquirida entre os ativos e passivos; é apurada mais-valia ou menos-valia na diferença entre o valor justo dos ativos e o valor contábil; e residualmente, *goodwill* ou ganho por compra vantajosa[42]. Trata-se de uma hierarquia na alocação do preço e o *goodwill* só é admitido se for de fato residual.

---

[40] Segundo as regras contábeis do Pronunciamento Técnico CPC 15: "Valor justo é preço que seria recebido pela venda de um ativo ou que seria pago pela transferência de um passivo em uma transação não forçada entre participantes do mercado na data de mensuração".

[41] É a chamada *purchase price allocation – PPA*. Cabe mencionar que a IN RFB nº 1.700/2017, em seu artigo 178, parágrafo 1º, exige o registro desses valores em subcontas distintas na escrituração da sociedade, justamente para maior controle do PPA.

[42] Como mencionado, *goodwill* consiste na diferença positiva entre o preço de aquisição e a soma do patrimônio líquido da empresa-alvo e da mais-valia ou menos-valia dos ativos. Dependendo de certas condições, o comprador pode amortizar as despesas com o *goodwill*, pelo prazo mínimo de 5 anos. Já o ganho na chamada compra vantajosa, quando o valor pago pelo comprador excede o valor justo dos ativos líquidos da empresa-alvo, deve ser tributado, também pelo prazo mínimo de 5 anos. O ganho na compra vantajosa, portanto, representa a princípio efetiva receita do comprador. Seria interessante discutir igualmente se o ganho na compra vantajosa estaria sujeito ao PIS/COFINS. Esse não é o objetivo do presente livro, mas

É importante destacar que a mais-valia ou menos-valia não é dedutível para fins de IRPJ/CSL, devendo compor o custo de aquisição (para fins de apuração do ganho de capital do comprador quando de uma futura alienação).

Já a despesa com o *goodwill*, quando justificado na expectativa de rentabilidade futura da empresa-alvo, pode ser amortizada do lucro real quando resultante de aquisição de participação societária avaliada pelo MEP, sendo necessário que de fato se verifique uma operação societária de fusão, cisão ou aquisição entre partes independentes[43] para que o *goodwill* seja realmente passível de dedução[44]. Assim, nos termos da legislação, o saldo do *goodwill* existente na contabilidade na data da aquisição da participação societária poderá ser excluído do lucro real, à razão de 1/60 no máximo, para cada mês do período de apuração, à alíquota conjugada de 34% apenas no caso de aquisição de participação societária[45] e exige, necessariamente, suporte em laudo técnico[46].

é um ponto interessante para futuras pesquisas. Trata-se de receita efetiva do comprador nos termos do artigo 12 do Decreto-Lei nº 1.598/1977?

[43] Segundo o artigo 23 da Lei nº 12.973/2014, consideram-se partes dependentes quando: "(...) I – o adquirente e o alienante são controlados, direta ou indiretamente, pela mesma parte ou partes;

II – existir relação de controle entre o adquirente e o alienante;

III – o alienante for sócio, titular, conselheiro ou administrador da pessoa jurídica adquirente;

IV – o alienante for parente ou afim até o terceiro grau, cônjuge ou companheiro das pessoas relacionadas no inciso III; ou

V – em decorrência de outras relações não descritas nos incisos I a IV, em que fique comprovada a dependência societária".

[44] Nos termos dos artigos 20, 21 e 22 da Lei nº 12.973/2014.

[45] Na prática tratado como *share deal*: a empresa compradora adquire ações (capital social) dos atuais acionistas da empresa-alvo, e, portanto, a compradora se torna acionista. Como resultado, seria possível imaginar que as empresas optariam, em regra, pela aquisição de participação societária seguida de incorporação para fins de aproveitamento fiscal do *goodwill*, quando existente. Entretanto, é preciso considerar que o *share deal* pode implicar assunção de responsabilidade de eventuais dívidas tributárias da investida nos termos do artigo 132 do CTN, enquanto que a aquisição de ativos da empresa (tratado como *asset deal*) não necessariamente implica assunção dessa responsabilidade (apenas se for caracterizada aquisição de fundo de comércio, conforme artigo 133 do CTN). É preciso avaliar caso a caso qual estrutura é mais adequada.

[46] Conforme expressamente previsto no parágrafo 1º do artigo 22 da Lei nº 12.973/2014. Ainda, segundo o artigo 20 do Decreto-Lei nº 1.598/1977, os valores do patrimônio líquido, da

REFERENCIAL TEÓRICO

Atualmente, a Instrução Normativa da Receita Federal do Brasil ("IN RFB") nº 1.700/2017[47] regulamenta o artigo 20 do Decreto-Lei nº 1.598/1977 e traz as regras infralegais que cuidam da definição do custo de aquisição. Dentre elas, cabe destacar o artigo 178, parágrafo 12[48], que, ao estabelecer a ordem da alocação do preço de aquisição, determina de forma expressa que o custo de aquisição *"respeitará o disposto na legislação comercial, **considerando inclusive contraprestações contingentes**, sendo o seu tratamento tributário disciplinado no art. 196".* (g.n.)

O conceito infralegal de contraprestação contingente contido no artigo 197 da IN RFB nº 1.700/2017[49] é definido como (i) as obrigações assumidas pelo comprador de transferir ativos ou participações societárias

mais-valia ou menos-valia e do *goodwill* devem ser registrados em "laudo elaborado por perito independente que deverá ser protocolado na Secretaria da Receita Federal do Brasil ou cujo sumário deverá ser registrado em Cartório de Registro de Títulos e Documentos, até o último dia útil do 13º (décimo terceiro) mês subsequente ao da aquisição da participação". O artigo 178 da IN RFB nº 1.700/2017 detalha o procedimento de protocolo do laudo.

[47] Revogou e substituiu a antiga IN RFB nº 1.515/2014.

[48] "Art. 178. O contribuinte que avaliar investimento pelo valor de patrimônio líquido deverá, por ocasião da aquisição da participação, desdobrar o custo de aquisição em: (...)

§ 12. A composição do custo de aquisição a que se refere o caput respeitará o disposto na legislação comercial, considerando inclusive contraprestações contingentes, sendo o seu tratamento tributário disciplinado no art. 196".

[49] Note-se que o conceito de contraprestação contingente, embora não conste em lei tributária, foi primeiramente incorporado por meio dos artigos 110 e 111 da revogada IN RFB nº 1.515/2014, e hoje consta nos atuais artigos 196 e 197 da IN RFB nº 1.700/2017:

"Art. 197. Para efeitos do disposto nesta Instrução Normativa considera-se:

I – contraprestação contingente numa operação de combinação de negócios:

a) as obrigações contratuais assumidas pelo adquirente de transferir ativos adicionais ou participações societárias adicionais aos ex-proprietários da adquirida, subordinadas a evento futuro e incerto; ou

b) o direito de o adquirente reaver parte da contraprestação previamente transferida ou paga, caso determinadas condições sejam satisfeitas".

"Art. 196. Os reflexos tributários decorrentes de obrigações contratuais em operação de combinação de negócios, subordinadas a evento futuro e incerto, inclusive nas operações que envolvam contraprestações contingentes, devem ser reconhecidos na apuração do lucro real e do resultado ajustado nos termos dos incisos I e II do art. 117 da Lei nº 5.172, de 1966:

I – sendo suspensiva a condição, a partir do seu implemento;

II – sendo resolutória a condição, desde o momento da prática do ato ou da celebração do negócio.

§ 1º O disposto neste artigo independe da denominação dada à operação ou da forma contábil adotada pelas partes envolvidas.

adicionais ao vendedor dependendo de evento futuro e incerto; ou (ii) o direito do comprador de reaver parte do preço transferido ou pago, caso certas condições sejam satisfeitas. Note-se que esse conceito não encontra correspondência em lei tributária em sentido estrito, mas pode ser buscado no Direito Civil, nos termos do artigo 110 do CTN[50], que autoriza a utilização de conceitos do direito privado na aplicação das regras tributárias.

No âmbito do Direito Civil, os contratos bilaterais implicam necessariamente reciprocidade das obrigações, isto é, ambas as partes devem prestações uma a outra; inclusive, por isso a bilateralidade também importa a interdependência das obrigações, já que a existência de uma obrigação é subordinada à existência de outra obrigação da outra parte, como aponta Caio Mário da Silva Pereira[51]. Cada parte condiciona a sua própria prestação justamente à contraprestação da outra, razão pela qual o artigo 476 do CC/2002[52] determina que uma parte não pode exigir o implemento da obrigação da outra antes de cumprir a sua própria, já que as partes possuem direitos e obrigações recíprocas. Arnoldo Wald[53] também comenta sobre os contratos bilaterais, exemplicando algumas situações:

> Os contratos são bilaterais quando criam deveres jurídicos para ambos os contratantes (...) Entre os contratos bilaterais, ou, ao lado deles, conhecem-se os contratos plurilaterais que se caracterizam não só pela multiplicidade das partes (mais de dois contrantes), como também pela identidade das obrigações e das finalidades almejadas por todos os contrantes (v.g., o contrato de sociedade).

§ 2º Para efeitos do disposto neste artigo, a pessoa jurídica deverá proceder aos ajustes do lucro líquido para fins de apuração do lucro real e do resultado ajustado, no e-Lalur e no e-Lacs".

[50] "Art. 110. A lei tributária não pode alterar a definição, o conteúdo e o alcance de institutos, conceitos e formas de direito privado, utilizados, expressa ou implicitamente, pela Constituição Federal, pelas Constituições dos Estados, ou pelas Leis Orgânicas do Distrito Federal ou dos Municípios, para definir ou limitar competências tributárias".

[51] PEREIRA, Caio Mário da Silva. Instituições de Direito Civil. Volume III. 12ª edição. Rio de Janeiro: Forense, 2006. p. 65 a 67.

[52] "Art. 476. Nos contratos bilaterais, nenhum dos contratantes, antes de cumprida a sua obrigação, pode exigir o implemento da do outro".

[53] WALD, Arnoldo. Obrigações e contratos. 16ª edição, revisada, ampliada e atualizada de acordo com o Código Civil de 2002, com a colaboração do Prof. Semy Glanz. São Paulo: Saraiva, 2004. pp. 228 a 229.

> (...) São contratos bilaterais o de compra e venda (o comprador deve pagar o preço e o vendedor deve entregar a coisa), o de locação de coisas (o locador entregar a posse do objeto e o locatário paga o aluguel), o de prestação de serviços (o prestador realiza determinado trabalho e a outra parte, o locatário, paga os seus salários, vencimentos ou honorários) e muitos outros.

O contrato de aquisição de participação societária, sendo bilateral, em regra envolve a prestação / obrigação do comprador, qual seja, a de pagar o preço, e a prestação / obrigação do vendedor, qual seja, a de entregar a sua participação societária. O vendedor somente transfere a titularidade da sua participação mediante a contraprestação do comprador de realizar o pagamento.

O termo "contraprestação" é utilizado com frequência em outros contextos, e geralmente é atrelado à obrigação de pagar, sempre com o significado de representar uma obrigação frente à obrigação assumida pela outra parte[54]. Já "contingente", como o próprio termo diz, significa incerto, eventual, duvidoso. Para fins jurídicos, o conceito de contraprestação contingente, portanto, envolve uma obrigação ainda incerta: a obrigação existe, pois foi assumida pela parte, mas o seu cumprimento pode ou não ocorrer no futuro.

No contexto das fusões e aquisições, o termo "contraprestação contingente" se refere ao preço da aquisição da participação societária, mas esse preço, sendo contingente, tem como principal característica a incerteza quanto ao seu efetivo pagamento. A despeito da incerteza inerente, o artigo 178 da IN RFB nº 1.700/2017, ao prever no parágrafo 12 que a contraprestação contingente compõe o preço, confirma a sua natureza de preço de aquisição.

Esse conceito é absolutamente essencial na análise das controvérsias tributárias, já que na maior parte das situações será possível qualificar os mecanismos contratuais de ajuste de preço como contraprestações contingentes, ou seja, como preço de aquisição.

Como será visto adiante, ao conceituar a contraprestação contingente, mesmo que de forma não tão precisa, o artigo 197 da IN RFB nº 1.700/2017

---

[54] Por exemplo, o conceito de "contraprestação pecuniária" devida pelo contratante de plano de saúde, nos termos da legislação da Agência Nacional de Saúde Suplementar, ou pelo ente público ao concessionário de serviços públicos.

remete, em seu inciso I, item 'a', ao mecanismo *earn out* como o compromisso contratual do comprador de pagar certo valor ao vendedor futuramente – preço cujo pagamento é condicionado ao atingimento de meta futura – e em seu item 'b' ao *holdback* ou *escrow* como o direito do comprador de reaver parte do preço – preço retido para garantir eventual quebra de declaração, ajuste negativo no preço ou indenização devida pelo vendedor. Assim, esses dois mecanismos, como outros, têm em geral natureza de preço de aquisição, e são assim tratados pela legislação infralegal na condição de contraprestações contingentes.

Ao cuidar do tratamento tributário, o artigo 196 da IN RFB nº 1.700/2017 se limitou a indicar que os reflexos tributários de operações que envolvem contraprestações contingentes devem ser determinados, para fins de apuração do lucro real, conforme os artigos 116 e 117 do CTN. Note-se ainda que, em seu parágrafo 1º, o artigo 196 da IN RFB nº 1.700/2017 estabelece que os efeitos tributários a serem atribuídos às contraprestações contingentes independem "*da denominação dada à operação ou da forma contábil adotada pelas partes envolvidas*". Essa previsão mostra que cada cláusula deve ser avaliada conforme a sua natureza jurídica específica, independentemente de qualquer denominação formal.

Lidos conjuntamente, os artigos 116, II, e 117 do CTN[55] determinam, para fins de incidência tributária, que o fato gerador se verifica (i) no momento do implemento da condição suspensiva; ou (ii) no momento

---

[55] "Art. 116. Salvo disposição de lei em contrário, considera-se ocorrido o fato gerador e existentes os seus efeitos:

I – tratando-se de situação de fato, desde o momento em que o se verifiquem as circunstâncias materiais necessárias a que produza os efeitos que normalmente lhe são próprios;

II – tratando-se de situação jurídica, desde o momento em que esteja definitivamente constituída, nos termos de direito aplicável.

Parágrafo único. A autoridade administrativa poderá desconsiderar atos ou negócios jurídicos praticados com a finalidade de dissimular a ocorrência do fato gerador do tributo ou a natureza dos elementos constitutivos da obrigação tributária, observados os procedimentos a serem estabelecidos em lei ordinária.

Art. 117. Para os efeitos do inciso II do artigo anterior e salvo disposição de lei em contrário, os atos ou negócios jurídicos condicionais reputam-se perfeitos e acabados:

I – sendo suspensiva a condição, desde o momento de seu implemento;

II – sendo resolutória a condição, desde o momento da prática do ato ou da celebração do negócio".

da prática do ato ou da celebração do negócio vinculado a condição resolutiva.

Os conceitos de condição suspensiva e resolutiva devem ser buscados no Direito Civil. Segundo os artigos 121 a 128 do CC/2002: (i) no caso de condição suspensiva, o negócio jurídico não tem eficácia enquanto a condição não se implementar, não trazendo qualquer tipo de implicação jurídica para as partes (artigo 125[56]); e, por sua vez, (ii) no caso de condição resolutiva, o negócio jurídico é válido e eficaz desde a sua celebração; mas caso a condição resolutiva se implemente, ou seja, o evento futuro e incerto se verifique, o negócio jurídico será então desfeito e os direitos serão extintos (artigos 127 e 128[57]).

Segundo Caio Mário da Silva Pereira[58], quando a eficácia do negócio jurídico está sujeita a condição suspensiva, a obrigação assumida está suspensa, havendo apenas a expectativa de direito. Apesar disso, a relação jurídica foi constituída e o negócio jurídico está formado, ainda que sujeito a tal condição. Maria Helena Diniz[59] bem sintetiza os efeitos da pactuação de uma condição suspensiva:

> Pendente a condição suspensiva não se terá direito adquirido, mas expectativa de direito ou direito eventual. Só se adquire o direito após o implemento da condição. A eficácia do ato negocial ficará suspensa até que se realize o evento futuro e incerto. A condição se diz realizada quando o acontecimento previsto se verificar. Ter-se-á, então, o aperfeiçoamento do ato negocial, operando-se ex tunc, ou seja, desde o dia de sua celebração (...).

---

[56] "Art. 125. Subordinando-se a eficácia do negócio jurídico à condição suspensiva, enquanto esta se não verificar, não se terá adquirido o direito, a que ele visa".

[57] "Art. 127. Se for resolutiva a condição, enquanto esta se não realizar, vigorará o negócio jurídico, podendo exercer-se desde a conclusão deste o direito por ele estabelecido.

Art. 128. Sobrevindo a condição resolutiva, extingue-se, para todos os efeitos, o direito a que ela se opõe; mas, se aposta a um negócio de execução continuada ou periódica, a sua realização, salvo disposição em contrário, não tem eficácia quanto aos atos já praticados, desde que compatíveis com a natureza da condição pendente e conforme aos ditames de boa-fé".

[58] PEREIRA, Caio Mário da Silva. Instituições de Direito Civil. Volume I. 22ª edição. Rio de Janeiro: Forense, 2008. p. 564 e 567.

[59] DINIZ, Maria Helena. Código Civil anotado. 14ª edição revisada e atual. São Paulo: Saraiva, 2009. p. 162.

Um ponto relevante apontado por Sílvio de Salvo Venosa[60] diz respeito à situação jurídica da obrigação sujeita à condição suspensiva. Como indicado acima, enquanto não confirmada a ocorrência da condição, não há direito propriamente dito. Nesse sentido, o jurista bem complementa:

> O credor possui um direito eventual (ver *Direito Civil: parte geral*, Capítulo 18). Não existe a obrigação, não podendo o credor exigir o seu cumprimento, enquanto não ocorrer o implemento. (...) Ocorrendo o implemento da condição, imediatamente é exigível a obrigação (art. 332). Cabe ao credor provar que o devedor teve ciência do evento.

Diferentemente, no caso da eficácia sujeita a condição resolutiva, o direito é imediatamente adquirido e o negócio jurídico produz todos os seus efeitos, sendo que o titular exerce sim o seu direito plenamente. A obrigação é exequível e o direito é extinto apenas se a condição se verificar. Nas palavras de Maria Helena Diniz[61]:

> Se uma condição resolutiva for aposta em um ato negociar, enquantto ela não se der, vigorará o negócio jurídico, mas, ocorrida a condição, operar-se-á a extinção do direito a que ela se opõe, retornando-se ao status quo ante.

É interessante a colocação de Sílvio de Salvo Venosa[62] de que a resolução é, na realidade, uma possibilidade legal concedida às partes para inexecutar o contrato. Justamente por isso, quando a condição resolutiva se verifica, as partes voltam à posição anterior, desfazendo os efeitos que já ocorreram.

Cabe observar que o CTN seguiu a diretriz do Código Civil, de modo que, resumidamente, temos as seguintes premissas: no caso de condição suspensiva, o fato gerador só se verifica quando a condição for implementada; já no caso de condição resolutiva, porém, o fato gerador se verifica desde o início.

Atualmente, a regra infralegal do artigo 178 autoriza de forma expressa que o comprador considere o valor da contraprestação contingente no custo

---

[60] VENOSA, Sílvio de Salvo. Direito civil: teoria geral das obrigações e teoria geral dos contratos. 12ª edição. São Paulo: Atlas, 2012. p. 496 a 497.

[61] Ibidem. p. 163.

[62] Ibidem. p. 497.

de aquisição da participação societária, mas a IN RFB nº 1.700/2017 não esclarece uma série de outras questões relacionadas: qual o tratamento a ser concedido a depender da natureza resolutiva ou suspensiva da condição a que o pagamento da contraprestação está atrelado? Em quais hipóteses a contraprestação contingente integraria o custo de aquisição? Não há norma na IN RFB nº 1.700/2017 que autorize, de forma clara, o comprador a considerar a contraprestação contingente no cálculo do *goodwill* apurado na operação societária, mas não seria consequência lógica? E quais os efeitos tributários se o evento a que o pagamento estaria condicionado se verificar, seja a condição suspensiva ou resolutiva? Sem contar na própria dificuldade de definir, em cada caso concreto, se determinada condição tem natureza resolutiva ou suspensiva.

Assim, o tratamento tributário hoje previsto nas regras infralegais envolvendo esses mecanismos não é totalmente claro, tanto para o comprador como para o vendedor.

Vale ainda comentar que, sob o ponto de vista do vendedor, a principal preocupação gira em torno da tributação do eventual ganho na alienação de sua participação societária[63].

Até 2016, a alíquota do IR sobre ganho de capital para pessoas físicas ("IRPF") era de 15%[64], enquanto no caso de pessoas jurídicas sujeitas ao lucro real era e continua sendo 34%. Até então, a maior parte das estruturas envolvia a alienação da empresa-alvo diretamente pelas pessoas físicas. Isso mudou com a edição da Lei nº 13.259/2016, que prevê, a partir de 1º.1.2017, alíquotas progressivas de IRPF conforme o total do ganho: 15% para ganhos até R$ 5 milhões; 17,5% para ganhos de R$ 5 milhões até R$ 10 milhões; 20% para ganhos entre R$ 10 milhões até R$ 30 milhões; e 22,5% para ganhos superiores a R$ 30 milhões.

Tratando-se de pessoas físicas domiciliadas no Brasil, a Lei nº 7.713/1989 prevê a incidência do IRPF sobre o ganho de capital na alienação de bens ou direitos, determinando como ganho a diferença positiva entre o valor

---

[63] Vale apenas mencionar que há algumas hipóteses de isenção do ganho de capital para pessoas físicas (ganhos de pequeno valor, nos termos do artigo 22 da Lei nº 9.250/1995), e que poderá não haver tributação nos casos em que o vendedor, pessoa física ou jurídica, alienar sua participação societária mediante a retirada do capital social por meio de bens e direitos avaliados a valor contábil (conforme artigo 22 e parágrafos da Lei nº 9.249/1995).

[64] Nos termos do artigo 21 da Lei nº 8.981/1995, com a redação dada pela Lei nº 13.259/2016.

de alienação e o custo de aquisição corrigido monetariamente. Nesse caso, a tributação pelo IRPF segue o regime de caixa, sendo o imposto devido quando da percepção efetiva do ganho, conforme prevê o artigo 2º da mencionada lei. Já no caso de pessoas físicas não-residentes, as regras são as mesmas, sendo aplicáveis as mesmas alíquotas acima indicadas[65], mas a retenção e o recolhimento do IRPF sobre o ganho de capital cabe à empresa compradora, quando esta for domiciliada no Brasil (ou ao seu procurador, quando a compradora for domiciliada no exterior)[66].

Por sua vez, tratando-se de pessoas jurídicas brasileiras, a legislação determina a incidência do IRPJ/CSL sobre os resultados positivos (receita não operacional) na alienação ou liquidação de bens do ativo não circulante, classificados como investimentos, imobilizado ou intangível[67]. A legislação estabelece que, para fins de cômputo do custo de aquisição, o vendedor deve considerar o valor contábil do bem (valor registrado em sua escrituração). Ainda, o parágrafo 2º do artigo 31[68], com a redação dada pela Lei nº 12.973/2014, autoriza que, na alienação dos investimentos, a empresa vendedora reconheça o lucro na proporção das parcelas recebidas em cada período de apuração.

Em regra, a receita auferida na alienação de participação societária (que não esteja classificada no ativo circulante) não está sujeita à incidência do PIS/COFINS cumulativo[69] ou não-cumulativo[70]; exceto se a empresa vendedora tiver como objeto social a participação em outras sociedades como atividade principal, situação na qual se aplicará a alíquota de 4,65% de PIS/COFINS cumulativo apenas sobre o ganho efetivo[71].

---

[65] Conforme o artigo 18 da Lei nº 9.249/1995. Exceto se houver tratado para evitar a dupla tributação eventualmente firmado entre Brasil e o país de domicílio da pessoa física vendedora. No caso de vendedor pessoa física domiciliado em paraíso fiscal ou país com tributação favorecida, a alíquota é de 25%, conforme o artigo 47 da Lei nº 10.833/2003.

[66] Conforme artigo 26 da Lei nº 10.833/2003 e de acordo com a regulamentação contida na IN RFB nº 1.455/2014, em especial o seu artigo 21.

[67] Artigo 32 da Lei nº 8.981/1995.

[68] "§ 2º Nas vendas de bens do ativo não circulante classificados como investimentos, imobilizado ou intangível, para recebimento do preço, no todo ou em parte, após o término do exercício social seguinte ao da contratação, o contribuinte poderá, para efeito de determinar o lucro real, reconhecer o lucro na proporção da parcela do preço recebida em cada período de apuração".

[69] Artigo 3º, parágrafo 2º, inciso IV da Lei nº 9.718/1998.

[70] Artigo 8º, inciso XIII da Lei nº 10.637/2002 e artigo 10, inciso XXX da Lei nº 10.833/2003.

[71] Artigo 8º-B e artigo 3º, parágrafo 14, da Lei nº 9.718/1998.

No que tange às pessoas jurídicas vendedoras estrangeiras, são aplicáveis as mesmas alíquotas progressivas de IR[72] que variam de 15% a 22,5%, previstas na Lei nº 13.259/2016[73], e a responsabilidade pela retenção e recolhimento do imposto tamném é atribuída ao comprador ou ao procurador do vendedor.

Frise-se que o vendedor encontra as mesmas dificuldades para o comprador ao definir se a contraprestação contingente deve ser tratada como preço, para fins de apuração de ganho de capital, ou, eventualmente, como outro rendimento / receita, na medida em que a tributação varia conforme cada tratamento.

Cabe observar que, ainda que o tratamento tributário fosse mais preciso quanto às contraprestações contingentes, ainda sim haveria muitas outras controvérsias tributárias envolvendo as diferentes naturezas jurídicas dos mecanismos de ajuste. A insuficiência de normatização, aliada à possibilidade de estruturar os mecanismos de diferentes maneiras na prática, gera muitas discussões importantes que merecem ser trazidas.

2.3. A Interpretação das Normas que Regem os Mecanismos Contratuais

Como visto, no cenário atual as normas tributárias não tratam de forma completa e precisa dos mecanismos de ajuste de preço de aquisição. Em cenários de incompletude ou insuficiência na regulamentação, o papel de interpretar as normas e aplicá-las às situações concretas cabe ao Fisco e, em última instância, aos Julgadores. Cabe comentar brevemente sobre as formas de interpretação, em especial a interpretação que deveria ser idealmente feita quando tratamos dos complexos mecanismos contratuais.

2.3.1. A Dificuldade de Interpretação pelo Fisco: o Exemplo da Aplicação do Artigo 123 do CTN

Sem pretender entrar a fundo na discussão teórica quanto à interpretação das regras – o que não é objeto do presente livro – importa pontuar, em

---

[72] Vide novamente o artigo 18 da Lei nº 9.249/1995.

[73] Vide a IN RFB nº 1.455/2014, com a redação dada pela IN RFB nº 1.732/2017. No caso de vendedor pessoa jurídica domiciliado em paraíso fiscal ou país com tributação favorecida, a alíquota é de 25%, também em razão do artigo 47 da mencionada Lei nº 10.833/2003.

linhas gerais, porque a interpretação das normas tributárias gera tantos problemas no nosso dia-a-dia.

É notório que temos um sistema tributário bastante complexo, com a constante edição de normas legais e infralegais ambíguas e imprecisas, que, somadas à lacunas e omissões, causa insegurança aos contribuintes[74]. As normas tributárias muitas vezes apresentam a chamada "textura aberta", o que faz com que comportem tantas interpretações, e tão distintas entre si, que é absolutamente natural que os contribuintes acabem por adotar, com frequência, entendimentos que não estejam alinhados com o Fisco, gerando grande volume de contencioso tributário[75].

Mesmo que o nosso sistema tributário não fosse tão complexo, com tantas normas e competências tributárias, inevitavelmente apresentaria lacunas e omissões. A própria evolução da sociedade moderna, cada vez mais complexa do ponto de vista das relações jurídicas, não permite que tenhamos nunca um sistema tributário completo e perfeito, que apresente soluções para todos os conflitos que existam ou possam vir a existir. Especialmente tratando-se de regras tributárias, por mais completa que seja a legislação, as mudanças na sociedade, nos institutos e negócios jurídicos são tão dinâmicas que se torna praticamente impossível acompanhar a evolução por meio da legislação.

Ao abordar o tema, Marco Aurélio Greco comenta que a própria sociedade moderna exige uma série de mudanças que o Direito não consegue

---

[74] Confira estudo do Instituto Brasileiro de Planejamento e Tributação ("IBPT") nesse sentido, que traz dados relevantes sobre a quantidade de normas tributárias federais, estaduais e municipais editadas desde a promulgação da Constituição Federal de 1998. Disponível em: http://s.conjur.com.br/dl/estudo-ibpt-edicao-criacao-leis.pdf. Acesso em 21.8.2017.

[75] Prova disso é o volume de autuações lavradas pelo Fisco. Segundo dados fornecidos pela própria Receita Federal, no período de 2012 a 2015, as autuações federais totalizaram R$ 582.709.912.600, um aumento de 59,1% em comparação com o período de 2008 a 2011, cujo montante autuado correspondeu a R$ 366.300.375.191. O passivo tributário dos contribuintes administrado pela Receita Federal totalizou R$ 1,5 trilhão em dezembro de 2015. No âmbito judicial, conforme dados recentes, estima-se que ao final de 2015 os créditos tributários da Fazenda Nacional correspondiam a cerca de R$ 2 trilhões. Dados disponíveis em: https://idg.receita.fazenda.gov.br/dados/resultados/fiscalizacao/arquivos-e-imagens/plano-anual--fiscalizacao-2016-e-resultados-2015.pdf e http://www.valor.com.br/legislacao/4866584/uma-solucao-para-cobranca-da-divida-ativa. Acesso em 21.8.2017.

REFERENCIAL TEÓRICO

acompanhar[76]. A seu ver, o máximo que a legislação poderia garantir seriam mínimas condições de previsibilidade[77]. O reconhecimento da impossibilidade de existência um sistema tributário completo exige, por consequência, a possibilidade de normas serem interpretadas de diferentes maneiras.

Nesse contexto, o papel do Fisco na interpretação é absolutamente relevante: afinal, é o Fisco na prática quem primeiro avalia e atribui os efeitos tributários aos fatos e negócios jurídicos. Esse papel torna-se especialmente relevante quando tratamos dos impactos tributários relacionados aos mecanismos contratuais, já que, como visto acima, atualmente estamos em um cenário justamente de insuficiência de regras precisas que tratem especificamente dos aspectos tributários dos mecanismos contratuais.

Mas, na prática, é possível perceber que o Fisco tem encontrado certa dificuldade na interpretação de negócios jurídicos mais complexos. Para exemplificar essa dificuldade e mostrar a importância que a interpretação tem na presente análise, vale comentar, rapidamente, sobre a aplicação que vem sendo feita do artigo 123 do CTN[78].

Tal dispositivo determina que as convenções particulares que cuidam da responsabilidade pelo pagamento de tributos não geram efeitos em relação ao Fisco e, assim, não têm o condão de alterar a definição legal do sujeito passivo.

---

[76] Segundo Marco Aurélio Greco, "quando tínhamos uma sociedade bem estratificada (...), existiam interesses uniformes que vigoravam por 50, 100, 200 anos, mas quando passam a existir interesses conflitantes, titularizados pelas mesmas pessoas, a temática passa a ser da pluralidade de interesses e do seu convívio e compatibilização. (...) isto faz surgir uma realidade muito mais rica de aspectos que gera uma necessidade de normas novas para resolver problemas novos. De fato, como estes interesses se comporão, e como serão superados os conflitos, será o dia-a-dia que vai demonstrar. Uma composição diferente destes interesses vai levar a uma realidade nova, a um problema novo, e, portanto, a uma norma nova. Será a mudança a gerar o Direito, e não mais a constância que vai gerá-lo. Isto conduz a uma certa instabilidade". In Planejamento Tributário. 1ª edição, Dialética, 2004. pp. 32 e 33.

[77] Ibidem. p. 64.

[78] "Art. 123. Salvo disposições de lei em contrário, as convenções particulares, relativas à responsabilidade pelo pagamento de tributos, não podem ser opostas à Fazenda Pública, para modificar a definição legal do sujeito passivo das obrigações tributárias correspondentes".

Ao tratar desse dispositivo, Hugo de Brito Machado[79] diferencia o dever jurídico da responsabilidade: o dever jurídico, no campo da liberdade, é atribuído ao devedor, no caso, a quem realizar o fato gerador (contribuinte devedor), enquanto que a responsabilidade, no campo da coercibilidade jurídica, diz respeito ao dever jurídico correspondente, no caso, à responsabilidade pelo pagamento do tributo, que pode ser atribuída por lei ao contribuinte ou a um terceiro (responsável). Segundo o autor, existe dever sem responsabilidade, bem como responsabilidade sem o dever (mas essa hipótese não ocorre no âmbito tributário).

No seu entendimento, o artigo 123 não se refere à transferência do dever de pagar o tributo, mas à transferência da responsabilidade pelo pagamento. A transferência do dever de pagar o tributo pode ocorrer em razão de convenções particulares: por exemplo, no caso da venda de um veículo, o vendedor deixa de ter o dever de pagar o IPVA, transferindo esse dever ao comprador.

O que o artigo 123 pretende abranger são os acordos particulares que alterem a responsabilidade. Se assim não o fosse, como pontua Hugo de Brito Machado[80], o Fisco poderia restar muito prejudicado por tentativas dos devedores de se afastarem da responsabilidade pelo pagamento.

Um caso simples merece ser mencionado: no contrato de locação, o locador continua sendo proprietário do imóvel, ou seja, continua tendo o dever de pagar o IPTU. Mas é praxe de mercado que o locatário pague, juntamente com o aluguel, o IPTU do imóvel no qual vai residir. O locador não pode descumprir o seu dever e alegar ao Fisco que cabe ao locatário a responsabilidade pelo pagamento do imposto. Esse tipo de contrato firmado (convenção particular) de fato não se opõe ao Fisco, em vista do artigo 123, ou seja, o Fisco não estaria de modo algum obrigado a cobrar o IPTU do locatário.

Logo, o fato de que, contratualmente, a responsabilidade foi atribuída ao locatário não afeta o dever do locador na condição de proprietário do

---

[79] MACHADO, Hugo de Brito. Inoponibilidade das convenções particulares à Fazenda Pública – Inteligência do art. 123 do CTN. In Revista do Curso de Mestrado em Direito da UFC. 2009. pp. 60 a 65. Disponível em: http://periodicos.ufc.br/index.php/nomos/article/view/6413. Acesso em 21.8.2017.

[80] Ibidem. pp. 66 e 67.

imóvel[81]. Tanto que o próprio Superior Tribunal de Justiça ("STJ") já se manifestou no sentido de que o locatário, por exemplo, é parte ilegítima para questionar eventual cobrança de IPTU[82].

O STJ já ressaltou que o artigo em questão *destina-se a evitar acordo entre particulares, que poderiam alterar a responsabilidade tributária para com a Fazenda. Seus destinatários são os sujeitos passivos das obrigações tributárias*[83]. Mesmo assim, na prática, esse dispositivo tem gerado muita discussão, como se verá pelos casos mencionados a seguir.

No caso de contrato de compartilhamento de despesas administrativas, uma das partes arca com despesas que beneficiam outras empresas do grupo, e, com base em determinados critérios, as empresas rateiam essas despesas, reembolsando a empresa que arcou integralmente com os valores. É evidente que esse tipo de contrato não afasta qualquer espécie de responsabilidade tributária, mas, em um caso recente[84], o Fisco entendeu que, ao ratear o custo de mão-de-obra, a empresa que realizou os reembolsos deveria recolher contribuições previdenciárias sobre a mão-de-obra utilizada. Para tanto, se valeu do teor do artigo 123, cuja aplicação foi posteriormente afastada pelo CARF.

---

[81] O mesmo entendimento vale para a alienação fiduciária, por exemplo, pois o contrato de alienação fiduciária pode estabelecer responsabilidade a qualquer das partes, sem gerar quaisquer efeitos perante o Fisco, que pode e deve cobrar os respectivos tributos do devedor fiduciante, inclusive para fins de aplicação da pena de perdimento. Confira Recurso Especial nº 1.379.870/PR, publicado em 16.12.2013.

[82] Confira Recurso Especial nº 818.618/RJ, publicado em 2.5.2006:
"2. O Superior Tribunal de Justiça possui vastidão de precedentes no sentido de que o locatário é parte ativa ilegítima para impugnar lançamento de IPTU, pois não se enquadra na sujeição passiva como contribuinte e nem como responsável tributário (arts. 121 e 123 do CTN).
3. "Contribuinte do imposto é o proprietário do imóvel, o titular do seu domínio útil, ou o seu possuidor a qualquer título" (art. 34 do CTN). O "possuidor a qualquer título" refere-se, tão-somente, para situações em que ocorre posse ad usucapionem, não inserida nesta seara a posse indireta exercida pelo locatário.
4. Os documentos de quitação do tributo discutido estão em nome do proprietário.
5. O contrato de locação, com cláusula determinando a responsabilidade do inquilino pela liquidação, não pode ser oponível à certidão de pagamento de imposto. (...)".

[83] Confira Recurso Especial nº 1.119.558/SC, publicado em 1.8.2012, sob a sistemática de recursos repetitivos.

[84] Acórdão nº 2401-004.672, de 15.3.2017.

A exata compreensão desse artigo se faz bastante necessária no contexto da presente análise porque, quando se trata de operações de fusões e aquisições, é muito comum que as partes negociem a respeito da responsabilidade pelo pagamento de tributos ou dívidas tributárias. Em regra, o comprador pretende que o vendedor se responsabilize por quaisquer tributos, dívidas e passivos devidos pela empresa-alvo até o momento do fechamento. Por exemplo, caso alguma contingência se materialize, o vendedor geralmente assume o dever de pagar e quitar a contingência ou o dever de indenizar o comprador por eventual perda ou dano causado na gestão anterior.

A cláusula abaixo exemplifica esse tipo de acordo que tem sido feito em casos de fusões e aquisições; no caso específico, como se pode notar, o vendedor assumiu perante o comprador a responsabilidade integral por quaisquer débitos tributários, previdenciários e trabalhistas da empresa-alvo, que era uma grande empresa de telefonia, por um prazo de 5 anos contados da data do fechamento da transação[85]:

> 4.3.Exceto por prejuízos decorrentes das Contingências previstas na Cláusula 4.1 acima, a responsabilidade das Vendedoras e/ou intervenientes por prejuízos efetivamente incorridos decorrentes da materialização de Contingências estará sujeita a cada uma e a todas as seguintes limitações:
> (...)
> (c) (i) a Contingências de natureza fiscal, previdenciária e trabalhista que já tenham sido reclamadas até o Fechamento ou venham a ser reclamadas durante o prazo de 5 (cinco) anos contados do Fechamento; e (ii) a Contingências de outra natureza que não fiscal, previdenciária e trabalhista, que já tenham sido reclamadas até o Fechamento ou venham a ser reclamadas durante o prazo de 1 (um) ano contado do Fechamento;

O vendedor pode, por outro lado, assumir apenas obrigações específicas de pagamento, excluindo de sua responsabilidade certos passivos e contingências. A atribuição de responsabilidade depende, essencialmente, da negociação entre as partes.

---

[85] Disponível em: https://www.google.com.br/url?sa=t&rct=j&q=&esrc=s&source=web& cd=1&ved=0ahUKEwigiJfWlfXWAhUDjpAKHYw5BvUQFggmMAA&url=http%3A%2F %2Fsiteempresas.bovespa.com.br%2FDWL%2FFormDetalheDownload.asp%3Fsite%3D C%26prot%3D15365&usg=AOvVaw3ZwnG9rhPCjZkbMbAxRzXh. Acesso em 21.8.2017.

A responsabilidade firmada contratualmente, porém, em nada impacta a responsabilidade legal de pagar o tributo. No âmbito de transações de fusões e aquisições, o que a aquisição de participação societária faz, como ocorre com a venda de um veículo, é apenas transferir a propriedade de quotas ou ações. Se, por exemplo, o vendedor, no contexto da operação, é obrigado a pagar IRPF sobre o ganho de capital, mas contratualmente esse custo é arcado pelo comprador[86], o vendedor não pode, caso seja exigido, opor o contrato ao Fisco. Da mesma maneira, se o vendedor assume responsabilidade por eventual passivo tributário da empresa-alvo, não pode a empresa-alvo se eximir do pagamento alegando que o Fisco deve cobrar o vendedor. A responsabilidade legal atribuída ao contribuinte ou ao responsável sempre vai continuar existindo nos termos da lei, a par de qualquer disposição contratual.

Diante disso, as cláusulas que simplesmente definem, financeiramente, a quem cabe ônus específicos jamais poderiam ser desconsideradas pelo Fisco em razão do artigo 123 do CTN, porque, justamente, não transferem – e sequer poderiam! – a responsabilidade legal pelo pagamento, que continua pertencendo aos sujeitos passivos definidos por lei. Essas cláusulas apenas dizem respeito a quem vai arcar com o ônus em termos financeiros. No entanto, muitas vezes o Fisco se vale desse dispositivo para desconsiderar como um todo a essência de determinada operação ou pagamento alegando se tratar de convenção particular.

Um caso interessante merece menção por justamente tratar de uma hipótese de atribuição de responsabilidade por passivos tributários no contexto de um contrato de aquisição de participação societária: o vendedor, a Abril Comunicações S.A. ("Abril"), assumiu integralmente a responsabilidade por passivos tributários de ICMS da empresa-alvo, a Galaxy Brasil Ltda. ("Galaxy"), perante o comprador, e posteriormente realizou seu pagamento. Nesse momento, procedeu à dedução da despesa com o pagamento do ICMS[87], recolhendo, consequentemente, menos IRPJ/CSL.

---

[86] Hipótese de *"gross up"*: o comprador paga ao vendedor o valor líquido, assumindo o ônus financeiro do tributo. O cálculo é feito para que o comprador pague o valor acordado com o vendedor, já incluindo o imposto (o valor total aumenta para incluir o imposto devido), e, assim, o vendedor não é assim prejudicado pela tributação.

[87] Na realidade, a Abril tinha constituído uma provisão para esse pagamento, oferecida à tributação, e posteriormente deu baixa à provisão, deduzindo o valor como despesa do seu lucro real, quando do pagamento do ICMS no parcelamento.

Posteriormente, o Fisco glosou tal despesa, alegando que não seria uma despesa operacional da Abril, já que a legislação elegeu como critério para autorizar a dedução a "necessidade" da despesa incorrida (nos termos do artigo 47 da Lei nº 4.506/1964[88]). Como a Abril não detinha mais participação na empresa-alvo, o pagamento da dívida de uma outra empresa, no caso, da Galaxy, não seria uma despesa "necessária" do vendedor.

Note-se que a decisão de 1ª instância manteve a glosa alegando se tratar de *"dedução de despesa de terceiro"*. No seu entendimento, o contrato de aquisição de participação societária seria inoponível ao Fisco, nos termos do artigo 123 do CTN, não importando que contratualmente a Abril tenha assumido a responsabilidade pelo pagamento das dívidas de ICMS da Galaxy.

O CARF cancelou a glosa, reconhecendo que o artigo 123 não poderia levar ao entendimento de que o pagamento dos débitos não seria passível de dedução[89]. O Conselho entendeu que a Abril não deduziu uma despesa com tributos propriamente dita, mas uma despesa própria acordada negocialmente relacionada a um passivo da empresa que lhe pertencia, sendo assim plenamente dedutível.

---

[88] Dispositivo refletido no artigo do Regulamento de Imposto de Renda de 2018:
"Art. 311. São operacionais as despesas não computadas nos custos, necessárias à atividade da empresa e à manutenção da fonte produtora
§ 1º São necessárias as despesas pagas ou incorridas para a realização das transações ou operações exigidas pela atividade da empresa
§ 2º As despesas operacionais admitidas são as usuais ou normais no tipo de transações, operações ou atividades da empresa
§ 3º O disposto neste artigo aplica-se também às gratificações pagas aos empregados, independentemente da designação que tiverem."
[89] Acórdão nº 1103-001.143, publicado em 2.4.2015:
"EXCLUSÃO DE REVERSÃO DE PROVISÃO. ASSUNÇÃO DE ENCARGOS TRIBUTÁRIOS DE TERCEIRO. ART. 123 DO CTN. ART. 344 DO RIR/99.
O art. 123 do CTN não se presta a tornar indedutíveis despesas com assunção de encargos tributários de outro contribuinte, a qual é uma convenção particular. Se fosse isso, não haveria necessidade nem sentido para o parágrafo único do art. 116 do CTN. São despesas negociais, que não têm ponto com o art. 344 do RIR/99. Faz todo sentido, na lógica econômica, que o alienante assuma os passivos que se tornem exigíveis, após a transferência do investimento, mas referentes ao período em que a participação societária pertencia ao alienante. São despesas normais e necessárias. Paralelismo com a responsabilização civil por vícios redibitórios pelo vendedor da coisa".

É interessante notar que o voto vencido pontuou que o contrato de aquisição teria tido o condão de ter tornado a Abril responsável pelo tributo devido pela empresa-alvo, e que, para a Abril essa despesa não seria necessária e, portanto, indedutível. Mas o voto vencedor foi muito além, destacando que *"faz todo o sentido, **na lógica econômica e negocial,** que o alienante assuma os passivos que venham a se materializar ou a se tornar exigíveis, após a transferência do investimento, mas referentes ao período em que a participação societária pertencia ao alienante, ou seja, incorridos durante esse período".* (g.n.). Nessa linha, destacou que o pagamento do ICMS pela compradora seria despesa absolutamente normal e necessária, sendo economicamente justificável, ainda que assumida contratualmente.

Por fim, o voto vencedor concluiu seu raciocínio para decidir que a glosa da despesa com base no artigo 123 seria indevida. No entendimento do CARF, o alcance desse dispositivo no caso concreto significa apenas que o contrato de aquisição não poderia modificar a responsabilidade pelo pagamento do tributo. Assim, nos termos do artigo 123, a Galaxy não poderia deixar de pagar o tributo alegando ao Fisco que a responsabilidade seria da Abril. Mas isso não ocorreu.

O voto vencedor indicou que, se o artigo 123 pudesse implicar a indedutibilidade da despesa, seria indistinta e erroneamente utilizado para impedir diversas deduções, créditos ou pagamentos etc., no sentido de que nenhuma convenção particular – contratos, compra e venda, locação etc. – geraria plenos efeitos, o que não faz qualquer sentido.

Esse é um bom precedente para mostrar a preocupação que as partes devem ter ao negociar responsabilidades contratuais em contratos de aquisição de participação societária e, posteriormente, ao realizarem pagamentos, reembolsos e indenizações etc. Isso porque, além da dificuldade de o Fisco compreender de forma adequada as próprias cláusulas contratuais no contexto em que foram negociadas e acordadas, na prática as empresas nem sempre se atentam ao realizar o pagamento de despesas e outros valores e o fazem sem atenção às possíveis consequências – o que leva, inevitavelmente, a um maior risco de questionamento por parte do Fisco.

2.3.2. As Formas de "Interpretação Econômica" e a "Interpretação Contextualizada"

Como mencionado, este livro certamente não tem como propósito discorrer a respeito das diferentes formas de interpretação das normas tributárias e dos negócios jurídicos. São várias correntes doutrinárias que levam a diferentes alternativas de interpretação[90]. Todas buscam critérios e maneiras de identificar o sentido, o alcance e o conteúdo das normas jurídicas, quando não há clareza, quando há contradição ou mesmo quando sequer existem normas aplicáveis.

Mesmo sem explorar as várias vertentes de interpretação neste livro, é preciso considerar que a interpretação apresenta papel indispensável, justamente em razão da insuficiência da regulamentação sobre o tema e da dificuldade do Fisco na compreensão de mecanismos contratuais.

Como será demonstrado ao longo deste livro, existe um racional que explica a utilização dos importantes mecanismos contratuais de ajuste de preço e esse racional está diretamente relacionado a conceitos econômicos essenciais, como assimetria de informações, expectativas não homogêneas, racionalidade limitada dos indivíduos, aversão ao risco etc.

Compreender a finalidade de cada mecanismo parece ser absolutamente imprescindível no âmbito do Direito Tributário para que a natureza jurídica verdadeira dos mecanismos seja identificada e os respectivos efeitos tributários sejam atribuídos a cada situação. Seria, portanto, necessária uma "visão econômica" por parte do Fisco?

A "interpretação econômica" tem várias acepções totalmente distintas. A acepção mais utilizada é a prevalência da essência sobre a forma: a análise da substância econômica dos atos praticados para determinar a regra tributária aplicável. Essa acepção está intimamente relacionada com o conceito importado do *common law* de "propósito negocial"[91].

---

[90] Apenas para fazer referência à discussão, vale mencionar as diferentes correntes de interpretação sintetizadas por Ricardo Lobo Torres: (i) a jurisprudência dos conceitos, formalista e conceptualista, que sustenta que as normas representam a realidade social e defende a prevalência da legalidade estrita, da autonomia de vontade das partes, do direito à propriedade etc.; (ii) a jurisprudência dos interesses, que evoluiu para a "interpretação econômica" ou "interpretação funcional", propondo em suma a prevalência da capacidade contributiva e autorizando que os julgadores avaliem as normas jurídicas levando em consideração os fatos sociais com foco na busca pela maior arrecadação do Estado; e (iii) a jurisprudência dos valores, mais direcionada à democracia com proteção a princípios como cidadania, dignidade humana, pluralismo etc. In Normas Gerais Antielisivas. Revista Fórum de Direito Tributário, Belo Horizonte, volume 1, número 1, jan. 2003. Disponível em: http://bdjur.stj.jus.br/dspace/handle/2011/29446. Acesso em 21.8.2017.

[91] *"Business purpose"*.

REFERENCIAL TEÓRICO

A origem do propósito negocial remete em especial ao Direito norte-americano, especificamente, ao *leading case* Gregory *vs. Helvering* de 1935. Nesse caso, a Suprema Corte norte-americana analisou a legitimidade de uma operação de reestruturação empresarial cujo único objetivo era transferir ações sem a incidência do imposto de renda, descaracterizando o pagamento de dividendos, que eram sujeitos ao imposto.

Levando em consideração que o resultado prático da operação era exatamente o mesmo daquele decorrente do pagamento de dividendos, a Suprema Corte entendeu que a interpretação dos fatos indicava a utilização de uma forma legal que tinha como único propósito a transferência de ações. Assim, em razão da ausência de qualquer outro propósito negocial, a Corte concluiu que a reestruturação empresarial pretendida pelas partes deveria ser descaracterizada.

No nosso ordenamento, esse critério vem sendo muito discutido e polemizado, especialmente à medida em que formas legais cada vez mais complexas, que utilizam muitas vezes diversos instrumentos jurídicos, trazem dificuldades para o Fisco enxergar a verdadeira motivação das partes. A partir desse referencial, é que os conceitos de simulação, abuso e fraude acabam sendo analisados, de modo a justificar a desconsideração caso o Fisco identifique algum vício ou irregularidade que torne determinada operação contrária ao ordenamento jurídico.

A par das discussões quanto ao cabimento dessa análise, já que não há fundamento legal que autorize o Fisco a exigir que todo negócio apresente propósito negocial para ser válido[92], o fato é que, no cenário atual, a análise jurídica de qualquer estrutura ou operação tem exigido a verificação de

---

[92] Essencialmente envolvendo a aplicação do artigo 116, parágrafo único do CTN, instituído pela Lei Complementar nº 104, de 10.1.2001 ("LC nº 104/2001"), que tinha o propósito de servir como norma geral antielisão fiscal, buscando autorizar o Fisco a "*desconsiderar atos ou negócios jurídicos praticados com a finalidade de dissimular a ocorrência do fato gerador do tributo ou a natureza dos elementos constitutivos da obrigação tributária*". Contudo, a LC nº 104/2001 nunca foi regulamentada em nível federal, sendo, portanto, inaplicável. Diante disso, na prática, o Fisco tem utilizado outros institutos jurídicos para questionar operações, alegando a ocorrência de "fraude", "simulação" e "abuso de direito". O Fisco tenta aplicar tais conceitos para desconsiderar operações que entende terem sido realizadas sem o devido "propósito negocial" ou sem a devida "substância econômica". Cabe aos contribuintes tentarem desconstruir esse racional utilizado pelo Fisco, alegando que a lei não exige o propósito negocial como fundamento, e afastar ainda as alegações de fraude, simulação e abuso de direito, quando for o caso.

objetivos negociais e empresariais além da simples economia tributária, como, por exemplo, aumento de *market share*, ganhos de escala, sinergias, eficiência administrativa etc. Assim, tem se tornado necessário que a estrutura implementada seja consistente e tenha respaldo em fatos com efetivo conteúdo econômico, ou seja, que as empresas envolvidas sejam realmente operacionais e que as transações realizadas não se limitem a meras movimentações contábeis.

Note-se que esse tipo de interpretação não visa propriamente a uma análise "econômica" em sentido estrito, com base em conceitos econômicos específicos, mas busca uma ponderação de critérios formais e outros valores importantes, como isonomia, capacidade contributiva, solidariedade fiscal. Conforme a linha adotada por Marco Aurélio Greco[93], essa interpretação exige, em termos de "substância" dos atos e negócios jurídicos, que os contribuintes apresentem motivos extra-tributários válidos para justificar determinado tratamento tributário. Essa interpretação não se volta às normas jurídicas, e sim sobre aos fatos, atos e negócios jurídicos.

Sem prejuízo das inúmeras discussões envolvendo o próprio cabimento e os limites da aplicação dessa interpretação, na análise pretendida dos mecanismos contratuais a eventual adoção dessa corrente doutrinária possivelmente se limitaria a avaliar a real intenção das partes ao realizar o negócio. Por exemplo, ao realizar a emissão de uma nota promissória *pro soluto*, estaria o comprador simulando um pagamento à vista, quando o pagamento é condicionado a determinados eventos futuros e incertos, apenas para evitar maior tributação sobre o ganho de capital quando se espera um aumento de alíquota?

Esse tipo de "interpretação econômica", porém, é premissa, já que é evidente que as partes, ao negociarem contratos complexos, certamente deveriam redigir cláusulas, firmar acordos e formalizar negócios jurídicos que sejam compatíveis com a sua real intenção. Não se deve esperar qualquer manipulação na utilização de mecanismos contratuais – ao menos não para os fins da presente análise.

Outra acepção que a "interpretação econômica" pode apresentar está relacionada ao *Law and Economics*, ramo de estudo que integra economia

---

[93] GRECO, Marco Aurélio. Crise do Formalismo no Direito Tributário Brasileiro. Revista da PGFN. Ano 1, número 1. p. 16. Disponível em: http://www.pgfn.fazenda.gov.br/revista-pgfn/revista-pgfn/ano-i-numero-i/revista.pdf. Acesso em 21.8.2017.

e direito[94], e que tem como finalidade propor uma análise econômica do direito, por meio da qual é possível prever o comportamento dos agentes cuja conduta seja regulada por lei, bem como aprimorar as regras apontando consequências não desejáveis causadas por leis já existentes ou projetos de lei em discussão, conforme expõe Richard Posner[95], um dos principais professores no estudo em questão.

Nesse contexto, *Law and Economics* propõe a introdução de conceitos econômicos para avaliar os efeitos e impactos das regras jurídicas, e vice--versa; por exemplo, analisa como a regulação pode afetar o desenvolvimento do mercado de capitais ou como determinada forma de tributação pode influenciar os comportamentos dos contribuintes, levando-os a optar por determinadas condutas que, por consequência, terão certos efeitos econômicos.

Os legisladores e formuladores de políticas públicas pensavam que, ao estabelecer uma regra jurídica, a sanção seria o principal mecanismo indutor de comportamento: quanto pior a sanção, maior o desestímulo ao descumprimento[96]. Mas até onde a mera previsão de uma grave sanção de fato desestimula a violação à lei?

Robert Cooter e Thomas Ulen[97] bem comentam que, por meio de *Law and Economics*, a economia veio fornecer uma teoria científica para prever

---

[94] Confira também texto interessante de Bruno Salama: O que é Direito e Economia? Direito SP – Cadernos Direito GV. 2009. Disponível em: http://revistas.unifacs.br/index.php/redu/article/viewFile/2793/2033. pp. 3 e 4. Acesso em 21.8.2017.

[95] POSNER, Richard. Values and Consequences: An Introduction to the Economics Analysis of Law. University of Chicago Law School, Program in Law and Economics Working Paper 53.http://www.law.uchicago.edu/files/files/53.Posner.Values_0.pdf. pp. 2 e 3. Acesso em 21.8.2017.

[96] O chamado "modelo da dissuasão", cuja origem pode ser buscada nas obras de Cesare Beccaria (Dos Delitos e das Penas, 1764), propunha que, ao impor uma sanção, a lei desestimularia o descumprimento, já que o indivíduo teria receio da penalização. Como mencionado acima, esse modelo foi questionado pelo paradigma da "economia do crime": a eficácia da lei dependeria do custo econômico imposto pela sanção, pois os custos de descumprimento da lei deveriam superar os benefícios auferidos com o descumprimento (vide Gary S. Becker em *Crime and Punishment: An Economic Approach*, 1968).

[97] Segundo os autores: *"Economics provided a scientific theory to predict the effects of legal sanctions on behavior. To economists, sanctions look like prices, and presumably, people respond to these sanctions much as they respond to prices. People respond to higher prices by consuming less of the more expensive good; presumably, people also respond to more severe legal sanctions by doing less of the sanctioned activity.*

os efeitos de sanções legais impostas ao comportamento. Do ponto de vista econômico, uma sanção legal equivale a um preço: um agente racional ponderaria sobre o custo de descumprir a lei e o benefício obtido; quanto mais "cara" a sanção, menores as chances de o agente descumprir a lei. Assim, não necessariamente a previsão de imposição de uma sanção grave garantiria o cumprimento da lei: o indivíduo faria um cálculo mental para determinar se valeria a pena descumprir a lei, levando em conta não apenas o prejuízo financeiro, mas outros fatores sociais, emocionais etc.

No contexto de *Law and Economics*, não só o paradigma da violação da lei como vários outros paradigmas tradicionais da economia foram questionados, justamente para demonstrar que muitas decisões tomadas pelos agentes não são racionais e são diretamente afetadas por outros fatores externos.

Law and Economics ainda deu origem a um sub-ramo específico: a "interpretação econômica" dos contratos. Segundo essa teoria, a necessidade de interpretar contratos decorre da constatação de os contratos nunca poderiam ser totalmente completos e perfeitos. Como vimos acima, em razão de custos de transação, assimetria informacional, racionalidade limitada e outros problemas, em geral a negociação é prejudicada, a definição do preço é complicada e a própria redação das cláusulas contratuais é difícil. Se o mundo fosse perfeito, contratos também o seriam. Como bem colocam Robert Cooter e Thomas Ulen[98], assumindo que contratos sempre serão imperfeitos e muitas vezes até omissos, não há como evitar discordância entre as partes, o que leva, portanto, à necessidade de interpretação dos contratos.

Ao interpretar contratos, é preciso respeitar os conceitos privados que já existem, inclusive conforme previsto nos artigos 109 e 110 do CTN[99]. Por exemplo, ao discutir se determinado mecanismo representa preço ou indenização, deve-se considerar os conceitos jurídicos próprios de preço e indenização.

Economics has mathematically precise theories (price theory and game theory) and empirically sound methods (statistics and econometrics) for analyzing the effects of the implicit prices that laws attach to behavior". Ibidem. p. 3.

[98] Ibidem. pp. 291 e 292.

[99] "Art. 109. Os princípios gerais de direito privado utilizam-se para pesquisa da definição, do conteúdo e do alcance de seus institutos, conceitos e formas, mas não para definição dos respectivos efeitos tributários".

REFERENCIAL TEÓRICO

Por isso, é evidente que, nessa interpretação, o Fisco não pode se valer dos seus próprios critérios e parâmetros do Direito Tributário. Ao determinar o tratamento tributário de determinado pagamento, é imprescindível que o Fisco considere o contexto da negociação e o funcionamento dos mecanismos de ajuste e identifique a real natureza jurídica. Por exemplo, o Fisco não pode examinar determinado pagamento de um valor que foi feito no contexto da violação de uma declaração, com natureza de indenização, de forma isolada, atribuindo natureza diversa daquela que o mecanismo apresenta.

Dessa maneira, no âmbito dos contratos de aquisição de participação societária, o Direito Privado vai reger as relações e estabelecer a sua natureza; por isso o Direito Tributário deve buscar primeiro entender o verdadeiro sentido das cláusulas contratuais, para então depois atribuir o correto tratamento tributário considerando a natureza jurídica de cada mecanismo utilizado.

Na análise pretendida neste livro, a visão de *Law and Economics* seria necessária, inclusive no que se refere à interpretação dos contratos, porém, insuficiente, por apenas compreender as razões pelas quais os mecanismos são necessários, inclusive, na linha do que visto neste capítulo.

Na realidade, a "interpretação econômica" necessária parece exigir uma interpretação dos mecanismos contratuais e das regras tributárias que leve em consideração a realidade do mercado, a complexidade das transações de fusões e aquisições e a prática adotada na utilização dos mecanismos de ajuste de preço. Obviamente, como será visto ao longo desse livro, o Fisco e as partes podem ter dificuldades para interpretar a natureza jurídica dos mecanismos contratuais e definir a apropriada tributação. Aliada à incompletude da legislação tributária, essa dificuldade de interpretação pode levar a graves embates entre Fisco e contribuintes.

Dessa maneira, no contexto da análise feita, o Fisco e a jurisprudência deveriam considerar os aspectos econômicos e negociais específicos de cada caso, de cada mecanismo contratual adotado, juntamente com outros fatores, para determinar a incidência tributária.

Não seria cabível uma "interpretação econômica" dos contratos, negócios e aspectos específicos da transação, mas sim seria necessária uma análise das peculiaridades contratuais considerando a complexa realidade dos negócios que vivenciamos hoje. Poderia ser utilizada, em substituição, a expressão "interpretação contextualizada", que sugerimos aqui como alternativa.

Essa forma de interpretação deve levar em conta, em especial, o objetivo, a função e a aplicação prática do mecanismo contratual em questão, a fim de verificar: (i) por que as partes se valeram desse mecanismo? O que pretenderam alcançar com a sua utilização? (ii) como esse mecanismo funciona exatamente? Sob quais condições? Quais são os possíveis cenários e consequências envolvendo a sua utilização? e (iii) na prática, como esse mecanismo se insere no contexto negocial em geral? Essas análises são relevantes para que o Fisco possa de fato compreender a essência dos mecanismos e avaliar qual seria o melhor tratamento tributário em cada caso.

Ao tratar dessa "interpretação contextualizada", a intenção é apenas evitar uma interpretação literal e formal das regras tributárias pelo Fisco e também futuramente pelos Julgadores e garantir que o contexto negocial seja levado em conta: não basta a análise literal e isolada das cláusulas de um contrato, nem basta a aplicação literal e fria da legislação tributária.

Essa espécie de "interpretação contextualizada" pode ser verificada em alguns julgados: no caso da Abril mencionado acima, o CARF reverteu a glosa da despesa assumida contratualmente com o pagamento das dívidas de ICMS reconhecendo que, no contexto específico do acordo firmado entre as partes, caberia sim a plena dedutibilidade de despesas conforme negociado entre as partes. Na sua fundamentação, o Conselho fez referência à "*lógica econômica e negocial*" e considerou, naquele caso, a realidade dos negócios para buscar entender a razão por trás da conduta do contribuinte, atribuindo uma visão real e contextualizada dos fatos, o que permitiu o adequado desfecho do caso.

Resta evidente que o Fisco e os Julgadores administrativos e judiciais precisam entender o racional negocial dos mecanismos e se preocupar em verificar todos os detalhes de cada negócio, evitando autuações e cobranças contra as empresas baseadas em visões literais e descontextualizadas. E, por óbvio, é inquestionável a necessidade de as próprias empresas se preocuparem não apenas com a redação contratual que embasa os mecanismos de ajuste de preço, mas com todos os demais elementos que identificam a real natureza jurídica dos mecanismos adotados.

2.3.3. A Importância dos Lançamentos Contábeis e os Fluxos Financeiros

Por mais que a contabilidade não deva definir fatos tributáveis, serve como um suporte para registrar, captar, refletir e resumir eventos do mundo real, registrando eventos que tenham relevância patrimonial, financeira e econômica para a empresa, conforme bem sintetiza Sérgio de Iudícibus et al[100], refletindo assim as mudanças da empresa de forma prospectiva. Daí a sua relevância na análise das controvérsias tributárias ora analisadas.

Na prática, o contribuinte pode se valer dos registros contábeis para evidenciar a natureza jurídica e reforçar o tratamento tributário aplicado em relação a um determinado mecanismo contratual. Mas, da mesma forma que a contabilidade pode ajudar o contribuinte a evidenciar pontos específicos, pode fazer prova contra si mesmo, inclusive como previsto no Código Civil[101], no Código de Processo Civil[102] e no Regulamento de Imposto de Renda[103]. Nesse contexto, o Fisco pode tentar se valer de algum registro contábil específico para defender determinado tratamento tributário.

Em diversas situações, a jurisprudência considerou a contabilidade na análise dos casos, destacando o seu papel. Por exemplo, no caso já citado acima[104] em que o CARF analisou situação envolvendo um contrato de

---

[100] Contabilidade introdutória. Equipe de professores da Faculdade de Economia, Administração e Contabilidade da USP; coordenação Sérgio de Iudícibus. 9ª edição. São Paulo: 2008. p. 21.

[101] "Art. 226. Os livros e fichas dos empresários e sociedades provam contra as pessoas a que pertencem, e, em seu favor, quando, escriturados sem vício extrínseco ou intrínseco, forem confirmados por outros subsídios.

Parágrafo único. A prova resultante dos livros e fichas não é bastante nos casos em que a lei exige escritura pública, ou escrito particular revestido de requisitos especiais, e pode ser ilidida pela comprovação da falsidade ou inexatidão dos lançamentos".

[102] "Art. 417. Os livros empresariais provam contra seu autor, sendo lícito ao empresário, todavia, demonstrar, por todos os meios permitidos em direito, que os lançamentos não correspondem à verdade dos fatos.

Art. 418. Os livros empresariais que preencham os requisitos exigidos por lei provam a favor de seu autor no litígio entre empresários".

[103] "Art. 288. A determinação do lucro real pelo contribuinte fica sujeita à verificação pela autoridade tributária, com base no exame de livros e documentos de sua escrituração, na escrituração de outros contribuintes, em informação ou esclarecimentos do contribuinte ou de terceiros, ou em qualquer outro elemento de prova, observado o disposto no art. 967 ao art. 969".

[104] Acórdão proferido em 15.3.2017:

"CONTRIBUIÇÕES SOCIAIS PREVIDENCIÁRIAS. RATEIO DE DESPESAS COMUNS. BASE DE INCIDÊNCIA. INOCORRÊNCIA. COMPROVAÇÃO DOS RESSARCIMENTOS RELATIVOS AO RATEIO PACTUADO ENTRE EMPRESAS DO MESMO GRUPO ECONÔMICO. O contrato de rateio e pagamentos efetuados servem para comprovar a materialidade dos fatos ocorridos relacionados aos valores registrados na contabilidade.

rateio de despesas administrativas firmado entre empresas do mesmo grupo econômico, dentre as quais mão-de-obra administrativa, a empresa efetuou o reembolso à outra empresa que arcou com a despesa, mas, contabilmente, registrou os valores remetidos como *"despesas com pagamentos de salários/ ordenados, horas extras, adicional noturno, férias e décimo terceiro"*.

Quando fiscalizada e questionada pelo Fisco, a empresa esclareceu se tratar de valores reembolsados no âmbito de contrato de rateio, e não efetivamente valores pagos a título de remuneração, já que os empregados não eram seus, mas sim registrados na folha de salário de outra empresa do grupo. Mesmo assim, o Fisco exigiu o pagamento de contribuições previdenciárias sobre esses valores, por entender que representariam efetiva remuneração.

Ao analisar a situação, e em especial todos os elementos de prova apresentados – o contrato de rateio, as notas de débito emitidas, os comprovantes de depósito bancário etc. – o CARF adequadamente reconheceu a validade do instituto do compartilhamento. Ao criticar a cobrança efetuada pelo Fisco, o CARF bem destacou que a verificação isolada dos registros contábeis seria insuficiente para embasar qualquer autuação.

O voto da Relatora Andréa Viana Arrais Egypt pontuou que o mero registro contábil não poderia definir o fato gerador, sendo preciso verificar as circunstâncias materiais que justificam a cobrança. Em suas palavras, a análise isolada da contabilidade *"de forma desconexa com a realidade"* poderia levar a cobranças indevidas, como a que foi então analisada.

Em outro caso interessante[105], um escritório de advocacia foi autuado por receber honorários de sucumbência e repassar diretamente aos advogados que trabalharam nos casos, sem recolher as contribuições previdenciárias devidas. Contabilmente, reconheceu como receita do escritório, mas alegou erro na contabilização, argumentando que se trataria de um repasse transitório, sendo que apenas intermediaria o valor pago pelo cliente e repassado ao advogado, e que seria responsabilidade do advogado tributar esse rendimento que lhe pertenceria.

O registro contábil não se coaduna com o conceito de remuneração para fins de caracterização do fato gerador das contribuições sociais previdenciárias. Os valores apurados pela fiscalização não são base de incidência da contribuição previdenciária pois não correspondem a salário de contribuição".

[105] Acórdão nº 2402-004.491, de 20.1.2015.

REFERENCIAL TEÓRICO

O CARF entendeu que os repasses dos honorários de sucumbência seriam remuneração dos advogados e, ao analisar as provas, destacou que o próprio escritório contabilizou os valores como sua receita, e não em uma conta transitória como receita de terceiros. Assim, pontuou que a contabilidade não era compatível com a argumentação da empresa, fazendo prova contra o próprio escritório. Mas, ao final, ressalvou que *"a eficácia probatória da contabilidade pode ser afastada diante de prova contundente do erro cometido. Para tanto, não basta provar o fato que alega ser verdadeiro. É necessário também demonstrar a ilação entre o fato verdadeiro e o fato inverídico que se registrou contabilmente"*. Porém, como as demais provas não foram suficientes para provar que o escritório atuava como mero intermediário dos honorários de sucumbência, manteve a cobrança.

Mais um caso vale menção: a empresa Telefônica Data S.A. foi autuada pelo Fisco em face de pagamentos efetuados a expatriados, pagamentos a título de ajuda de custo, a título de honorários, dentre outros, para cobrança de contribuições previdenciárias. Um dos aspectos que o Fisco questionou foi a existência de divergências entre a folha de pagamento e a contabilidade. Interessante notar que os valores registrados na conta contábil "expatriados" eram superiores à remuneração da folha de salários.

Ao examinar o caso, o CARF entendeu que a empresa deixou de apresentar documentos que comprovassem que os valores consistentes na conta contábil não se referiam à remuneração dos expatriados. Não tendo assim o feito, o CARF concluiu que *"o Fisco extraiu a base de cálculo da apuração sobre a parcela em questão diretamente da contabilidade da recorrente, a qual não demonstrou que ali havia desembolsos não abrangidos pelo campo de incidência previdenciária"*, mantendo a autuação[106]. O mesmo ocorreu com os valores contabilizados na conta *"outros salários e adicionais"*: a empresa alegou se trataria de ajuda de custo, de caráter indenizável, mas não comprovou, mantendo-se a presunção de que o registro na contabilidade retrataria a natureza remuneratória do pagamento.

Portanto, como em outras diversas situações[107], o CARF tem entendido que o registro contábil serve como meio de prova, porque a princípio reflete

---

[106] Acórdão nº 2401-002.145, de 1º. 12.2011.

[107] Por exemplo, vide Acórdão nº 1401-001.886, de 18.5.2017:
"ESCRITURAÇÃO CONTÁBIL. PROVA. COMPROVAÇÃO POR DOCUMENTOS HÁBEIS. A escrituração mantida com observância das disposições legais faz prova a favor do contribuinte

os fatos e a natureza real dos negócios jurídicos. No entanto, como destaca o Conselho, a contabilidade é um dos vários meios de prova, mas não o único que deve ser considerado na apuração dos fatos passíveis de tributação. Nem o Fisco e nem o contribuinte podem se pautar exclusivamente nos registros contábeis para fundamentar suas alegações[108].

Para ser aceita como prova, a contabilidade deve vir acompanhada de outras evidências hábeis: na realidade, como explica Luiz Roberto Peroba Barbosa[109], a contabilidade, como nenhuma outra prova, é absoluta ou definitiva; é o conjunto probatório como um todo que pode definir o desfecho de um litígio. Exatamente nesse sentido, o CARF[110] reconheceu que *"a contabilidade tem sua força probatória desde que devidamente respaldada por documentação hábil e idônea que lhe suporte a veracidade"*.

No que se refere às transações de fusões e aquisições, o registro contábil não apenas da operação em si, mas especialmente dos lançamentos relacionados aos mecanismos contratuais ora analisados, pode servir tanto a favor como contra a parte em eventual disputa com o Fisco. Por exemplo, quando o comprador contabiliza o valor correspondente a um *earn out* como contraprestação contingente e registra um passivo financeiro, esse registro vai reforçar o seu argumento no sentido de que o *earn out* é parte do preço, tendo o comprador reconhecido a obrigação de entregar o valor ao vendedor, reforçando, assim, o cômputo desse valor no custo de aquisição.

Se o comprador, por exemplo, para fins contábeis, não registra o valor do preço retido e depositado em *escrow* como contraprestação contingente, o Fisco poderia se valer do registro contábil para alegar que esse valor não deveria compor o seu custo de aquisição para fins tributários. Ainda, como

---

dos fatos nela registrados e comprovados por documentos hábeis, segundo sua natureza, ou assim definidos cm preceitos legais. A falta de apresentação de documentos hábeis e idôneos a amparar o registro, autoriza o Fisco a desconsiderar valores não comprovados".

[108] No mesmo sentido, tem entendido a jurisprudência judicial: "(...) 1 – O simples registro contábil não constitui elemento suficientemente comprobatório, devendo a escrituração ser fundamentada em comprovantes hábeis para a perfeita validade dos atos e fatos administrativos, nos termos do art. 127, parágrafo 3º do RIR/80. (...)". (Tribunal Regional Federal da 1ª Região, Apelação Cível nº 00298041420014010000, 11.10.2013).

[109] BARBOSA, Luiz Roberto Peroba. A Contabilidade como Prova no Processo Administrativo Tributário. In Controvérsias Jurídico-Contábeis (Aproximações e Distanciamentos). São Paulo: Dialética. 2010. p. 278.

[110] Acórdão nº 2401-004.408, de 15.6.2016.

o comprador poderia reconhecer um valor recebido a título de indenização se contabilmente registrou o valor como uma receita adicional? Por isso, é importante registrar com atenção a contabilização das contraprestações contingentes, dos pagamentos de indenização, dos valores compensados entre as partes etc., tendo em mente que a contabilidade pode ser usada tanto a favor como contra o contribuinte em futuro litígio.

Frise-se que, em caso de autuação, o Fisco sempre tem o dever de provar a infração imputada, nos termos dos artigos 113, parágrafo 1º e 142 do CTN[111]. No entanto, isso não significa, na prática, que, ao se defender, o contribuinte não tenha o correspondente dever de comprovar a correção do procedimento adotado objeto de questionamento pelo Fisco. Quanto mais elementos idôneos de prova o contribuinte apresentar – contratos, comprovantes de pagamento, notas fiscais, notas de débito, faturas, registros contábeis etc. – mais a sua defesa se fortifica.

A questão dos fluxos financeiros também é crucial e está diretamente relacionada com a contabilidade: a forma como os recursos se movimentam, em termos financeiros, entre as empresas pode servir na identificação da natureza jurídica de determinada transação. Por exemplo, quando uma empresa recebe determinado valor provisoriamente e repassa esse valor para um terceiro, o fluxo financeiro pode ser utilizado pelo Fisco para alegar que, como o valor entrou financeiramente no patrimônio da empresa, a empresa, mesmo tendo repassado, deveria reconhecer esse valor como receita própria e oferecer à tributação. É o que ocorre muitas vezes com as empresas prestadoras de serviços de intermediação, como agências de turismo, publicidade etc. Quando as entradas provisórias são contabilizadas de forma correta, o contribuinte tem um argumento adicional para mostrar

---

[111] É o que reitera o CARF no Acórdão nº 9202-003.159, de 6.5.2014: "Destarte, o artigo 142 do Código Tributário Nacional, ao atribuir a competência privativa do lançamento a autoridade administrativa, igualmente, exige que nessa atividade o fiscal autuante descreva e comprove a ocorrência do fato gerador do tributo lançado, identificando perfeitamente a sujeição passive (...) Depreende-se do artigo 142 do CTN que o ônus da prova de que a material tributável, a base de cálculo existe, compete ao sujeito ativo da relação tributária e não ao passivo, já que apenas a autoridade administrativa, de forma privativa, tem competência para determinar tais elementos. E tais elementos têm que ser tipificados por inteiro. Não cabendo a presunção legal, a qual inverte o ônus da prova ao contribuinte, deverá a fiscalização provar a ocorrência do fato gerador do tributo, com a inequívoca identificação do sujeito passivo, só podendo praticar o lançamento posteriormente a esta efetiva comprovação".

que, a despeito da questão financeira, o valor objeto do posterior repasse nunca foi reconhecido como receita própria, pertencendo a um terceiro, e que a sua natureza é de mero repasse.

No caso de contratos de aquisição de participação societária, os fluxos financeiros certamente podem ajudar ou prejudicar as empresas. Se o comprador deve pagar um *earn out* de 40, mas compensa parte do *earn out* contra uma indenização de 20 a que faz jus, isso significa que, para fins tributários, poderia considerar como *earn out* pago apenas 20? Ou deveria reconhecer de forma segregada, 40 pagos a título de *earn out* e 20 recebidos de indenização? Até que ponto os fluxos financeiros influenciam na caracterização jurídica?

Muito embora os fluxos não podem definir a natureza jurídica, trazem uma complexidade adicional à discussão. Nesse sentido, como os mecanismos de ajuste de preço já envolvem muitas controvérsias quanto à própria natureza jurídica, é essencial que as partes também se atentem aos fluxos financeiros para evitar que o Fisco possa usar evidências quanto à movimentação financeira de forma desfavorável.

O principal cuidado é evitar que a existência de movimentação parcial (no caso do valor do *earn out* ser parcialmente pago pois abatido contra indenização devida, por exemplo) ou a ausência de movimentação financeira (no caso do valor do *earn out* ser totalmente abatido contra indenização devida, por exemplo) não defina a natureza jurídica dos mecanismos, pelo contrário, que os lançamentos contábeis de fato reflitam, passo a passo o que ocorreu, reforçando a natureza jurídica verdadeira.

3
Earn Out

3.1. A Função do Mecanismo de *Earn Out*

O conceito de *earn out* é relativamente simples: as partes definem que o pagamento de uma parte do preço está condicionado à ocorrência de determinados eventos ou ao cumprimento de certas metas futuras. Por exemplo, o pagamento pode estar vinculado à obtenção de uma licença específica ou ao desempenho financeiro da empresa-alvo, que pode ser medido em termos de receita, lucro ou determinado múltiplo do EBITDA, dentre outros parâmetros financeiros ou econômicos que variam conforme cada caso.

Daniel Rodrigues Alves[112] bem explica que o *earn out* consiste em um mecanismo que simplesmente difere o pagamento de uma parcela do preço de aquisição para um momento posterior, condicionando o pagamento a um evento futuro, geralmente uma meta de desempenho ou meta financeira.

---

[112] ALVES, Daniel Rodrigues. Determinabilidade, negociação e elaboração das cláusulas de preço contingente (earn-out) nas operações de compra e venda de participação societária ou de estabelecimento e análise de conflitos à luz do princípio da boa-fé objetiva. 17.10.2016. 87 folhas. Orientadora Lie Uema do Carmo. Dissertação de Mestrado. Escola de Direito de São Paulo da Fundação Getulio Vargas. Disponível em: http://direitosp.fgv.br/sites/direitosp.fgv.br/files/daniel_rodrigues_alves.pdf. p. 11.

Quanto à sua função, João Pedro Barroso Nascimento[113] comenta que a cláusula do *earn out* é normalmente utilizada pelas partes quando não há consenso absoluto e as partes concordam em atrelar uma parcela do preço a determinadas metas. Na mesma linha, Anshul Sehgal[114] destaca que esse mecanismo visa superar as diferenças entre as partes no que diz respeito à avaliação da empresa-alvo, possibilitando o fechamento do negócio que, caso contrário, talvez não fosse factível.

Michael E. S. Frankel[115] busca os conceitos de racionalidade limitada e comportamento enviesado discutidos no capítulo anterior e destaca que o *earn out* serve como uma ponte para as partes chegarem a um consenso,

---

[113] João Pedro Barroso Nascimento ressalta que "são frequentemente utilizadas para definir o desdobramento do preço de compra de determinada participação societária. São comuns quando vendedor e comprador não concordam exatamente em relação ao "valor justo" para o negócio. Esse tipo de cláusula estabelece um preço pré-determinado e prevê parcelas vincendas vinculadas ao desempenho da sociedade e ao atingimento de determinadas metas. Em outras palavras, a definição do preço é vinculada ao desempenho da sociedade-alvo. Para tanto, é comum que o lucro líquido da sociedade-alvo ou o EBITDA sirvam como parâmetro para a definição de tal preço. É importante destacar que em algumas situações, o earn-out faz referência ao pagamento da parcela adicional e não do preço global". In Direito Societário Avançado. FGV, 2015. Disponível em: http://direitorio.fgv.br/sites/direitorio.fgv.br/files/u100/direito_societario_avancado_2015-1.pdf. Acesso em 21.8.2017.

[114] Segundo Anshul Sehgal: *"an earnout is a contractual provision which creates a contingent payment obligation upon the acquirer. This contingency is payable upon the seller on achieving certain targets, financial or non-financial, during the post closing period of the deal. To consider from the point of view of the buyer and seller the goal of the earnout provision instituted in the contract is to overcome significant valuation differences that might come in between the parties during the process of negotiations and prevent them from reaching an agreement"*. In The concept of Earnout in Merger and Acquisition Transactions. Amity Law School, New Delhi. 2014. Disponível em: http://papers.ssrn.com/sol3/papers.cfm?abstract_id=2365020. p. 1. Acesso em 21.8.2017.

[115] O autor destaca que: *"by their nature, **Buyers will tend to be pessimistic, and Sellers will tend to be optimistic about future performance. Each side has a bias to project performance to affect the purchase price.** Seller get more when there is a high growth projected, and Buyers pay less when weak performance is projected. Beyond these biases, there are more inherent biases at work. A Seller is judging itself when it projects future performance. Has it built a successful business? In the absence of a sale, would it be able to deliver on its own promises and plans? Thus, a Seller's projections are a judgment on its own management and vision. A Buyer, by contract, is considering worst-case scenarios as it peers into the unknown, not only of future events but also of the effects of acquiring a new business with new products and customers. In the face of these unknowns, a Buyers is naturally skeptical of optimistic projections. These differences, and the crucial importance of future performance in the valuation of a business, will tend to create a substantial gap in implied value between the Buyer and Seller. (...) In these*

alinhando expectativas distintas decorrentes do comportamento irracional dos indivíduos, que tendem a superestimar suas próprias avaliações. Como mencionado anteriormente, é comum que o comprador seja mais pessimista e o vendedor mais otimista em relação à avaliação da empresa-alvo, de maneira que o *earn out* se presta a superar essa diferença entre as partes.

Anshul Sehgal[116] também retoma o problema de assimetria de informações para ressaltar que o *earn out* funciona como alternativa para viabilizar o negócio justamente quando as partes lidam com esse problema. Como comentado, muitas vezes o vendedor não consegue ou não quer fornecer as informações necessárias à correta avaliação pelo comprador. Ao invés de simplesmente desistir, o comprador pode vincular um pagamento adicional caso a incerteza causada pela insuficiência informacional venha se resolver no futuro.

Assim, devido a divergências de avaliação do negócio resultante de diferentes expectativas, em regra decorrentes da própria racionalidade limitada das partes e/ou de informações incompletas, as partes acabam por divergir em relação ao pagamento do preço do negócio, mas, por meio do mecanismo do *earn out*, podem concordar com o pagamento de um montante base ou inicial e prever contratualmente o pagamento de uma parcela contingente a um evento futuro.

Portanto, de forma geral, o *earn out* pode ser definido com um mecanismo de diferimento do pagamento de preço para um momento posterior a depender de determinado evento. Logo, na sua concepção, o *earn out*

---

situations, a contingent payment structure can help bridge the gap between Buyer and Seller". (g.n.). Ibidem. pp. 227 e 288.

[116] E ainda destaca que: *"hence, buyers and sellers find themselves unable to agree on an appropriate valuation for the seller and for this, the earnout provision, provides the parties with an ex post opportunity to settle up and fill in the gaps which are generated either due to information asymmetries or symmetrical uncertainties. In effect, **the parties rely on the contingent payment mechanism to come to a final determination where post closing period the acquirer has had an opportunity to learn the seller's private information or the uncertainties have been resolved.** (...) In various transactional situations where there is any divergence found in the information between the buyers and sellers to be more extreme, they are both likely to rely on an earnout provision in order to bridge the gap. **Empirical evidence supports the argument that the structure of terms of earnout is purposefully designed in order to address the critical issues of information asymmetries between the buyers and sellers**. This shows an inference that earnouts exist as to signal an unobservable quality in response to adverse selection and thus adverse selection hypotheses has become the dominant hypotheses for the role of contingent payments in merger agreements".* (g.n.). Ibidem. p. 4.

representa preço de aquisição. Mas será que o *earn out* sempre deveria ser tratado como preço para fins jurídicos? É importante destacar que, na prática, em algumas situações específicas, dependendo da estrutura de pagamento contingente formulada, pode não ser claro o seu tratamento como preço efetivo.

Aliás, pode parecer estranho, a princípio, considerar o *earn out*, na condição de um pagamento contingente – do qual não se tem certeza do efetivo desembolso no futuro – como preço do negócio, de modo que, na prática, as partes mais leigas podem eventualmente tratá-lo como pagamento adicional qualquer. Inclusive, voltando à questão da racionalidade limitada e das visões enviesadas, note-se que a forma com a qual o *earn out* é apresentado pode afetar de maneira relevante a percepção: o vendedor, por exemplo, pode estar mais disposto a aceitar o *earn out* proposto pelo comprador quando o *earn out* de fato corresponder à parte do preço, mesmo com o risco de eventualmente não receber o montante, do que como pagamento adicional. Na sua percepção, o preço é maior, mesmo em face do risco de não atingir a meta imposta e perder uma parcela, do que quando o *earn out* é apresentado de forma totalmente separada e desvinculada do preço inicial.

Segue um exemplo prático de situação em que o *earn out* de R\$ 4 milhões foi tratado como parte total do preço pago, no caso, quando a Brasil Pharma S.A. adquiriu investimento na rede de farmácias Estrela Galdino[117]:

> O preço da aquisição acordado pelas Partes é **de até** R\$ 18.000.000,00 e será pago da seguinte forma: (i) R\$ 11.000.000,00, em moeda corrente nacional, na data da efetiva transferência dos Estabelecimentos; (ii) R\$ 3.000.000,00, em moeda corrente nacional, na data da efetiva transferência dos Estabelecimentos, os quais serão obrigatoriamente utilizados pelos sócios da Estrela Galdino para a aquisição em bolsa de valores, a valor de mercado, de ações ordinárias da Brazil Pharma ("Ações"). Tais Ações não poderão ser negociadas por seus detentores pelo prazo de 12 meses contados da data de fechamento da Transação 2 (lock-up), exceto no caso de Oferta Pública de Aquisição de ações de emissão da Brazil Pharma ou de qualquer outro evento de liquidez que porventura

---

[117] Disponível em: http://webcache.googleusercontent.com/search?q=cache:dRyWl9mzzkgJ:ri. brasilpharma.com.br/Download.aspx%3FArquivo%3DoREZedo2yRQQUEVolsFGoQ%3D% 3D+&cd=1&hl=pt-BR&ct=clnk&gl=br&client=firefox-b. Acesso em 21.8.2017.

venha a ocorrer neste período; e (iii) a Brazil Pharma obriga-se ainda a pagar, sujeito ao atendimento de determinadas metas estabelecidas entre as partes, o limite global máximo de R$ 4.000.000,00 (earn-out), calculado com base no faturamento mensal médio dos Estabelecimentos nos últimos 3 meses de um período de 12 meses contado da transferência do último Estabelecimento ou da transferência completa das quotas da sociedade detentora dos Estabelecimentos à Brazil Pharma. (g.n.).

Note-se acima a expressão *"preço total **de até**"*, justamente porque há um teto de preço a ser pago ao vendedor, de R$ 18 milhões, mas que não necessariamente será atingido.

Diferentemente, vale mencionar o caso da aquisição da empresa CVC Brasil Operadora e Agência de Viagens S.A. pela empresa de *private equity* norte-americana Carlyle. Segundo consta nas demonstrações financeiras de 2014[118], além do preço da aquisição, foi estabelecido contratualmente um pagamento adicional ao vendedor (Fundo GJP), condicionado ao EBITDA da empresa-alvo:

> (...) o FIP BTC, por meio da CBTC, adquiriu ações da Companhia através do Contrato de Compra e Venda de Ações e Outras Avenças firmado entre CBTC e FIP GJP ("Vendedor"), que inclui a Cláusula 2.6. – Pagamentos vinculados ao desempenho e define que a Companhia efetuará em favor do vendedor um pagamento vinculado ao desempenho no valor equivalente a até R$ 75.000 corrigidos pelo IGP-M, calculado de acordo com os parâmetros abaixo. Em ambas as situações, a data do pagamento vinculado ao desempenho deverá ocorrer em 1º de janeiro de 2015.
>
> Parâmetro de desempenho
>
> 1. Se a media aritmética do EBITDA da Companhia dos 5 (cinco) anos consecutivos entre 2010 e 2014, deflacionados pelo IGP-M, for igual ou superior a R$ 250.000, a Companhia deverá pagar ao vendedor o valor de R$ 75.000;
>
> 2. Se a media aritmética do EBITDA for inferior a R$ 239.000, não haverá a obrigação de pagamento adicional vinculado ao desempenho;

---

[118] Disponível em: https://webcache.googleusercontent.com/search?q=cache:o-aY_vpHryQJ:https://ri.cvc.com.br/Download.aspx%3FArquivo%3DD4nIkEYv1/lKdrxNikxTaA%3D%3D+&cd=3&hl=pt-BR&ct=clnk&gl=br&client=safari. Acesso em 19.1.2019.

3. Se a media aritmética do EBITDA da Companhia for entre R$ 239.000 a R$ 250.000, a Companhia deverá pagar ao vendedor um valor entre R$ 50.000 até R$ 75.0000, calculados de forma proporcional.

Para fins jurídico-tributários, seria plausível tratar o *earn out sempre* como preço de aquisição? Para o comprador, o *earn out* compõe o preço inclusive para fins de apuração de eventual *goodwill*? Se não integrar o preço, o *earn out* poderia ser um pagamento complementar? Nesse caso, deveria ser considerado uma simples despesa operacional do comprador, dedutível da base do IRPJ/CSL? Para o vendedor, seria parcela do preço diferida no tempo e deveria necessariamente compor o seu ganho de capital? Apenas quando do seu pagamento? Poderia o *earn out* se configurar como um rendimento qualquer tributável normalmente? E se no momento pós-fechamento o vendedor continuar a desempenhar funções na empresa-alvo? Nesse caso, o *earn out* poderia ser compreendido como remuneração desse serviço? Se não for remuneração propriamente dita, poderia ser tratado como uma indenização paga ao vendedor?

Essas são apenas algumas problemáticas que mostram que o enquadramento legal a ser concedido ao *earn out* não é tarefa fácil, especialmente para fins tributários. Apesar de consistir em preço na sua essência, essa cláusula de *earn out* pode apresentar feições distintas e complexas que geram diversos questionamentos quanto à sua real natureza jurídica.

O tratamento tributário varia consideravelmente se a natureza jurídica do *earn out* for preço ou outro pagamento adicional. Por exemplo, se for preço, como será visto adiante, em tese o comprador deveria considerar o *earn out* como custo de aquisição para fins de eventual apuração de *goodwill*, cujas despesas com amortização poderiam ser eventualmente deduzidas do IRPJ/CSL ao longo do tempo. Já no caso de ser caracterizado como um pagamento desvinculado do preço, o comprador poderia tratar o valor relativo ao *earn out* como despesa operacional e aproveitar a dedutibilidade imediata de todo o pagamento da base de cálculo do IRPJ/CSL na ordem de 34% no ano do pagamento (conforme o princípio da competência, ou seja, quando nascer o dever contratual de realizar o pagamento ali previsto). Esse tratamento seria especialmente interessante se o comprador tiver lucro a ser realizado, abatendo tal despesa e reduzindo assim o tributo devido. Se o comprador tiver, por outro lado, prejuízo fiscal acumulado, talvez fosse mais interessante tratar como preço de aquisição e alocar uma parte ao *goodwill*, amortizável ao longo do tempo, se possível.

Já para o vendedor pessoa física, se o *earn out* tiver natureza jurídica de preço efetivo, caberá eventual tributação de IRPF sobre o ganho de capital na alienação de participação societária, considerando a progressividade da tributação conforme o montante do ganho; a alíquota máxima de 22,5% aplica-se para ganhos superiores a R$ 30 milhões. Caso seja tratado como outro rendimento, a alíquota máxima da tabela progressiva seria de 27,5%. Para o vendedor pessoa jurídica, a alíquota conjunta sobre o ganho de capital seria a princípio de 34% de IRPJ/CSL no caso de ganho de capital; já a alíquota conjunta tratando de uma receita adicional pode chegar a 34% e ainda eventualmente mais 9,25% de PIS/COFINS.

Mas é preciso esclarecer não há qualquer margem para o contribuinte, seja na condição de vendedor ou comprador, escolher qual tratamento tributário seria mais interessante ou eficiente do ponto de vista tributário. A análise deve ser feita de forma estrita considerando a real natureza jurídica do mecanismo do *earn out*.

Nos itens abaixo, será abordado o tratamento tributário de "contraprestação contingente", para examinar em quais situações o *earn out* se enquadra nesse conceito e quais os efeitos tributários decorrentes desse enquadramento. Após, é preciso discutir se o *earn out*, em algumas situações, poderia apresentar natureza jurídica de pagamento desvinculado do preço, consistindo em despesa incorrida pelo comprador. Ainda, em quais situações poderia ser qualificado juridicamente como remuneração do vendedor. Como veremos, muitas são as nuances desse mecanismo e diversos são os impactos na esfera da tributação.

3.2. Natureza Jurídica do *Earn Out*: Preço

Como vimos, o *earn out* foi originalmente desenvolvido para funcionar como um mecanismo de diferimento do preço no tempo, ou seja, uma parcela do preço que será paga em momento posterior. Mas note-se que o *earn out* tem como principal característica a condicionalidade desse pagamento futuro: determinado valor será pago pelo comprador ao vendedor se, posteriormente, determinados eventos ocorrerem ou certas metas forem atingidas.

Em uma primeira análise, é preciso admitir que o *earn out* se encaixa bem na definição legal contraprestação contingente, que, como discutido no item acima, diz respeito a uma obrigação assumida pela parte cujo cumprimento pode ou não ocorrer no futuro. E note-se que se compatibiliza especificamente com a definição infralegal de contraprestação contingente contida no item 'b', do inciso I do artigo 196 da IN RFB nº 1.700/2017: trata-se de uma obrigação contratual assumida pelo comprador de transferir ou pagar valor adicional ao vendedor subordinada a evento futuro e incerto.

Como visto, o artigo 178 da IN RFB nº 1.700/2017, em seu parágrafo 12, determina que a contraprestação contingente compõe o custo de aquisição, o que, portanto, respalda a premissa de que a natureza jurídica *earn out* é preço.

Tendo em vista que o artigo 196 da IN RFB nº 1.700/2017 faz referência expressa às determinações dos artigos 116 e 117 do CTN, o *earn out*, como contraprestação contingente, poderia ser considerado no custo de aquisição em qualquer situação? Inclusive para fins de apuração de *goodwill*? Ou depende da natureza da condição a que o pagamento estiver atrelado? Se o pagamento do *earn out* estiver sujeito a condição suspensiva, o comprador não poderia considerar o valor como preço de aquisição inicialmente, mas poderia o fazer quando do pagamento? E nesse momento caberia um eventual *goodwill* adicional? E, por outro lado, se o *earn out* estiver sujeito a condição resolutiva, o comprador poderia considerar o valor como preço de aquisição desde o início, mas e se a condição resolutiva de fato ocorrer e o comprador não desembolsar financeiramente o valor do *earn out*, caberia uma eventual redução do *goodwill* originalmente apurado?

Infelizmente, a IN RFB nº 1.700/2017 parece não fornecer a certeza necessária quanto ao exato tratamento tributário aplicável. As regras da referida IN se limitam a normatizar o conceito de contraprestação contingente e determinar a aplicação dos artigos 116 e 117 do CTN, autorizando, pelo artigo 178, parágrafo 12, que o *earn out* componha o custo de aquisição, mas silenciando quanto aos demais impactos tributários. Por isso, se faz necessário explorar bem esses impactos.

3.2.1. O Tratamento Tributário da Contraprestação Contingente

Na linha do que já foi visto, no parágrafo 12 do artigo 178 da IN RFB nº 1.700/2017, o preço pode incluir contraprestações contingentes, respeitado o artigo 196, e, como o custo de aquisição é a base a partir da qual se verifica se, residualmente, há *goodwill*, a princípio o Fisco deveria

EARN OUT

igualmente admitir que as contraprestações contingentes poderiam sim compor eventual *goodwill*.

Como o referido artigo 196 determina que os reflexos tributários das obrigações assumidas em relação às contraprestações contingentes devem ser reconhecidos na apuração do lucro real e do resultado ajustado e se verificam no implemento da condição, se for suspensiva, e desde a celebração do negócio, se resolutiva, seria possível a princípio inferir, com base nos artigos 178, parágrafo 12, 196 e 197, que, por ocasião da aquisição:

(i) tratando-se de *earn out* caracterizado como pagamento de preço sujeito a condição resolutiva, o comprador poderia considerar o valor do *earn out* na determinação do custo de aquisição – inclusive para fins de determinação do *goodwill* residual; mas

(ii) tratando-se de *earn out* caracterizado como pagamento de preço sujeito a condição suspensiva, o comprador não poderia considerar o valor do *earn out* na determinação do custo de aquisição.

Considerando os conceitos de Direito Civil, como caracterizar as condições atreladas às cláusulas de *earn out*? Essa classificação de condição resolutiva e suspensiva não é intuitiva. Isso porque, mesmo tecnicamente, a diferença é até sutil: na condição suspensiva a condição precisa ocorrer para que o negócio tenha efeitos e a parte exerça seu direito; por outro lado, na condição resolutiva, o direito existe desde o início e gera plenos efeitos, podendo ser extinto, contudo, se a condição imposta posteriormente se verificar.

A resposta mais simples seria que o *earn out* deveria sempre se qualificar como preço cujo pagamento está sujeito a condição suspensiva: até a verificação do evento contratualmente acordado, o vendedor não tem certeza de que receberá de fato o valor. Se a eficácia de um ato está subordinada a condição suspensiva, enquanto esta não se verificar, o vendedor não terá adquirido de forma plena o direito em questão. O vendedor tem apenas a expectativa de receber o valor relativo ao *earn out* futuramente; o direito e o exercício desse direito dependem da efetiva concretização da condição prevista contratualmente. Mas será mesmo que essa classificação deveria ser sempre a regra?

Vamos imaginar alguns tipos diferentes de cláusula: determinada cláusula cuida do preço e outra cláusula, ou um item da cláusula de preço, indica que haverá um pagamento adicional, com natureza complementar, que eventualmente será realizado pelo comprador se, futuramente, o vendedor atingir determinada meta. Nesse caso, assumindo que esse pagamento adicional estaria desatrelado do pagamento efetivo do preço, que remunera a alienação da participação societária, seria possível concluir que o pagamento do *earn out* estaria atrelado a uma condição suspensiva: o vendedor não tem direito algum a receber esse valor adicional, apenas se, por acaso, conseguir atingir a meta estabelecida.

Mas e se estivermos diante de outro tipo de cláusula: o *earn out* é colocado desde o início como parte integrante do preço efetivamente devido ao vendedor que remunera a alienação da sua participação, de modo que o comprador reconhece que o vendedor deverá receber, fazendo jus a tal montante; apenas não receberá se a meta eventualmente vier a ser descumprida em um certo período de tempo, ou se determinado evento não se materializar. Nessa situação, a condição a que o pagamento do *earn out* está sujeito teria então características de condição resolutiva? Para todos os fins, o vendedor tem o direito de receber, mas pode vir a não receber se por acaso a meta for descumprida.

Em uma primeira análise, pode parecer simples forma de redação: se a cláusula for redigida de uma maneira o resultado será um, se for de outra maneira será diferente. Mas não se trata de mera forma e linguagem, mas sim de identificar a real natureza da condição a que o pagamento da contraprestação contingente está atrelado. Se de fato o comprador estipular uma meta que ambas as partes sabem que é factível e tudo indica que deverá ser atingida, dadas as circunstâncias do momento da negociação, a cláusula deve refletir essa situação e, nesse caso, a condição do pagamento deveria se enquadrar como resolutiva, tendo em vista a sua natureza. Por outro lado, se a meta é complexa, se tudo indica que existe uma considerável probabilidade de o vendedor não conseguir de fato conquistar o objetivo imposto, então a condição contida na cláusula deveria igualmente refletir essa realidade e ser tratada, portanto, como suspensiva.

Por isso, embora pareça a princípio uma questão de mera redação, as condições são sim distintas e merecem tratamentos diferentes, desde que de fato reflitam a realidade dos fatos. Não é a redação contratual que define como as condições devem ser qualificadas, de modo que a real natureza das condições deve ser extraída não apenas da redação, mas do funcionamento do mecanismo de ajuste em si no contexto do negócio específico. É o que dispõe o próprio parágrafo 1º do artigo 196 da IN RFB nº 1.700/2017, ao estabelecer que os reflexos tributários das contraprestações contingentes independem da *"denominação dada à operação"*.

Vale comparar exemplos concretos: quando a empresa Bahema Educação e Participações SP S.A. adquiriu escolas da empresa Sovila Participações S.A., o *earn out* foi, a princípio, incluído como parte do preço devido[119]:

> **O preço total de até R$ 34.483.805,48 será pago da seguinte forma**: **(a) R$ 6.000.000,00 como earn-out vinculado ao atingimento de índices de desempenho apurado em 12 e 24 meses** (abaixo detalhado);
>
> (b) montante global de até R$ 4.086.890,48, como bônus de permanência para as vendedoras, pagos trimestralmente (abaixo detalhado); e
>
> (c) R$ 24.396.915,00 em tranches de: R$ 10.396.915,00 à vista, R$ 7.000.000,00 em 12 meses acrescidos do CDI do período e R$ 7.000.000,00 após 24 meses acrescidos do CDI do período, sujeito ao ajuste de preço conforme endividamento líquido posteriormente apurado (conforme definido no Contrato). (g.n.).

Assim, a meta imposta quanto aos índices de desempenho é um dever imposto ao vendedor: o seu direito ao recebimento do *earn out* já existe e foi reconhecido expressamente pelo comprador, mas só será plenamente exercido ao final do prazo contratual.

No caso abaixo, em que a CVC Brasil Operadora e Agência de Viagens S.A. adquiriu a participação societária da empresa Check In Participações S.A.[120], parece que o *earn out* foi tratado como parte do preço do negócio, sendo inclusive indicado como contraprestação contingente:

> **Como contraprestação pela transferência da titularidade das ações de emissão da Check In, a Companhia assumiu a obrigação de pagar aos**

---

[119] Disponível em: http://webcache.googleusercontent.com/search?q=cache:AVzKfzx6uPYJ:siteempresas. bovespa.com.br/consbov/VisualizaArquivo.asp%3Ffuncao%3Ddownload%26Site%3DC%26p rotocolo%3D554176+&cd=1&hl=pt-BR&ct=clnk&gl=br&client=safari. Acesso em 21.8.2017.

[120] Disponível em: http://webcache.googleusercontent.com/search?q=cache:sTHHd1hGeWYJ:ri.cvc.com. br/cvc/web/download_arquivos.asp%3Fid_arquivo%3D376BAE96-452F-4502-833E-1FB363764F87+&cd=1&hl=pt-BR&ct=clnk&gl=br&client=firefox-b. Acesso em 3.10.2017.

vendedores o valor total máximo de até R$ 258.806.001,50 (duzentos e cinquenta e oito milhões, oitocentos e seis mil e um reais e cinquenta centavos), sendo (a) um preço indicativo de R$ 144.806.001,50 (cento e quarenta e quatro milhões, oitocentos e seis mil e um reais e cinquenta centavos), composto por (a.i) parcela à vista de R$ 40.306.001,50 (quarenta milhões, trezentos e seis mil e um reais e cinquenta centavos) a ser paga aos vendedores na data do fechamento da operação; (a.2ii) aumento de capital de R$ 10.000.000,00 (dez milhões de reais) a ser realizado pela Companhia mediante subscrição de ações da Check In na ocasião do fechamento; e (a.iii) parcela a prazo no valor indicativo de R$ 94.500.000,00 (noventa e quatro milhões e quinhentos mil reais) que será retida e será liberada em parcelas sucessivas e anuais até o ano de 2022, segundo os termos do contrato de compra e venda. O valor total indicativo do negócio está sujeito a ajuste com base no EBITDA (lucro antes dos juros impostos, depreciação e amortização), dívida líquida e no capital de giro da Check In, todos a serem verificados na data de fechamento; e (b) **até R$ 114.000.000,00 (cento e quatorze milhões de reais), como preço contingente, observado o atingimento de metas futuras de crescimento de lucro líquido e de reservas de serviços turísticos operados pela Check In e suas subsidiárias entre 2017 e 2020** e demais condições previstas no Contrato de Compra e Venda. (g.n.).

Diferentemente, quando o Fleury S.A. adquiriu a participação societária da Diagnoson Ultrasonografia e Densitometria Óssea Ltda., o preço foi fixado em R$ 53,2 milhões, sem incluir um *earn out* de R$ 8 milhões[121]:

> O valor da aquisição é de R$ 53,2 milhões, equivalentes a 7,4 vezes o EBITDA mencionado acima. Além disso, o Grupo assumirá uma dívida de R$ 2,9 milhões referentes a investimentos colocados em operação após o período de levantamento do EBITDA normalizado. **Adicionalmente, os sócios permanecerão na operação e poderão receber valor adicional de até R$ 8,0 milhões condicionado ao alcance de metas ("earn-out") de Receita Líquida e Margem Operacional no período entre 2011 a 2013.** Consequentemente, o valor adicional poderá alcançar até 0,7 vezes o EBITDA previsto. (g.n.).

[121] Disponível em: http://www.mzweb.com.br/fleury/web/arquivos/Fato%20Relevante%20Acq%20Diagnoson.pdf. Acesso em 3.10.2017.

EARN OUT

Existe uma diferença entre as condições acima indicadas: a situação em que o contrato já prevê um valor de *earn out* compondo o preço total (ainda que não determinado, mas um teto ao menos) e que o comprador reconhece o direito do vendedor, que apenas não será pago se a meta eventualmente não for atingida, perdendo então o seu direito, é distinta da situação em que o vendedor é remunerado pelo preço, mas pode vir um dia a receber um valor adicional caso venha a cumprir alguma meta imposta.

Vale ainda citar um exemplo interessante envolvendo a venda de um complexo eólico da Renova Eólica Participações S.A. para a AES Tietê Energia S.A.: o valor do negócio foi acordado em R$ 600 milhões, havendo possibilidade de pagamento de *earn out* de mais R$ 100 milhões. Dada a probabilidade de pagamento do *earn out*, a compradora AES Tietê considerou, quando do fechamento, o preço total de R$ 650 milhões, como se vê abaixo[122].

O valor acordado para a Aquisição é de R$ 600 milhões ("Preço de Aquisição") e tem por base a estimativa da Companhia para 31 de dezembro de 2016, feita a partir das demonstrações financeiras de 30 de setembro 2016 ("Data Base"). O Preço de Aquisição está sujeito a determinados ajustes usuais neste tipo de operação incluindo ajustes de capital de giro. Além do pagamento do Preço de Aquisição, a Companhia assumirá a dívida do projeto Alto Sertão II no valor de R$ 1.150 milhões.

Adicionalmente, o Preço de Aquisição poderá sofrer acréscimo de até R$ 100 milhões sob a forma de earn out, se o desempenho do Complexo Alto Sertão II, apurado após período de cinco anos contados da data do fechamento da operação, exceder a referência mínima assumida.

A Companhia esclarece, ainda, que o valor total de aquisição de R$ 650 milhões anunciado no Fato Relevante divulgado no dia 13 de janeiro de 2017 fazia referência ao preço a ser pago pela aquisição, o qual embutia um earn out projetado de R$ 50 milhões. (g.n.).

---

[122] Disponível em:
http://webcache.googleusercontent.com/search?q=cache:RFhUt6OiVqcJ:ri.aestiete.com.br/Download.aspx%3FArquivo%3DZcxfNXTgIfktVg2LxWkgsw%3D%3D+&cd=10&hl=pt-PT&ct=clnk&gl=br&client=safari. Acesso em 21.8.2017.

Na realidade, a compradora pagou R$ 600 milhões e depositou R$ 50 milhões em *escrow*, para possibilitar o pagamento de no mínimo metade do *earn out*[123]. Nesse caso, deveria a empresa considerar os R$ 600 ou R$ 650 milhões como preço pago pela aquisição das ações do complexo eólico? Os R$ 100 milhões de *earn out* somente seriam pagos dependendo de condições futuras e incertas (metas mínimas de desempenho), de modo que não seria o valor total atrelado a uma condição suspensiva? Nesse caso, não poderia a compradora considerar qualquer valor dos R$ 100 de *earn out* como preço, apenas quando do pagamento? Provavelmente a lógica para a compradora considerar R$ 50 milhões dos R$ 100 milhões como preço se deve ao fato de que essa parcela já tinha sido depositada em *escrow*.

Não parece correto afirmar que o pagamento de *earn out* deva sempre se caracterizar como condição suspensiva; essa conclusão vai certamente depender da análise das peculiaridades fáticas e contratuais de cada caso, análise que não foge da identificação da real intenção das partes.

Analisando o sentido das condições resolutiva e suspensiva, as premissas quanto ao tratamento tributário acima adotadas se confirmam: é plausível tratar o *earn out* cujo pagamento estiver sujeito à cláusula resolutiva como preço desde o início já que, nessa situação, o valor da contraprestação já é preço, a não ser que ocorra um evento futuro que tenha o condão de desfazer o negócio jurídico, enquanto que o *earn out* cujo pagamento estiver sujeito à cláusula suspensiva não deveria ser tratado como preço, já que apenas assim será se determinado evento se verificar; caso contrário, não haverá que se falar em preço devido ao vendedor.

No caso do *earn out* cujo pagamento está sujeito a condição suspensiva, resta a dúvida se, quando posteriormente implementada a condição, poderia o comprador tratar o valor como preço.

---

[123] A companhia esclareceu que o valor total de aquisição de R$ 650 milhões anunciado fazia referência ao preço a ser pago pela aquisição, R$ 600 milhões, e R$ 50 milhões seria a parcela do *earn out* retida em *escrow*. Disponível em: http://webcache.googleusercontent.com/search?q=cache:4QYnsAjKmqAJ:renovaenergia. riweb.com.br/Download.aspx%3FArquivo%3DtVQl7er14AYxA5TSeimvFw%3D%3D+&cd =14&hl=pt-PT&ct=clnk&gl=br&client=safari. Acesso em 21.8.2017.

Ao examinar especificamente essa hipótese, Jorge Vieira[124] entende que de fato a compradora somente poderia apurar o *goodwill* com base no preço total, incluindo o *earn out*, para fins contábeis. Para fins fiscais, seria reconhecido um *goodwill* dedutível (preço inicial ou base já pago) e um *goodwill* indedutível, o qual, quando do efetivo pagamento do *earn out*, seria passível de dedução – nesse momento, o *goodwill* para fins tributários se "igualaria" ao *goodwill* contábil.

Se esta for a conclusão correta, será que, na ausência de previsão legal expressa, e com base na linha de argumentação acima, seria possível considerar o *earn out* como parte do preço para fins de cálculo do *goodwill* desde o início quando se tratar de condição resolutiva e no momento da implementação da condição quando se tratar de condição suspensiva?

Parece que sim. Inclusive, o Fisco já se manifestou sobre o tema em questão. A Solução de Consulta nº 3/2016 é especialmente interessante por envolver um contrato complexo de aquisição de participação societária com cláusulas que afetam o preço, incluindo ajustes, *earn out*, *escrow* e indenização, e, por isso, será analisada mais detidamente adiante.

De todo modo, vale adiantar que, apesar de a Solução de Consulta nº 3/2016 não ter examinado a fundo as regras da então vigente IN RFB nº 1.515/2015, e não ter discutido o conceito de contraprestação contingente, naquela ocasião a RFB entendeu que o conceito de preço poderia abarcar tão-somente o valor efetivamente despendido e pago pelo comprador

---

[124] Jorge Vieira comenta que: "em ocorrendo a fusão ou incorporação das companhias envolvidas na combinação, imediatamente após a assunção do controle de "B" por "A", o balanço patrimonial consolidado refletiria o valor dos ativos líquidos da companhia sucessora, a produzirem os efeitos fiscais previstos na legislação. Nesse particular o "goodwill" seria fiscalmente dividido em dois pedaços: uma parte dedutível, passível de amortização no LALUR por 1/60, no máximo, por mês calendário, no montante de 138 e outra parte não dedutível, por envolver uma condição suspensiva, no montante de 80 (que é a contraprestação contingente), a ser controlada na parte B do LALUR, para ser dedutível fiscalmente quando da liquidação da contraprestação contingente. Na liquidação da contraprestação contingente, a condição suspensiva – a satisfação de um "target" contratual – seria plenamente atendida. (...) Com a satisfação da condição suspensiva, o "goodwill" fiscal se iguala ao "goodwill" contábil. 100% dos 218 passam a ser dedutíveis, nos termos previstos na legislação tributária em vigor, caso ocorra a fusão ou incorporação das companhias envolvidas na combinação, em um passo seguinte". In Transações de M&A e os impactos societários e tributários das IFRSs no Brasil: Desafios Apresentados aos Operadores do Direito e aos Operadores das IFRSs. 2º Workshop de Contabilidade e Tributação da FEARP/USP, 20.10.2016 e 21.10.2016. p. 39.

para adquirir a participação societária da investida, desconsiderando o valor da contraprestação contingente, independente da natureza da condição a que o pagamento da contraprestação contingente se sujeita.

Contudo, a RFB ressalvou que os valores posteriormente pagos pelo comprador ao vendedor integrariam o preço, cabendo um acréscimo ao *goodwill*[125] – e, ainda, os valores recebidos de volta pelo comprador reduziriam o preço, cabendo, nessa hipótese, eventual redução no *goodwill*, diante do próprio decréscimo do custo de aquisição.

Inclusive, a RFB entendeu que o novo valor de *goodwill* a ser apurado pelo comprador quando do pagamento posterior ao vendedor seria passível de amortização do lucro real a partir do efetivo pagamento, cabendo ao vendedor amortizar esse valor considerando como prazo inicial a nova data (implemento da condição) – haveria dois *goodwills*, a princípio, com prazos iniciais de amortização distintos.

Assim, apesar de ter afastado a possibilidade de o valor da contraprestação contingente ser considerado no custo de aquisição – o que, como desenvolvido acima, seria factível a princípio no caso de cláusula resolutiva –, a RFB admitiu que eventuais ajustes no preço poderiam sim afetar diretamente o custo de aquisição e, por conseguinte, o cálculo do *goodwill*.

Para sustentar que, na ausência de regra expressa, o comprador estaria autorizado a tratar o posterior pagamento do *earn out* sujeito a condição suspensiva como preço pago quando da implementação da condição, para fins de apuração de custo e *goodwill* adicional, seria necessário postular as seguintes proposições: (1) se a legislação (Decreto-Lei nº 1.598/1977) determina que o preço pago compõe o custo de aquisição e que, ao alocar o preço, pode-se apurar residualmente *goodwill*, e (2) se a legislação infralegal

---

[125] "(...) d) no momento da incorporação, o valor do ágio será obtido mediante a diferença entre o custo de aquisição, representado pela soma de todos os pagamentos feitos aos Vendedores até aquele momento, e o patrimônio líquido existente na data de aquisição (art. 20, inciso II, do Decreto Lei nº 1.598, de 1977). O tratamento fiscal desse ágio será aquele prescrito em lei, conforme o fundamento econômico que o justifica (art. 20, parágrafo 2º, do Decreto Lei nº 1.598, de 1977). O termo inicial para utilização desse ágio é a data de incorporação (art. 7º, inciso III, da Lei nº 9.532, de 1997);

e) após a incorporação, novos pagamentos feitos aos Vendedores aumentam o valor do custo de aquisição e, consequentemente, o do ágio. O termo inicial para utilização desse ágio adicional, entretanto, será a data do pagamento."

(IN RFB nº 1.700/2017) determina que o *earn out*, como contraprestação contingente, compõe o preço, então, (3) logicamente, o *earn out* compõe o preço e influencia, após a alocação do preço, a apuração residual do *goodwill*.

No caso da Solução de Consulta nº 3/2016, contudo, a legislação infralegal foi apenas citada, sem análise profunda. Mas, de todo modo, a argumentação acima seria plausível, considerando as regras analisadas.

Como será detalhado no capítulo 3 adiante, ao analisar um caso envolvendo *holdback* em 2016, o CARF autorizou que o comprador considerasse o valor do *holdback* como custo de aquisição cuja liberação estava atrelada a condição resolutiva e, naquela ocasião, expressamente ressaltou que, se futuramente a condição resolutiva se implementasse, o comprador teria uma redução do seu custo original de aquisição, cabendo o estorno proporcional das despesas com o *goodwill* apurado para fins de tributação pelo IRPJ/CSL[126]. A mesma lógica seria aplicável, a princípio, para o caso do *earn out*, assumindo se tratar, de forma similar, de contraprestação contingente sujeita a condição resolutiva.

É também relevante mencionar que, mesmo antes da IN RFB nº 1.515/2014, substituída pela atual IN RFB nº 1.700/2017, ter instituído o conceito infralegal de contraprestação contingente, o pagamento de *earn out* era, na prática, geralmente tratado como preço adicional incorrido pelo comprador do negócio e, logo tinha como contrapartida o aumento do *goodwill* – então ágio – registrado na aquisição quando do pagamento. A justificativa era que o *earn out* posteriormente complementaria o preço de venda pago. Assim, na maior parte das vezes, no fechamento do negócio, o comprador calculava o preço sem o *earn out*, apurava o eventual ágio correspondente e, após o pagamento, simplesmente somava o montante do *earn out* ao preço e ao valor do ágio já registrado.

Um exemplo prático interessante retrata esse procedimento: na aquisição da empresa Multisteel Business Holdings Corp. pela Metalúrgica Gerdau S.A. em 2007, a compradora calculou um ágio preliminar, tendo apontado que posteriormente somaria ao valor do ágio o *earn out* eventualmente pago[127]:

---

[126] Acórdão nº 1402-002.336, de 5.10.2016, 4ª Câmara da 2ª Turma Ordinária da 1ª Seção do CARF.

[127] Disponível em: http://www.gerdau.com.br/updatetool/DownloadCenter/_fls/_dwn/7_1. pdf. Acesso em 21.8.2017.

O valor total da aquisição desta participação foi US$ 42 milhões (R$ 82 milhões na data da aquisição), e a Companhia tem registrado preliminarmente um ágio de US$ 19,7 milhões (R$ 38 milhões na data da aquisição). Pelo contrato de compra, a Companhia concorda em pagar o preço de compra contingente baseado nos lucros futuros do investimento adquirido. **Tais cláusulas earn-out estabelecem um pagamento adicional, se um certo nível de EBITDA (definido no contrato) for atingido nos próximos 5 anos. Tal preço de compra contingente será incluído no ágio, quando este for considerado como um passivo da Companhia. (g.n.).**

O exemplo abaixo também é curioso: quando a LG Informática S.A. adquiriu uma outra empresa chamada W3 Informática Ltda., avaliou como alta a probabilidade de pagamento do *earn out* e tratou, desde o início, o valor como preço de aquisição, inclusive para fins de cômputo do *goodwill*. Veja a nota das suas demonstrações financeiras[128]:

> Refere-se a Preço diferido adicional de pela compra da W3 Informática a ser pago em três parcelas e condicionado ao atingimento de metas de EBITDA nos anos de 2015, 2016 e 2017. **O preço diferido adicional foi computado como valor da aquisição – ainda que sujeito a eventos a serem concretizados no futuro –, uma vez que, de acordo com as projeções de geração de resultado, existe razoável probabilidade de atingimento das metas de rentabilidade.** Esta estimativa será revisada anualmente pela Administração visando o acompanhamento e a exigibilidade da referida obrigação. (g.n.).

Com a introdução do conceito de contraprestação contingente em 2014 e com as atuais determinações da IN RFB nº 1.700/2017, porém, parece que agora é preciso diferenciar a natureza da condição a que o pagamento do *earn out* está atrelado para determinar em qual momento o valor relativo ao *earn out* pode compor o custo de aquisição. Se anteriormente na prática as empresas somente consideravam o *earn out* como preço quando do efetivo pagamento, agora se o pagamento estiver sujeito a condição resolutiva esse tratamento seria antecipado.

---

[128] Disponível em: http://www.agecom.go.gov.br/PDF/2015/09/08/018.pdf. Acesso em 21.8.2017.

É preciso apontar uma fragilidade dessa linha de entendimento, e em parte da própria orientação da RFB contida na Solução de Consulta nº 3/2016: o entendimento de que o *earn out* pode integrar o custo de aquisição para fins de apuração do *goodwill* está essencialmente baseado na regulamentação infralegal atual, contida na IN RFB nº 1.700/2017. Não há fundamento em lei, sendo preciso indagar: as normas da IN RFB nº 1.700/2017 violariam, em alguma medida, o princípio da legalidade tributária?

Note-se que o princípio da legalidade tributária pode ser entendido de forma restritiva, no sentido de que apenas a lei pode instituir tributo, ou pode ser adotado de forma mais abrangente visando evitar quaisquer tipos de arbitrariedades do Fisco na aplicação de normas que não estão propriamente positivadas, como aponta Roque Antonio Carrazza[129], ao destacar que a estrita legalidade visa garantir exatamente a absoluta segurança dos contribuintes no sentido de que somente serão aplicadas as regras expressamente previstas em lei.

No entendimento de Diego Caldas Rivas de Simone[130], o princípio da legalidade é uma das facetas do princípio da segurança jurídica, juntamente com a irretroatividade da lei e a anterioridade tributária, e cujo objetivo primordial é proporcionar aos contribuintes previsibilidade na aplicação das leis, confira-se:

> De um modo geral, a dogmática jurídica vem apontando alguns requisitos imprescindíveis para a realização da segurança jurídica como certeza do direito aplicável.

---

[129] Segundo Roque Antonio Carrazza: "podemos dizer, em suma, que em matéria tributária vigora, mais que o simples princípio da legalidade, o da estrita legalidade (ou da reserva absoluta da lei formal), entendido no sentido de que a lei, necessariamente minuciosa, deve indicar ao aplicador, além do fundamento da decisão, o critério de decidir, bem como as medidas a adotar, para que a arrecadação do tributo se processe com exatidão. Afinal, nunca devemos perder de vista que a estrita legalidade é o principal instrumento de revelação e garantia da justiça fiscal – além, é claro, de estar profundamente relacionada com a segurança jurídica dos cidadãos". In Imposto sobre a Renda (perfil constitucional e temas específicos). São Paulo: Malheiros, 2009. p. 153.

[130] RIVAS de SIMONE, Diego Caldas. Segurança Jurídica e Tributação: da certeza do direito à proteção da confiança legítima do contribuinte. São Paulo: Quartier Latin, 2011. pp. 80 a 81.

Inicialmente, o direito precisa ser positivo, ou seja, consubstanciado na lei. Daí decorre o princípio constitucional da legalidade geral (artigo 5º, II) e, no campo tributário, da estrita legalidade tributária (artigo 150, I). Consagrando a lei como único instrumento válido de concretização do "poder" de tributar, o princípio da legalidade tributária concede exclusivamente a ela a possibilidade de estabelecer, entre as manifestações de capacidade econômica, aquelas que se reputam adequadas à tributação.

A legalidade tributária, no entanto, exige ainda mais: sendo a lei o critério que afasta o abuso no uso de força para obtenção de recursos por parte do Estado, é certo que todos os elementos necessários para a cobrança tributária tenham de ser, em todas as circunstâncias, integral e claramente estabelecidas em lei, sem deixar nenhuma margem de discricionariedade aos administradores (princípio da estrita legalidade tributária). Exige-se, portanto, que a lei contenha os elementos essenciais caracterizadores dos tributos, proibindo-se a discricionariedade acerca dos elementos necessários à sua individualização e, assim, garantindo-se a segurança jurídica.

Dado o princípio da legalidade, portanto, o Fisco poderia alegar que não há previsão na lei para o tratamento tributário indicado nos itens anteriores. Nessa hipótese, a consequência poderia ser bastante severa: se o Fisco entendesse que o *earn out* não poderia ser tratado como contraprestação contingente, não deveria compor o custo, e, logo, exigiria do comprador a redução do custo de aquisição. Como consequência, eventualmente glosaria as despesas com a amortização do *goodwill*. No pior cenário, o Fisco poderia aplicar tal entendimento não apenas para o caso de condição suspensiva, mas para o caso de condição resolutiva também, alegando ausência de previsão legal expressa. Eventual glosa das despesas seria acrescida de multa de ofício de 75% e juros de mora, calculados com base na taxa SELIC.

Nessa hipótese, porém, o Fisco teria que requalificar o *earn out* como despesa / pagamento adicional, cabendo ao comprador argumentar pela necessidade do pagamento para, no mínimo, garantir a dedutibilidade do valor. Essa discussão será vista adiante. Para o vendedor pessoa física, se o Fisco desconsiderar a natureza do *earn out* como preço, poderia eventualmente exigir a tributação não como ganho de capital, mas como rendimentos normais sujeitos à tabela progressiva. Para o vendedor pessoa jurídica, a reclassificação do *earn out* também geraria consequências para fins tributários.

Eventual argumento de ilegalidade do tratamento acima mencionado, porém, poderia ser combatido. Primeiro, porque a própria Lei nº 12.973/2014 outorgou, em seu artigo 116[131], competência à RFB para regular tal lei. Portanto, seria possível argumentar que a regulamentação trazida pela IN RFB nº 1.700/2017 deveria prevalecer para todos os fins. Segundo, porque o tratamento acima é decorrência da própria natureza do *earn out*, que, na essência, é preço de aquisição, e, independentemente do momento, a sua natureza jurídica deve ser respeitada para definir o tratamento tributário. Terceiro, não parece ser razoável afastar por completo as regras infralegais da IN RFB nº 1.700/2017 que foram introduzidas para regulamentar a Lei nº 12.973/2014, responsável pelo processo de convergência de regras contábeis internacionais. Quarto, a prevalência do princípio da legalidade tributária deveria ser ponderada considerando a necessidade de proporcionar segurança jurídica: se as normas da IN RFB nº 1.700/2017 forem desconsideradas, as empresas ficariam em uma situação pior de ainda mais incerteza e instabilidade. E por fim, vale lembrar que há manifestação favorável a tal entendimento tanto da RFB como do CARF.

Além do eventual questionamento da legalidade do tratamento sugerido quanto às contraprestações contingentes, outro aspecto deve ser mencionado: a falta de compatibilidade entre o tratamento tributário proposto e o tratamento contábil.

É importante mencionar que, para fins contábeis, após o procedimento de harmonização com as regras contábeis internacionais, que se deu com a edição das Leis nºs 11.638/2007, 11.941/2009 e por fim 12.973/2014, o Comitê de Pronunciamentos Contábeis ("CPC") aprovou uma série de Pronunciamentos para adaptar as regras contábeis à realidade brasileira, dentre os quais interessa em especial o Pronunciamento Técnico CPC 15[132], divulgado em 4.8.2011 para tratar do tratamento contábil das "combinações de negócios"[133].

---

[131] "Art. 116. A Secretaria da Receita Federal do Brasil editará os atos necessários à aplicação do disposto nesta Lei".

[132] Aprovado pela CVM (Deliberação nº 665/2011), pelo CFC (NBC TG 15), pela ANEEL (Resolução Normativa nº 605/2014), pela ANS (Resolução Normativa nº 3222013), pela SUSEP (Circular nº 483/2014) e pela ANTT (Resolução nº 3.847 e 3.848/2012).

[133] Baseado no IFRS 3 (Business Combination) emitido pelo IASB.

Muito embora o Pronunciamento Técnico CPC 15 não traga regras contábeis detalhadas para cada uma das situações envolvendo *earn out*, *holdback / escrow*, ajuste e indenização, regulamentou o tratamento contábil para as contraprestações contingentes.

Segundo o item 39, o conceito de contraprestação contingente envolve uma obrigação contratual mediante a qual o comprador reconhece o dever de transferir ativos ou participações societárias adicionais dependendo de um evento futuro e incerto, ou seja, essa obrigação é contingente em relação a um determinado evento. A contraprestação contingente também abarca a situação em que o comprador tem o direito de recuperar uma parcela do preço já pago ou transferido, também dependendo de um evento futuro e incerto[134]. É o mesmo conceito refletido no artigo 197 da IN RFB nº 1.700/2017.

O Pronunciamento Técnico CPC 15 prevê que o comprador deve reconhecer a contraprestação contingente pelo seu valor justo na data da aquisição como parte da contraprestação transferida em troca do controle da empresa-alvo[135]. Seguindo essa regra, no momento da aquisição a contraprestação contingente já deve ser considerada pelo comprador, impactando, nesse momento, a eventual apuração de *goodwill* contábil[136].

---

[134] "Contraprestação contingente são obrigações contratuais, assumidas pelo adquirente na operação de combinação de negócios, de transferir ativos adicionais ou participações societárias adicionais aos ex-proprietários da adquirida, caso certos eventos futuros ocorram ou determinadas condições sejam satisfeitas. Contudo, uma contraprestação contingente também pode dar ao adquirente o direito de reaver parte da contraprestação previamente transferida ou paga, caso determinadas condições sejam satisfeitas".

[135] Confira item 39: "A contraprestação que o adquirente transfere em troca do controle sobre a adquirida deve incluir qualquer ativo ou passivo resultante de acordo com uma contraprestação contingente (ver item 37). O adquirente deve reconhecer a contraprestação contingente pelo seu valor justo na data da aquisição como parte da contraprestação transferida em troca do controle da adquirida".

[136] As regras contábeis criam uma dificuldade enorme na prática, especialmente para o comprador: como estimar o valor justo quando o montante a ser pago a título de *earn out*, por exemplo, depende de uma série de fatores – fatores estes possivelmente incertos, pela sua própria definição? Nesse sentido, avaliar a contraprestação contingente pelo seu valor justo certamente não é simples. Envolve análise substancial do comprador, que deve levar em conta a probabilidade de efetuar o pagamento. Como comenta a PwC, na prática, o comprador acaba se valendo de assunções quando for estimar os fluxos de caixa futuros para tentar "prever" o valor justo da contraprestação, considerando a probabilidade, baseado no seu próprio juízo, e

Assim, da mesma forma que a IN RFB nº 1.700/2017, o Pronunciamento Técnico CPC 15 também trata a contraprestação contingente como preço de aquisição.

De acordo com o item 40, o comprador deve contabilizar a contraprestação contingente (i) como um passivo financeiro ou componente do patrimônio líquido quando o pagamento assim se enquadrar; ou (ii) como um ativo quando o contrato já conferir ao comprador o direito de reaver parte da contraprestação transferida[137]. O Pronunciamento Técnico CPC 38 (Instrumentos Financeiros) prevê que passivo financeiro é qualquer obrigação de entregar caixa ou ativo financeiro a um terceiro, estabelecendo que um passivo financeiro deve ser classificado como instrumento patrimonial quando implicar participação nos ativos da empresa investida após dedução de todos os ativos, isto é, a empresa recebe ações ou até patrimônio líquido da própria empresa que realiza o pagamento.

Assim, se o comprador determina que, por ocasião do pagamento do *earn out*, será entregue caixa ou outro ativo ao vendedor, o valor justo do *earn out* deve ser registrado como um passivo; se envolver participação societária, deve ser contabilizado no patrimônio como item de capital.

---

na expectativa quanto à verificação das condições impostas em relação ao *earn out*: *"Recognizing earnouts at fair value presents a number of valuation challenges. The valuation of earnouts is an area for which there is limited practical experience and guidance. Buyers will need to consider the key inputs of the arrangement and market participant assumptions when developing the projected cash flows that will likely be used to determine the fair value of the arrangement. This will include the need to estimate the likelihood and timing of achieving the relevant milestones of the earnout. Buyers will also need to exercise judgment when applying a probability assessment for each of the potential outcomes. On the acquisition date, it is unlikely a buyer will be able to use a 100% (i.e., certainty) or 0% (i.e., impossible) weighted scenario, because under these scenarios it is likely that the two parties would have just agreed to the consideration arrangement"*. Mergers & Acquisitions — A snapshot. Disponível em: http://www.pwc.com/us/en/cfodirect/assets/pdf/ma-snapshot/pwc-accounting-for-contingent-considerations.pdf. Acesso em 21.8.2017.

[137] Confira item 40: "O adquirente deve classificar a obrigação de pagar uma contraprestação contingente que satisfaça a definição de instrumento financeiro como passivo financeiro ou como componente do patrimônio líquido, com base nas definições de instrumento patrimonial e passivo financeiro, constantes do item 11 do Pronunciamento Técnico CPC 39 – Instrumentos Financeiros: Apresentação. O adquirente deve classificar uma contraprestação contingente como ativo quando o acordo conferir ao adquirente o direito de reaver parte da contraprestação já transferida, se certas condições específicas forem satisfeitas. O item 58 fornece orientações sobre a contabilização subsequente de contraprestações contingentes".

Note-se que a lógica por trás das regras do CPC é garantir que os eventos sejam registrados com maior transparência aos investidores: se o comprador se comprometer a realizar um pagamento ao vendedor (que não implique participação do vendedor em qualquer ativo patrimonial seu), condicionado a evento futuro e incerto, deverá reconhecer a contraprestação como um passivo financeiro. Se contratualmente tiver um direito de reaver um valor já pago, em razão de determinados eventos, terá que registrar um ativo.

Na prática, é mais comum o pagamento de recursos a título de *earn out*, o que levaria, na maior parte das vezes, à contabilização como passivo financeiro.

É importante destacar que o item 45 do Pronunciamento Técnico CPC 15 estabelece o chamado "período de mensuração", que, essencialmente, consiste no período transcorrido entre a data da aquisição até a obtenção das informações sobre fatos e circunstâncias sobre o investimento. Esse período pode ser de no máximo 1 ano[138].

A regra contábil autoriza o comprador a ajustar valores provisórios reconhecidos na combinação de negócios, podendo, inclusive, ajustar *"a contraprestação transferida pelo controle da adquirida (ou outro montante utilizado na mensuração do ágio por expectativa de rentabilidade futura – goodwill)"*[139].

---

[138] Confira o item 45: "Quando a contabilização inicial de uma combinação de negócios estiver incompleta ao término do período de reporte em que a combinação ocorrer, o adquirente deve, em suas demonstrações contábeis, reportar os valores provisórios para os itens cuja contabilização estiver incompleta. Durante o período de mensuração, o adquirente deve ajustar retrospectivamente os valores provisórios reconhecidos na data da aquisição para refletir qualquer nova informação obtida relativa a fatos e circunstâncias existentes na data da aquisição, a qual, se conhecida naquela data, teria afetado a mensuração dos valores reconhecidos. Durante o período de mensuração, o adquirente também deve reconhecer adicionalmente ativos ou passivos, quando nova informação for obtida acerca de fatos e circunstâncias existentes na data da aquisição, a qual, se conhecida naquela data, teria resultado no reconhecimento desses ativos e passivos naquela data. O período de mensuração termina assim que o adquirente obtiver as informações que buscava sobre fatos e circunstâncias existentes na data da aquisição, ou quando ele concluir que mais informações não podem ser obtidas. Contudo, o período de mensuração não pode exceder a um ano da data da aquisição".

[139] "46. O período de mensuração é o período que se segue à data da aquisição, durante o qual o adquirente pode ajustar os valores provisórios reconhecidos para uma combinação de negócios. O período de mensuração fornece um tempo razoável para que o adquirente obtenha as informações necessárias para identificar e mensurar, na data da aquisição, e de acordo com este Pronunciamento, os seguintes itens:

Sérgio de Iudícibus et al[140] esclarecem, com base no item 58 do Pronunciamento[141] que, no período de mensuração, o comprador pode realizar ajustes no valor justo da contraprestação contingente em decorrência de novo fatos e circunstâncias existentes na data de aquisição.

Segundo o item 48, qualquer ajuste dentro do período de mensuração no preço do investimento pode ser registrado como contrapartida do *goodwill* (ativo diferido): "*o adquirente deve reconhecer aumento (ou redução) nos valores provisórios reconhecidos para um ativo identificável (ou passivo assumido) por meio de aumento (ou redução) no ágio por expectativa de rentabilidade futura (goodwill)*". Ainda de acordo com o Pronunciamento em questão, "*durante o período de mensuração, o adquirente deve reconhecer os ajustes nos valores provisórios como se a contabilização da combinação de negócios tivesse sido completada na data da aquisição*".

Assim, durante esse período, o comprador pode mensurar os ativos e passivos adquiridos e proceder à correta alocação do preço de aquisição. Transcorrido tal período de 1 ano, o comprador deve: (i) considerar eventuais efeitos diretamente no patrimônio líquido quando a contraprestação contingente tiver sido já registrada no patrimônio; ou (ii) oferecer ao resultado eventuais efeitos do valor justo, observando as regras específicas quando se tratar de instrumentos financeiros.

Logo, as regras contábeis permitem que o comprador realize ajustes no processo de alocação do preço do negócio aos ativos e passivos da empresa nesse período. A função do período de mensuração é justamente permitir que o comprador tenha acesso a outras informações e dados que não foram

---

(a) os ativos identificáveis adquiridos, os passivos assumidos e qualquer participação de não controladores na adquirida;

(b) a contraprestação transferida pelo controle da adquirida (ou outro montante utilizado na mensuração do ágio por expectativa de rentabilidade futura – goodwill);

(c) no caso de combinação de negócios realizada em estágios, a participação detida pelo adquirente na adquirida imediatamente antes da combinação; e

(d) o ágio por expectativa de rentabilidade futura (goodwill) ou o ganho por compra vantajosa".

[140] IUDÍCIBUS, Sérgio de. et. al. Manual de contabilidade societária. 2ª edição. Atlas: São Paulo, 2013. p. 509.

[141] "58. Algumas alterações no valor justo da contraprestação contingente que o adquirente venha a reconhecer após a data da aquisição podem ser resultantes de informações adicionais que o adquirente obtém após a data da aquisição sobre fatos e circunstâncias já existentes nessa data. Essas alterações são ajustes do período de mensuração conforme disposto nos itens 45 a 49. (...)".

exatamente examinados ou considerados antes do fechamento do negócio e proceda a ajustes necessários em um prazo considerável razoável.

É importante esclarecer que esses ajustes passíveis de implementação no período de mensuração, contudo, não se referem a alterações na contraprestação contingente resultantes de eventos ocorridos após a data de aquisição, como, por exemplo, a ocorrência do evento futuro e incerto a que o pagamento da contraprestação contingente contraprestação estava sujeito. É o determina o item 58[142].

Alterações no valor justo da contraprestação contingente que se referirem a eventos ocorridos após a data de aquisição devem ser tratadas da seguinte forma: (i) a liquidação da contraprestação contingente classificada como item do patrimônio líquido deve ser contabilizada no patrimônio; e (ii) a liquidação da contraprestação contingente classificada como passivo ou ativo deve ser contabilizada no resultado do período.

Dessa maneira, tratando-se de *earn out* que, como contraprestação contingente, envolve pagamento de recursos, de acordo com a regulamentação contábil, o comprador deveria considerar o valor justo para fins de determinação do custo de aquisição e eventual *goodwill* e deveria

---

[142] "(...) Todavia, alterações decorrentes de eventos ocorridos após a data de aquisição, tais como o cumprimento de meta de lucros; o alcance de um preço por ação especificado; ou ainda o alcance de determinado estágio de projeto de pesquisa e desenvolvimento não são ajustes do período de mensuração. O adquirente deve contabilizar as alterações no valor justo da contraprestação contingente que não constituam ajustes do período de mensuração da seguinte forma:

(a) a contraprestação contingente classificada como componente do patrimônio líquido não está sujeita a nova mensuração e sua liquidação subsequente deve ser contabilizada dentro do patrimônio líquido;

(b) outra contraprestação contingente, que: (i) estiver dentro do alcance do Pronunciamento Técnico CPC 38 –Instrumentos Financeiros: Reconhecimento e Mensuração, deve ser mensurada ao valor justo em cada data de balanço e mudanças no valor justo devem ser reconhecidas no resultado do período de acordo com o citado Pronunciamento; (ii) não estiver dentro do alcance do Pronunciamento Técnico CPC 38, deve ser mensurada pelo valor justo em cada data de balanço e mudanças no valor justo devem ser reconhecidas no resultado do período". Nas palavras de Otávio Augusto Alves Bachir: "há um pressuposto implícito de que as informações obtidas posteriormente à data da aquisição, ou acontecimentos subsequentes à aquisição, não devem ser considerados para fins da alocação do preço de compra". Disponível em: http://bibliotecadigital.fgv.br/dspace/bitstream/handle/10438/10898/Bachir,%20 Otavio_Finan%C3%A7as_Dissetra%C3%A7%C3%A3o_Final_07.06.2013.pdf. Acesso em 5.10.2017.

reconhecer qualquer alteração no valor da contraprestação contingente diretamente no resultado.

Frise-se que as regras contábeis não diferenciam se o pagamento da contraprestação contingente está sujeito a condição resolutiva ou suspensiva. Seria possível eventualmente considerar que, em ambos os casos, independente da natureza da condição a que o pagamento estiver atrelado, o comprador deveria considerar a contraprestação contingente como parte do preço? E se o *earn out* não for pago? Não deveria então o comprador reduzir o custo de aquisição e estornar o *goodwill* proporcionalmente?

Parece que a regra contábil pretende somente autorizar ajustes no valor justo da contraprestação contingente, mas não alterações decorrentes de eventos atrelados à contraprestação, de modo que o Pronunciamento Técnico CPC 15 a princípio não autoriza o mesmo tratamento da IN RFB nº 1.700/2017.

Vale apresentar alguns comentários sobre a aplicação das regras contábeis. Primeiro, é preciso observar que o Pronunciamento Técnico CPC 15, mesmo tendo sido formalmente aprovado pelos órgãos reguladores, quais sejam, CVM, CFC, ANEEL, ANS, SUSEP e ANTT, não teria força de lei, e, logo, não deveria prevalecer em relação à legislação tributária, inclusive em relação à IN RFB nº 1.700/2017. Caso contrário, toda e qualquer norma editada no contexto desses órgãos deveria ser igualmente considerada para fins de incidência tributária, levando à uma ampliação demasiada do leque de normas aplicáveis, só aumentando a insegurança jurídica e levando a inúmeras contradições.

Ainda, é importante lembrar que as normas contábeis, adotadas pelos referidos órgãos, tem como finalidade primordial o fornecimento de informações claras e transparentes aos investidores. Especificamente, a intenção das normas contidas no Pronunciamento Técnico CPC 15 é exigir que o comprador faça a avaliação a valor justo de todos os ativos e passivos, incluindo o *earn out* e outras contraprestações contingentes. Assim, por exemplo, sob o ponto de vista contábil, o *earn out* deveria compor o custo de aquisição e influenciar na apuração do *goodwill*, se/quando representar um compromisso assumido pelo comprador que provavelmente deverá ser cumprido.

Na realidade, esse é um dos propósitos da contabilidade: refletir com precisão a realidade dos negócios para os diferentes sujeitos que precisam da informação contábil, seja os investidores, os administradores, as instituições financeiras, o Fisco etc., como apontam Sérgio de Iudícibus et al[143]. Porém, disso não pode resultar que, na omissão e incompletude da lei tributária, prevaleçam integralmente as normas editadas pelo CPC, ou mesmo que no confronto entre norma tributária e norma contábil, prevaleça a norma contábil.

Portanto, muito embora as normas contábeis não devam ser ignoradas na aplicação do Direito Tributário, não poderiam, de forma independente e exclusiva, gerar impactos fiscais de maneira isolada, definindo a incidência tributária, inclusive nos termos do artigo 177, § 2º da Lei das S.A.[144]

Sobre o tema, é preciso comentar sobre o teor do artigo 58 da Lei nº 12.973/2014, segundo o qual a modificação ou adoção de métodos e critérios contábeis por meio de atos administrativos posteriores à publicação de tal lei não terá qualquer impacto na apuração de tributos até que sobrevenha regulamentação expressa por lei tributária. Vale lembrar que a mencionada Lei nº 12.973/2014 foi editada para estabelecer os efeitos tributários das alterações contábeis decorrentes da harmonização às regras contábeis internacionais. O referido artigo 58 pretendeu garantir a neutralidade tributária, exigindo que a RFB disciplinasse os impactos das alterações de critérios contábeis posteriores.

Com base na competência contida no artigo 58 da referida Lei, a RFB deve identificar os atos que impliquem modificação de métodos e critérios contábeis novos e anular os seus efeitos. Até o momento, a RFB já editou alguns Atos Declaratórios Executivos identificando normas editadas pelo CPC e por outros órgãos como CMN que não contemplam modificações e também aquelas que de fato modificam mas que não devem gerar impactos tributários[145]. Ainda, a RFB editou a IN RFB nº 1.753/2017, que relaciona os ajustes necessários para anular os efeitos de alguns atos específicos divulgados pelo CPC e pelo CMN, que adotaram certas regras contábeis internacionais, na apuração dos tributos federais.

O artigo 58 da Lei nº 12.973/2014 permitiria, a princípio, inferir que as regras contábeis existentes no momento da sua publicação teriam diretos e imediatos impactos para fins de tributação, mesmo sem expressa

---

[143] Ibidem. pp. 22 a 24.

[144] É o que alerta Ricardo Mariz de Oliveira. In Fundamentos do Imposto de Renda. São Paulo: Quartier Latin, 2008. p. 1030.

[145] Por exemplo, vide os Atos Declaratórios Executivos nºs 20/2015, 34/2015, 22/2016 e 13/2018.

regulamentação em lei. Seguindo essa linha de raciocínio, sequer seria necessária a regulamentação tributária das regras contábeis contidas no Pronunciamento Técnico CPC 15, editado em 2011, antes da publicação da Lei nº 12.973/2014. Tais regras deveriam ser automaticamente aplicáveis. Isso levaria à conclusão de que o comprador deveria considerar eventuais impactos no custo de aquisição decorrentes das contraprestações contingentes sempre no resultado, independente da natureza da condição a que o pagamento estiver atrelado.

Porém, no caso específico, ainda que se entenda que as regras contábeis do Pronunciamento Técnico CPC 15 dispensariam regulamentação tributária, gerando impactos tributários imediatos, não se pode ignorar que houve regulamentação por parte da RFB, ainda que insuficiente ou imprecisa.

Como mencionado, as regras infralegais adotadas nos artigos 196 e 197 da IN RFB nº 1.700/2017, ao vincular de forma expressa os efeitos tributários das contraprestações contingentes aos artigos 116 e 117 do CTN, que cuidam das condições suspensiva e resolutiva, criaram um tratamento tributário específico e distinto daquele contido nas regras contábeis. Em momento algum, como visto, o Pronunciamento Técnico CPC 15 trata das contraprestações contingentes considerando os conceitos de condição suspensiva e resolutiva. Em razão disso, como a IN RFB nº 1.700/2017 regulamenta a Lei nº 12.973/2014, parece que não haveria como sustentar a aplicação irrestrita das regras contábeis do Pronunciamento Técnico CPC 15, na medida em que há sim regras infralegais e que tratam do tema de forma específica.

Logo, não seria cabível aplicar as normas contábeis do Pronunciamento Técnico CPC 15 de forma absoluta, desconsiderando os conceitos e critérios a que a IN RFB nº 1.700/2017 faz referência. A consequência seria ignorar os efeitos tributários decorrentes do implemento de condições suspensiva e resolutiva, o que não parece ser razoável.

Portanto, considerando o exposto acima, parece plausível, com fundamento nas regras infralegais da IN RFB nº 1.700/2017, tratar o *earn out* cujo pagamento está sujeito a condição resolutiva como preço desde o início e o *earn out* cujo pagamento está sujeito a condição suspensiva como preço a partir do efetivo pagamento (implementação da condição), inclusive para fins de apuração de eventual *goodwill* dedutível. Esse tratamento é compatível com a real natureza dos pagamentos em questão, respeitando a essência dos mecanismos contratuais. Como vimos, na sua formulação, o mecanismo do *earn out* pretende ser uma parcela do preço, e, dada essa natureza, é razoável que a legislação tributária o trate dessa forma.

3.2.2. Contraprestação Contingente Sujeita a Condição Resolutiva: e se Depois o *Earn Out* não For Pago? Impactos na Redução do Custo de Aquisição

Uma última, mas muito importante reflexão: se o comprador de fato considerar o *earn out* no momento da aquisição como preço e calcular o *goodwill* sobre esse valor – o que seria o procedimento a ser adotado no caso de o pagamento estar sujeito a condição resolutiva – o que acontece se o *earn out* não for efetivamente pago ao vendedor, isto é, se a condição resolutiva se implementar, ou seja, se a meta imposta for descumprida ou o evento de fato ocorrer? Lembrando que, se o comprador não tiver considerado inicialmente *o earn out* como preço, o eventual não pagamento futuro a princípio não impactaria o seu custo de aquisição.

É preciso conjugar a análise dos possíveis desdobramentos com o parágrafo 2º do artigo 196 da IN RFB nº 1.700/2017 e do artigo 128 do CC/2002: a condição resolutiva, quando verificada, extingue o direito. Nesse caso, parece que caberia ao comprador realizar um ajuste diretamente no resultado, em face do parágrafo 2º do artigo 196. Haveria o reconhecimento, a princípio, de um resultado, decorrente do estorno das despesas que foram deduzidas com o *goodwill* calculado sobre a contraprestação contingente não concretizada.

Como já mencionado, tanto a Solução de Consulta nº 3/2016 como o CARF já se manifestaram no sentido de que, se o comprador considerar o valor da contraprestação contingente como custo de aquisição, e posteriormente a condição resolutiva se implementar, não sendo o valor transferido definitivamente ao vendedor, mas sim recuperado pelo comprador, caberia ao comprador estornar proporcionalmente o valor do *goodwill* apurado e oferecer os valores correspondentes à tributação pelo IRPJ/CSL.

Assim, no contexto da legislação infralegal, e considerando a natureza desse mecanismo contratual, o *earn out* cujo pagamento está sujeito a condição resolutiva seria considerado como preço e deveria compor o custo de aquisição – e o *goodwill* – desde o princípio, e o *earn out* posteriormente pago quando do implemento da condição suspensiva também seria preço que acresceria o custo de aquisição, gerando eventualmente um *goodwill* adicional. Logo, nada mais lógico do que, no caso do *earn out* pago sob condição resolutiva, fosse realizada a redução do custo – e estorno das despesas com a amortização do *goodwill* – quando do implemento da condição resolutiva.

É importante esclarecer que ainda não há qualquer orientação mais precisa quanto ao procedimento envolvido nesse ajuste do custo de aquisição. Note-se que, a princípio, a empresa compradora deveria retroagir no tempo e retificar suas declarações, em especial, o Livro de Escrituração e Apuração do Imposto sobre a Renda e da Contribuição Socia ("LALUR ou e-LALUR") transmitido hoje por meio da Escrituração Contábil Fiscal ("ECF"), para imputar o valor correto a título de custo, recalcular as despesas com a amortização do *goodwill* nos anos anteriores e então ajustar as despesas futuras. Frise-se que a retroatividade no tempo para ajustar o custo de aquisição pode implicar o recálculo do lucro nos anos anteriores, exigindo a recomposição do lucro, o que pode ser bastante trabalhoso – sem contar nas eventuais complicações envolvendo a correção de lançamentos contábeis na escrituração comercial ou mesmo até a republicação de demonstrações financeiras.

Para fins de IRPJ/CSL, a redução do custo de aquisição originalmente apurado, portanto, daria ensejo à tributação no período em que a condição resolutiva for verificada (34% sobre o total estornado). E quanto ao PIS/COFINS? Haveria algum efeito?

A princípio não, pois o não pagamento do *earn out*, nesse caso, representaria uma redução do custo anterior, e não uma "receita" propriamente do comprador. Nesse sentido, mesmo tratando de situações diferentes, a jurisprudência tem afastado a incidência de PIS/COFINS quando se trata de uma recomposição de um custo anteriormente assumido. Por exemplo, ao cuidar de créditos presumidos de ICMS, que reduzem o imposto estadual a pagar, o STJ[146] entendeu se tratar de um "ressarcimento de custo", que

---

[146] Vale fazer referência ao Recurso Especial nº 1.025.833/RS, de 17.11.2008, entre outras muitas decisões: "II – O Estado do Rio Grande do Sul concedeu benefício fiscal às empresas gaúchas, por meio do Decreto Estadual nº 37.699/97, para que pudessem adquirir aço das empresas produtoras em outros estados, aproveitando o ICMS devido em outras operações realizadas por elas, limitado ao valor do respectivo frete, em atendimento ao princípio da

não se confunde com receita nova, já que inexiste incorporação de valores ao patrimônio da empresa. Parece que a mesma lógica seria aplicável na situação analisada[147].

3.2.3. E a Tributação do Ganho do Vendedor? Qual o Momento da Disponibilidade?

Tratando-se o *earn out* como preço efetivo, que compõe o custo de aquisição do comprador, por consequência lógica, seria necessário que o vendedor também reconhecesse o valor como preço recebido, sujeitando o eventual ganho de capital à tributação.

A tributação, contudo, somente será devida quando da ocorrência do fato gerador do IR: a tributação ocorre apenas quando da efetiva disponibilidade da renda ao vendedor.

O artigo 43 do CTN[148] restringiu a incidência do IR às hipóteses em que se verifica a ocorrência de um acréscimo patrimonial do contribuinte. O *caput* do referido dispositivo determina claramente que a renda, para ser passível de tributação, deve ser necessariamente acompanhada da "*disponibilidade econômica ou jurídica*".

A "disponibilidade" é um critério imposto pela legislação que delineia a própria renda tributável, evitando a tributação sobre uma "não renda", ou seja, sobre o próprio patrimônio do contribuinte. Esse critério representa o princípio da realização da renda, o qual, a fim de refletir o princípio da capacidade contributiva, busca definir a renda efetiva do contribuinte para fins de tributação. Só há renda quanto o contribuinte pode dispor

---

isonomia. III – Verifica-se que, independentemente da classificação contábil que é dada, os referidos créditos escriturais não se caracterizam como receita, porquanto inexiste incorporação ao patrimônio das empresas industriais, não havendo repasse dos valores aos produtos e ao consumidor final, pois se trata de mero ressarcimento de custos que elas realizam com o transporte para a aquisição de matéria-prima em outro estado federado. IV – Não se tratando de receita, não há que se falar em incidência dos aludidos créditos-presumidos do ICMS na base de cálculo do PIS e da COFINS".

[147] Seria, porém, uma situação equivalente ao perdão de dívida? Vale a reflexão.

[148] "Art. 43. O imposto, de competência da União, sobre a renda e proventos de qualquer natureza tem como fato gerador a aquisição da disponibilidade econômica ou jurídica:
I – de renda, assim entendido o produto do capital, do trabalho ou da combinação de ambos;
II – de proventos de qualquer natureza, assim entendidos os acréscimos patrimoniais não compreendidos no inciso anterior".

dela livremente – dispor no sentido de usar, consumir, alienar, transferir, gravar, sem qualquer impedimento, embaraço ou ônus[149].

A disponibilidade econômica ocorre quando há efetiva percepção do valor em dinheiro. Já a disponibilidade jurídica se verifica quando o direito ingressa no patrimônio do contribuinte. Nesse caso, conforme o Supremo Tribunal Federal ("STF"), embora o rendimento não esteja economicamente disponível, o beneficiário já tem o direito líquido e certo de recebê-lo. A disponibilidade jurídica se verifica, assim, quando o contribuinte tem um direito a receber, não necessariamente já recebido economicamente.

No caso do *earn out*, não há dúvidas quanto à inexistência de disponibilidade econômica sobre o valor por parte do vendedor: ele somente dispõe, economicamente, dos recursos quando foram efetivamente pagos ou liberados pelo vendedor. Quanto à disponibilidade jurídica, o vendedor também não pode dispor livremente daquele recurso, pois, afinal, o vendedor somente será titular efetivo do montante a depender da ocorrência da condição suspensiva ou resolutiva. Mas será que poderia haver algum tipo de questionamento: o contribuinte não teria já direito à parcela do preço reconhecido e admitido pelas partes, já que as partes reconhecem que aquela parcela remunera a alienação da participação societária?

Note-se que, pela lógica negocial e como as cláusulas de *earn out* são geralmente estruturadas, o vendedor tem a expectativa do direito, mas o direito é condicionado a um evento, seja a condição resolutiva ou suspensiva. O direito precisa ser confirmado mediante a verificação da condição imposta, isto é, apesar de existente, esse direito ao recebimento da parcela ainda não é pleno e definitivo, motivo pelo qual não deveria se caracterizar, no momento inicial do fechamento do negócio, a disponibilidade jurídica por parte do vendedor.

Portanto, embora o comprador possa, como visto acima, considerar o *earn out* sujeito à cláusula resolutiva como preço para fins de apuração de custo, o vendedor só vai efetivamente oferecer o eventual ganho à tributação em momento posterior, quando do pagamento, ou seja, quando tiver efetiva disponibilidade sobre tal valor, seja no caso de *earn out* sujeito a condição suspensiva ou resolutiva.

---

[149] A título exemplificativo, mencione-se o Agravo Regimental no Recurso Extraordinário nº 633.992/SP, de 19.8.2014 e o Recurso Extraordinário nº 172.058/SC, de 13.10.1995, julgado pelo STF.

Cumpre mencionar recente manifestação da RFB a respeito do tema. Por ocasião da publicação da Solução de Consulta nº 323/2018[150], a RFB examinou uma situação em que o pagamento da parcela do preço estava sujeito a uma condição suspensiva e entendeu que o vendedor somente teria o dever de recolher o IR sobre o ganho de capital quando do efetivo implemento da condição, confirmando, assim, o tratamento acima descrito. Logo, não haveria obrigação de recolher o tributo sobre um ganho de capital que ainda não havia sido confirmado, sendo incerto e futuro.

No caso analisado, vale ainda observar que o contribuinte questionou se a alíquota do IR a ser aplicada seria aquela vigente no momento da celebração do negócio ou no momento do implemento da condição – repisando, como mencionado acima, que houve majoração da alíquota entre 2016 e 2017, com o advento da Lei nº 13.259/2016.

A RFB entendeu que a alíquota aplicável seria aquela vigente no momento do implemento da condição, determinando, no caso particular, o dever de recolhimento pela alíquota majorada. O racional adotado pela RFB parece estar em linha com a legislação tributária e civil, ao reconhecer que os efeitos legais e tributários somente se verificam quando do efetivo implemento da condição suspensiva; até lá, há mera expectativa, pois os direitos somente surgem quando do implemento. Desse modo, não haveria como aplicar uma alíquota vigente em um momento em que o vendedor sequer havia auferido o ganho de capital que era ainda incerto, já que o seu direito ao recebimento da parcela do preço apenas se concretizou em momento posterior, em razão do implemento.

3.3. Natureza Jurídica do *Earn Out*: Pagamento Adicional (Despesa do Comprador e Rendimento / Receita do Vendedor)

É possível que se entenda que, em hipótese alguma, o *earn out* deveria compor o preço pago pelo comprador, ou seja, que, independentemente da

---

[150] "ASSUNTO: IMPOSTO SOBRE A RENDA DE PESSOA FÍSICA – IRPF
EMENTA: GANHO DE CAPITAL. ALÍQUOTAS. O ganho de capital percebido por pessoa física em decorrência da alienação de participação societária – realizada mediante contrato firmado em 2016, com cláusula de condição suspensiva, implementada somente em março de 2017 – sujeita-se à incidência do imposto sobre a renda com as alíquotas previstas na nova redação art. 21 da Lei nº 8.981 de 1995, atribuída pelo art. 1º da Lei nº 13.259 de 2016".

classificação da condição do seu pagamento como suspensiva ou resolutiva, não deveria ser tratado como contraprestação contingente.

O principal argumento para afastar a caracterização do *earn out* como preço seria de que o seu pagamento não representaria propriamente contraprestação pela aquisição da participação societária, que já foi adquirida e transferida ao comprador no momento do fechamento do negócio. Assim, o *earn out* não seria custo, mas despesa.

É relevante destacar que o conceito de despesa não se confunde com o conceito de custo. Frise-se que o conceito de custo se refere à utilização de recursos para aquisição ou obtenção de determinado bem ou direito. Custo não implica redução do patrimônio, pois os recursos gastos são substituídos com o bem ou o direito adquirido.

Há uma série de tipos de custos, dependendo da natureza do bem ou direito adquirido, mas, como pontua Ricardo Mariz de Oliveira[151], é possível segregar os custos em duas grandes categorias: custos de ativos e custos operacionais. Os custos de ativos são segregados conforme a sua natureza – custos de ativos permanentes, de ativos circulantes e de ativos realizáveis – enquanto que os custos operacionais representam custos com aquisição ou produção decorrentes de quotas de depreciação, amortização, exaustão etc.

Diferentemente, despesa implica o emprego de recursos para obtenção de algo que não deve permanecer no ativo da empresa, ou seja, são recursos subtraídos do seu patrimônio.

A ideia dessa linha de argumentação seria dizer que o *earn out* não estaria diretamente atrelado à aquisição da participação societária, ou seja, que não faria parte do preço que remunera o vendedor, seria um pagamento adicional *per se*. Em uma visão mais limitada, seria possível sustentar que o pagamento de *earn out*, tecnicamente, não implicaria participação societária adicional ao comprador. O preço é a contrapartida da participação societária transferida do vendedor no momento do fechamento do negócio, sendo que todo valor pago pelo comprador posteriormente sem implicar como contrapartida direta o efetivo aumento da participação societária não seria verdadeiro custo de aquisição, porque a aquisição societária já foi realizada.

É inegável que o pagamento do *earn out* estaria indiretamente relacionado com a aquisição original de participação societária, já que lá de fato se

---

[151] Ibidem. p. 1014.

originou, mas não seria – e realmente não é – indispensável à aquisição que, inclusive, formalmente, para fins societários, já foi concretizada. Nessa linha, sendo desatrelado da participação societária anteriormente adquirida, o *earn out* teria verdadeira natureza de despesa do comprador[152].

Possivelmente essa linha de argumentação de que o *earn out* deveria ser tratado como despesa, e não como preço, poderia encontrar mais suporte no caso em que o pagamento do *earn out* estivesse atrelado a condição suspensiva, absolutamente futura e incerta. Se o vendedor for remunerado pela alienação de sua participação societária e, adicionalmente, vir a fazer jus a um valor complementar caso venha a alcançar determinadas metas impostas ou caso certo evento se realize, sendo absolutamente incerto no momento do fechamento do negócio, seria possível reforçar essa argumentação de que a natureza jurídica do *earn out* não seria preço de aquisição, mas sim um pagamento adicional, que seria despesa do comprador e rendimento / receita adicional do vendedor.

No entanto, seria, no mínimo, inadequado que a natureza jurídica do mecanismo variasse conforme o tipo de condição a que o pagamento estivesse atrelado: em caso de *earn out* cujo pagamento estivesse sujeito a condição suspensiva não seria preço, mas em caso de condição resolutiva seria? O tratamento precisa ser consistente com a real natureza jurídica do pagamento: se for preço, é preço e independe da condição suspensiva ou resolutiva a que o pagamento está sujeita; por outro lado, se for pagamento

---

[152] Diferente é a situação onde o comprador paga o *earn out* e efetivamente adquire mais participação societária. Parece ser o caso da empresa TOVS S.A., que aparentemente apurou um ágio de contraprestação contingente paga à empresa PRX SOLUÇÕES EM GESTÃO AGROINDUSTRIAL LTDA.:
"No contrato de compra e venda celebrado entre as partes, está prevista a obrigatoriedade da TOTVS de adquirir o percentual remanescente das ações da PRX representativas de 40,0% do seu capital social, utilizando como base de cálculo um múltiplo de 4,5x sobre o valor do EBITDA acumulado da PRX no período de março de 2013 até fevereiro de 2015, mais o valor de caixa no final deste período. A título de informação, não objeto deste laudo, esta contraprestação foi calculada com base nesse racional, considerando o EBITDA acumulado dos ANOS 1 e 2 desta avaliação e o caixa estimado pela companhia para o fim deste período (sendo este a média do valor histórico dos últimos 3 anos). Obteve-se um valor de R$ 7.118 mil, que foi atribuído como valor a ser desembolsado pela TOTVS na aquisição das quotas representativas de 40,0% do capital social da PRX, e que não é objeto da conclusão do laudo, sendo uma informação para a administração da TOTVS como base de valor". Disponível em: http://ri.totvs.com.br/ptb/1920/TOTS3_Laudo_PRX_20130331_PORT.pdf. Acesso em 21.8.2017.

adicional, pelas razões acima indicadas, é rendimento / receita adicional e independente da mencionada condição.

A comparação do *earn out* com outras formas legais de pagamento de preço pode reforçar o entendimento de que o *earn out* não corresponderia à remuneração da alienação da participação societária, não se enquadrando como preço – seja sujeito a condição resolutiva ou suspensiva.

Primeiro, vale a comparação do *earn out* com o pagamento a prazo: na venda a prazo, que pode ser dar contratualmente de várias maneiras[153], as partes definem o preço do negócio e o vendedor concorda que o comprador pague o preço de forma parcelada, ou seja, em determinado período de tempo[154].

Para fins tributários, a alienação a prazo implica, para o vendedor pessoa física, tributação do ganho de capital na proporção das parcelas recebidas, mediante percentual auferido pela relação entre o ganho de capital total e o preço total da alienação sobre o valor da parcela recebida, considerando atualização monetária, conforme o artigo 21 da Lei nº 7.713/1989. A mesma regra se aplica a vendedor pessoa jurídica, já que o artigo 31 do Decreto-lei nº 1.598/1977 prevê a possibilidade de o vendedor reconhecer o ganho mediante o recebimento.

É claro que o *earn out* não consiste em venda a prazo da participação societária, porque o vendedor já alienou a sua participação ao comprador quando da conclusão do negócio, recebendo esse preço específico nesse momento. Não se trata de pagamento a prazo pela aquisição da participação societária: não é que o comprador paga à vista uma parcela e se compromete a pagar outra parcela até um prazo futuro. Existe uma condição atrelada ao pagamento, seja resolutiva ou suspensiva, e a sua implementação (ou não) não tem o condão de modificar a alienação da participação societária já feita.

O *earn out* também não se confunde com o preço pago na aquisição em estágios[155] – muito embora possa haver *earn out* nessa modalidade de pagamento de preço. Esse conceito é detalhado no artigo 37 da Lei nº 12.973/2014 e também no artigo 183 da IN RFB nº 1.700/2017.

---

[153] Por exemplo, uma forma não tão comum é a emissão de notas promissórias, que nada mais são do que títulos de crédito.

[154] É inclusive a definição do próprio STJ; vale observar o teor do Recurso Especial nº 677.870/ /PR, de 28.2.2005.

[155] *"Step acquisition"*.

A legislação utiliza como critério a relação de dependência entre vendedor e comprador para definir os impactos da aquisição em estágios. No primeiro contrato, a relação de dependência já deve ser verificada. Mas é preciso que esse primeiro contrato já estabeleça o prazo para a nova aquisição, o valor a ser pago e a forma de pagamento. Se não for verificada a dependência, as regras anteriormente mencionadas para apuração de mais-valia ou menos-valia e *goodwill* continuam a ser aplicadas. A lógica é que, se não houver relação de dependência, as partes podem tratar a segunda aquisição de forma independente da primeira. Já se houver dependência, o preço pago pela compradora compõe o custo de investimento.

Há 2 principais hipóteses previstas na legislação: (i) uma empresa já detém participação societária em outra e adquire seu controle; e (ii) uma empresa já detém participação societária em outra e procede à absorção do patrimônio da outra por meio de incorporação, fusão ou cisão. A apuração da mais-valia ou menos-valia e do *goodwill* para fins fiscais depende, essencialmente, dessas hipóteses.

No primeiro caso, no momento da aquisição original, a compradora já deveria ter procedido à avaliação do patrimônio líquido da empresa investida conforme exigido pela legislação (e determinado o valor justo dos ativos líquidos, a mais ou menos-valia e eventual *goodwill*). Segundo o artigo 183 da IN RFB nº 1.700/2017, o comprador deve novamente mensurar sua participação anterior na empresa-alvo pelo valor justo na data da aquisição do controle no momento da "segunda aquisição", reconhecendo no resultado do período ganho ou perda.

Se por ocasião da aquisição de controle da empresa investida, a compradora apurar ganho decorrente da avaliação da sua participação societária anterior com base no valor justo, esse ganho será diferido, ou seja, somente será reconhecido e tributado quando da alienação ou baixa do investimento (se for apurada perda, poderá ser dedutível para fins de IRPJ/CSL no momento da alienação ou baixa). Ainda nesse caso, o mesmo tratamento de diferimento se aplica ao eventual ganho derivado do excesso do valor justo dos ativos líquidos da investida, proporcionalmente à sua participação anterior, em relação ao valor da participação avaliada a valor justo.

Já no segundo caso, quando uma empresa adquire participação societária em uma empresa da qual já era sócia, mesmo sem deter seu controle, e passa a incorporar seu patrimônio mediante incorporação, fusão ou cisão (i) deverá baixar os valores relativos à sua participação societária anterior, sem qualquer impacto tributário; (ii) não poderá se aproveitar, para fins de apuração de IRPJ/CSL, da variação dos valores do *goodwill* apurado em relação à participação societária anterior existente antes da incorporação, fusão ou cisão; e (iii) poderá desconsiderar, para fins de tributação, eventuais variações da mais-valia ou menos-valia decorrente da avaliação a valor justo da participação societária anterior.

Resta claro, assim, que a aquisição em estágios é totalmente distinta do caso do *earn out*: de fato ocorrem aquisições de participações societárias seguidas, com as consequências tributárias próprias, o que não ocorre, evidentemente, no caso do *earn out*, pois o comprador já adquiriu a totalidade da participação societária no momento inicial, apenas condicionando um valor a ser pago posteriormente ao vendedor.

Por fim, vale comparar o *earn out* com o caso de preço indeterminado. Apesar de essa hipótese não encontrar previsão expressa na legislação, o Fisco já se manifestou no sentido de que, na eventualidade de as partes não definirem um preço certo do negócio, a tributação do ganho de capital deve seguir também o princípio caixa, cabendo a tributação na medida em que o preço for sendo efetivamente pago[156]. Inclusive, ao se manifestar sobre a hipótese do preço indeterminado, a RFB parece se referir justamente ao caso do *earn out*, em que parte do preço depende de futuras metas/eventos a serem verificados após fechamento. No seu entendimento,

---

[156] "567 — Como devem ser tributados os resultados obtidos em alienações de participações societárias quando o preço não pode ser predeterminado?

Quando não houver valor determinado, por impossibilidade absoluta de quantificá-lo de imediato (ex.: a determinação do valor das prestações e do preço depende do faturamento futuro da empresa adquirida, no curso do período do pagamento das parcelas contratadas), o ganho de capital deve ser tributado na medida em que o preço for determinado e as parcelas forem pagas.

Não obstante ser indeterminado o preço de alienação, toma-se como data de alienação a da concretização da operação ou a data em que foi cumprida a cláusula preestabelecida nos atos contratados sob condição suspensiva.

Contudo, alerte-se que o tratamento descrito deve ser comprovado pelas partes contratantes sempre que a autoridade lançadora assim o determinar. (PMF nº 454, de 1977; PMF nº 227, de 1980; Parecer Normativo CST nº 70, de 1976; Parecer Normativo CST nº 68, de 1977)". Disponível no Perguntas e Respostas IRPJ 2015: https://idg.receita.fazenda.gov.br/interface/cidadao/irpf/2016/perguntao/irpf2016perguntao.pdf. p. 222. Acesso em 21.8.2017.

"não obstante ser indeterminado o preço de alienação, toma-se como data de alienação a da concretização da operação ou a data em que foi cumprida a cláusula preestabelecida nos atos contratados sob condição suspensiva".

Mas as situações não se confundem: na hipótese de preço indeterminado não há qualquer quantificação quanto ao preço da participação societária objeto do negócio. Diferentemente, no *earn out* o preço costuma ser definido e calculado pelas partes, sendo pago ao vendedor pelo negócio, contudo, é também negociado um pagamento adicional, o *earn out*, condicionado a um evento futuro. O valor do *earn out* costuma ser definido contratualmente. Mas também é verdade que em várias situações o *earn out* não tem um valor exato, sendo determinado em um valor máximo ("em até R$ X").

Essa comparação pode ajudar o argumento de que o *earn out* não teria natureza jurídica de preço, não sendo similar à venda a prazo, em estágios ou sem preço conhecido. Seria um mecanismo utilizado nos negócios para prever um pagamento específico ao vendedor, após já finalizado o negócio jurídico de aquisição da participação societária. Assim, o *earn out* não remuneraria a alienação da participação societária em si, consistindo em um outro pagamento futuro, adicional e condicionado, sendo assim mera despesa posteriormente incorrida pelo comprador.

Adicionalmente, com o propósito de descaracterizar a natureza jurídica do *earn out* como preço, ainda seria possível argumentar a ilegalidade do artigo 178 da IN RFB nº 1.700/2017, por ausência de respaldo em lei em sentido estrito, como já discutido anteriormente. Outro aspecto que poderia também ser utilizado para reforçar essa argumentação seria o fato de que, como visto, o Pronunciamento Técnico CPC 15 determina que eventuais ajustes no valor da contraprestação, ou seja, no preço de aquisição, sejam levados ao resultado. Tratar o *earn out* como despesa, diretamente no resultado, a princípio seria compatível com as regras contábeis – sem prejuízo dos comentários acima no sentido de que as regras contábeis não deveriam ser aplicadas indiscriminadamente face às disposições da IN RFB nº 1.700/2017.

Assumindo que a natureza jurídica do *earn out* seria então pagamento adicional, para o comprador representaria uma despesa, mas seria uma despesa operacional? É relevante notar que o artigo 47 da Lei nº 4.506/1964 autoriza a dedutibilidade das despesas operacionais não computadas nos custos[157], mas não dos custos incorridos com a aquisição de bens do ativo, conforme o artigo 20 da Lei nº 8.218/1991[158].

No contexto de transações de aquisição de participação societária, é claro que os valores pagos a título de *earn out* são a princípio absolutamente relevantes para o comprador. Como o pagamento é condicionado, o atingimento das metas ou condições pela empresa-alvo em regra beneficia de forma significativa o seu desempenho, sua imagem, seu resultado, trazendo em teoria apenas resultados positivos ao comprador. Afinal, é difícil imaginar uma hipótese em que o pagamento poderia ser considerado mera liberalidade pela empresa compradora, caracterizando-se como despesa não operacional.

Por essa razão, sem prejuízo da análise de cada caso concreto e da necessidade de examinar os aspectos contratuais e fáticos específicos, a despesa com o *earn out* em tese seria dedutível, gerando benefício fiscal imediato ao comprador no momento do reconhecimento.

Parece que a previsão contratual de pagamento do *earn out* e a comprovação documental de que o pagamento somente foi realizado em razão do cumprimento das metas e ou da verificação de certos eventos econômicos ou comercialmente relevantes seriam elementos fortes – e praticamente suficientes – para caracterizar a despesa como operacional, e, logo, necessária para o comprador[159].

---

[157] É pressuposto que esteja embasada por documentação hábil.

[158] "Art. 20. O custo de aquisição de bens do ativo permanente não poderá ser deduzido como despesa operacional, salvo se o bem adquirido tiver valor unitário não superior a Cr 50.000,00, ou prazo de vida útil que não ultrapasse um ano".
Também refletido no artigo 313 do RIR/2018:
"Art. 313. O custo de aquisição de bens do ativo não circulante imobilizado e intangível não poderá ser deduzido como despesa operacional.
§ 1º. O disposto no caput não se aplica nas seguintes hipóteses
I – se o bem adquirido tiver valor unitário não superior a R$ 1.200,00 (mil e duzentos reais); ou
II – se o prazo de vida útil do bem adquirido não for superior a um ano.
§ 2º. Nas aquisições de bens cujo valor unitário esteja dentro do limite a que se refere este artigo, o disposto no § 1º não contempla a hipótese em que a atividade exercida exija a utilização de um conjunto desses bens.
§ 3º. Exceto disposições especiais, o custo dos bens adquiridos ou das melhorias realizadas, cuja vida útil ultrapasse o período de um ano, deverá ser ativado para ser depreciado ou amortizado".

[159] O Parecer Normativo nº 7/76 da RFB, apesar de antigo, estabelece que poderão ser entendidas como despesas dedutíveis aquelas decorrentes de obrigação contratual: "3. Como despesas

Vale mencionar que há situações em que se pode constatar que as empresas reconheceram o *earn out* recebido como "outras despesas". Em 2010, a empresa Valid Soluções e Serviços de Segurança em Meios de Pagamento e Identificação S.A. adquiriu a empresa Multidisplay Comércio e Serviços Tecnológicos S.A. O contrato estabeleceu cláusula de *earn out*, cujo valor foi pago em 2013 pela compradora. Conforme constam nas Notas Explicativas às Informações Financeiras Intermediárias de 2015[160], por ocasião do efetivo pagamento, a compradora parece ter reconhecido o valor pago como despesa operacional:

> Em 2 de agosto de 2010 o Conselho de Administração da Companhia aprovou a aquisição de 30% das ações da Multidisplay Comércio e Serviços Tecnológicos S.A. ("Multidisplay") e sua subsidiária M4 Produtos e Serviços S.A. pelo valor de R$ 15.332 pagos em dinheiro, sendo apurado um ágio no valor total de R$ 13.955.
>
> **Em 1º de setembro de 2013, foi pago a título de earn-out, após terem sido atingidas as metas pactuadas no contrato de compra e venda, o montante de R$ 19.488, o qual foi registrado na rubrica de "Outras despesas operacionais" na demonstração do resultado.** (g.n.).

Assumindo o tratamento do *earn out* como despesa operacional dedutível para o comprador, é preciso ter em mente, contudo, os impactos para o vendedor. Tratando-se de rendimento/receita adicional, no caso de pessoa física, o valor estaria sujeito à tabela progressiva, sendo a alíquota máxima de IRPF de 27,5%, enquanto que, no caso de pessoa jurídica, a princípio, se sujeita ao lucro real, haveria incidência de IRPJ/CSL à alíquota conjunta de 34%.

Seria preciso considerar, ainda no caso de vendedor pessoa jurídica, eventual cobrança de PIS/COFINS à alíquota de 3,65% ou 9,25% (dependendo se a vendedora estiver sujeita à sistemática cumulativa ou

---

incorridas, entendem-se as relacionadas a uma contraprestação de serviços ou obrigação contratual e que, embora caracterizadas e quantificadas no período-base, nele não tenham sido pagas, por isso figurando o valor respectivo no passivo exigível da empresa".

[160] Disponível em: http://webcache.googleusercontent.com/search?q=cache:3M03qs4G1R4J:m2msaber.com.br/painel/empresas/valid-solucoes-e-serv-seg-meios-pag-ident-sa/2015-03/notas-explicativas/download+&cd=2&hl=pt-BR&ct=clnk&gl=br&client=safari. Acesso em 21.8.2017.

não-cumulativa das contribuições). A esse respeito, vale fazer referência ao conceito de receita bruta nos termos do artigo 12 do Decreto-lei nº 1.598/1977 (justamente pela Lei nº 12.973/2014)[161]: a receita para fins de incidência de PIS/COFINS inclui, além do resultado da venda de bens e serviços, os resultados da "*atividade ou objeto principal*" da empresa.

Seria plausível argumentar que, em regra, a receita de *earn out* não corresponderia a uma receita decorrente de qualquer atividade principal da empresa vendedora, isto é, a uma receita operacional – exceto se tiver como propósito a aquisição e alienação de participações societárias. Assim, seria uma receita recebida pela empresa vendedora em um contexto específico e particularmente incomum: a alienação de participação societária, sendo que, contratualmente, havia uma previsão de pagamento de valor adicional condicionado a determinados eventos futuro e incertos. Essa argumentação seria necessária para afastar eventual cobrança de PIS/COFINS. Frise-se que essa linha de defesa tem nuances a depender do regime tratado: no regime cumulativo, o artigo 3º limita a base de cálculo ao conceito de receita do referido artigo 12, mas no regime não-cumulativo o artigo 1º, parágrafo 1º, das Leis nºs 10.637/2002 e 10.833/2003 inclui também "*todas as demais receitas auferidas pelas pessoas jurídicas*". Mesmo assim, no âmbito do regime não-cumulativo, seria possível limitar o conceito de receita bruta considerando a orientação da jurisprudência e da doutrina no sentido de que tal conceito deveria corresponder apenas a ingressos positivos que se incorporam, definitivamente, ao patrimônio da empresa, resultante da sua atividade empresarial (vide comentários adicionais adiante).

Note-se que o fato de a empresa compradora tratar o *earn out* como uma despesa operacional não significa, necessariamente, que a correspondente receita de *earn out* auferida pela empresa vendedora tem natureza igualmente operacional. Para fins de IRPJ/CSL, a despesa pode ou não ser operacional, dependendo da sua necessidade em relação à atividade principal do comprador, enquanto que, para o vendedor, a despeito da incidência do

---

[161] "Art. 12. A receita bruta compreende:

I – o produto da venda de bens nas operações de conta própria;

II – o preço da prestação de serviços em geral;

III – o resultado auferido nas operações de conta alheia; e

IV – as receitas da atividade ou objeto principal da pessoa jurídica não compreendidas nos incisos I a III".

IRPJ/CSL, o valor recebido não deveria se sujeitar ao PIS/COFINS por não consistir, a princípio, a uma receita auferida em decorrência do exercício de uma atividade principal pelo vendedor.

Cabe mencionar que, apesar de não se referir de forma específica ao *earn out*, em "Perguntas e Respostas", a RFB já se manifestou no sentido de que *"as despesas financeiras geradas por um passivo de contraprestação contingente serão dedutíveis na apuração do lucro real a partir do implemento da condição suspensiva"*[162]. Note-se que a RFB fez referência, inclusive, ao teor do artigo 110, I, da então vigente IN RFB nº 1.515/2014, que, na época, tratava dos reflexos tributários a serem verificados quando do implemento no caso de contraprestações contingentes cujo pagamento estava sujeito a condição suspensiva.

Assim, parece que a RFB considerou o *earn out* como despesa de natureza financeira para o comprador, mas, consequentemente, seria receita financeira para o vendedor? Trata-se de uma classificação interessante, muito embora pareça que o *earn out* se caracteriza mais como uma receita não operacional do que como uma receita financeira – já que não decorre de pagamento de juros, aplicações financeiras, descontos financeiros etc.

Ainda que seja possivelmente inadequado, e também esteja contido apenas em "Perguntas e Respostas", esse tratamento aparentemente indicado pela RFB não afetaria tanto a tributação incidente nas respectivas situações, apenas para PIS/COFINS no caso de vendedora pessoa jurídica (incidente à alíquota de 4,65% – o que seria discutível, como visto acima, já que o conceito de "receita bruta" poderia não comportar a inclusão de receitas financeiras, dependendo da situação). É relevante, de todo modo, para a empresa compradora esse reconhecimento expresso da RFB de que a despesa poderia ser deduzida para fins fiscais.

---

[162] "As despesas financeiras geradas por um passivo de contraprestação contingente serão dedutíveis na apuração do lucro real a partir do implemento da condição suspensiva (IN RFB nº 1.515, de 2014, art. 110, inciso I), ou seja, no período de apuração em que o passivo deixar de ser contingente". Resposta nº 80 do Capítulo XXVIII do Perguntas e Respostas 2016 disponível em https://idg.receita.fazenda.gov.br/orientacao/tributaria/declaracoes-e-demonstrativos/ecf-escrituracao-contabil-fiscal/perguntas-e-respostas-pessoa-juridica-2016-arquivos/capitulo-xxviii-efeitos-tributarios-relacionados-aos-novos-metodos-e-criterios-contabeis-2016.pdf. Acesso em 21.8.2017.

O principal risco de toda essa linha de argumentação, porém, é o Fisco entender que a natureza jurídica do *earn out* seria sim de contraprestação, ou seja, preço, devendo ser tratado como tal para todos os fins. Inclusive, poderia argumentar que o *earn out* se assemelha sim à venda a prazo já que, na realidade, *o earn out* foi formulado originalmente como um preço cujo pagamento é diferido, ou seja, postergado no tempo.

Além disso, o Fisco poderia também adotar um conceito de custo de aquisição mais amplo, alegando que todos os gastos complementares à aquisição de bens do ativo estariam abarcados por esse conceito de custo de aquisição[163]. Nessa linha, o próprio Fisco vem admitindo como parte do custo de aquisição gastos *"normais à aquisição do bem"*, como por exemplo transporte, seguro e tributos no caso de mercadorias[164].

Assim, ainda que em tese haja argumentos jurídicos plausíveis, defender que o *earn out* não seria preço, mas sim um pagamento desatrelado do negócio em si parece difícil e, além disso, desvirtua a origem desse mecanismo que, como o nome diz, é um mecanismo de ajuste de preço.

3.4. Natureza Jurídica do *Earn Out*: Remuneração do Vendedor Pessoa Física

É preciso tomar cuidado com os casos em que o vendedor pessoa física continua desempenhando funções na empresa-alvo no período pós-fechamento. Nessa situação, como será visto, o *earn out* talvez não se configure juridicamente como preço nem como despesa ou custo do comprador, mas como remuneração do vendedor.

Por conhecer muito bem o negócio e em regra para garantir uma transição harmoniosa, é comum que o comprador acabe contratando o vendedor que era acionista na empresa-alvo para continuar trabalhando por um período na própria empresa. Essa contratação pode ser celetista, com vínculo de trabalho, mas geralmente se dá sem vínculo, como diretor ou administrador estatutário. O vendedor pode até continuar com uma

---

[163] O antigo RIR/1994, em seu artigo 406, parágrafo 3º, previa que integram o custo dos bens do ativo permanente "as despesas de transporte e seguro, os impostos não recuperáveis devidos na aquisição ou importação, as despesas com desembaraço aduaneiro e as despesas com colocação do bem em condições de funcionamento". Frise-se que não há similar previsão na legislação atual.

[164] O Parecer Normativo nº 58/1976 exemplifica o posicionamento da RFB.

participação societária mínima e ser remunerado por meio de dividendos ou lucros. Há várias maneiras de se estruturar esse modelo.

É normal também a previsão de cláusulas de não concorrência, que basicamente impõem o dever de o vendedor ou do executivo ex-acionista de não assumir qualquer cargo ou realizar qualquer atividade em empresas no mesmo setor da empresa-alvo por um prazo determinado e que, em razão disso, o vendedor recebe determinados valores em contrapartida à obrigação assumida de não competir com a empresa-alvo (cláusula de *non compete*).

Nesses casos, torna-se imprescindível verificar de forma precisa as razões pela qual o *earn out* está sendo pago, segregando outros tipos de pagamentos feitos por remuneração do trabalho ou eventual indenização pela obrigação de não concorrência.

Vale destacar que o conceito de remuneração não é próprio do Direito Tributário, mas sim do Direito Trabalhista, de forma que se faz necessário buscar os parâmetros legais e jurisprudenciais que definem tal conceito para determinar se, para fins jurídico-tributários, o *earn out* deveria ser caracterizado como remuneração.

Sem entrar nessa seara do Direito Trabalhista, pode-se afirmar, em linhas gerais, que remuneração, além do salário, engloba gorjetas, gratificações legais e comissões pagas pelo empregador, em contraprestação aos serviços prestados, nos termos do artigo 457 da Consolidação das Leis do Trabalho ("CLT"). O conceito de habitualidade, que é um tanto subjetivo, pode ser identificado na reiteração do ato, de forma periódica.

Logo, é importante ressalvar que a caracterização do *earn out* como remuneração do vendedor depende da identificação, pelas autoridades competentes, da natureza jurídica do pagamento como remuneração. Essa análise, inevitavelmente, deverá ser feita caso a caso.

Assim, se a pessoa física vendedora for contratada como empregada, registrada na folha da empresa cuja participação alienou, seria necessário verificar se eventual *earn out* acordado com o comprador poderia se caracterizar como remuneração, ou seja, se decorre do serviço prestado ou se de fato remunera o preço pago pela aquisição da participação. Mas mesmo que o vendedor pessoa física não seja formalmente empregado, sendo contratado como um gestor, administrador ou outro cargo similar, não estaria descartada a qualificação do *earn out* como remuneração, caso as autoridades competentes identifiquem a existência de vínculo trabalhista entre o vendedor e a empresa, em regra caracterizado pela habitualidade, pessoalidade, onerosidade e subordinação, conforme o artigo 3º da CLT.

Na prática, alguns elementos ou "indícios" poderiam auxiliar na determinação da natureza jurídica de remuneração. É importante atentar para as situações em que, por exemplo, o montante a título de *earn out* varia conforme o desempenho do executivo ou o período em que permanecer na empresa-alvo, ou situações em que o próprio pagamento do *earn out* está condicionado à permanência do executivo na empresa-alvo; nesses casos, poderia existir um caráter mais forte de remuneração do executivo que eventualmente indicaria que a natureza jurídica do *earn out* seria remuneração.

Por outro lado, em situações em que o executivo recebe um pacote de remuneração à parte, totalmente segregado do valor do *earn out*, ou em que o valor pago a título de *earn out* tem relação direta com a participação acionária alienada, o caráter de remuneração seria a princípio bem menos evidente.

O próprio Pronunciamento Técnico CPC 15 destaca de forma precisa esse aspecto polêmico, indicando a necessidade de uma análise particular de cada caso a fim de se identificar a real natureza jurídica do pagamento do *earn out*, alertando que os acordos para pagamentos contingentes a empregados ou sócios vendedores poderiam se caracterizar como efetiva contraprestação contingente ou como operações distintas, com seus próprios efeitos, sendo necessário verificar as razões por trás das cláusulas contratuais[165].

Sem prejuízo da análise particular e detalhada que deve ser feita no âmbito do Direito Trabalhista, o Pronunciamento Técnico CPC 15 aponta alguns parâmetros interessantes para auxiliar na análise, apontando situações em que o caráter de remuneração fica mais evidente: (i) recebimento do *earn out* condicionado à permanência na empresa como empregado; (ii) coincidência do prazo do *earn out* com o prazo de permanência como

---

[165] "B54. Os acordos para pagamentos contingentes a empregados ou a sócios vendedores constituem contraprestação contingente da combinação de negócios ou constituem operações separadas, conforme a natureza desses acordos. Para determinar a natureza do acordo, é preciso entender as razões pelas quais o contrato de aquisição prevê tais pagamentos contingentes, bem como qual das partes iniciou o acordo e quando as partes firmaram o acordo para pagamento contingente".

empregado; (iii) nível baixo de remuneração dos empregados; (iv) *earn out* atrelado a percentual de lucros, ao invés de EBITDA ou geração de caixa etc.[166]

Carlos Miyahira[167] bem pontua o risco discutido acima, ressaltando que existe um *earn out* cuja natureza jurídica é de "preço" e outro cuja natureza jurídica é "rendimento do trabalho".

A seu ver, todo cuidado é pouco para identificar, com maior precisão possível, a real natureza jurídica do pagamento, evitando assim que o Fisco reconheça a natureza de remuneração do *earn out*, quando se tratar de efetiva contraprestação, exigindo o pesado ônus tributário, trabalhista e previdenciário que recai, quando na realidade o *earn out* consistir em preço.

---

[166] Vide item B55.

[167] Carlos Miyahira comenta que: "A parcela de earn out é muitas vezes determinada no calor da negociação, o que por vezes por fazer as partes negligenciarem aspectos contábeis importantes. Existem situações em que a parcela não é constituinte do valor da aquisição (...), mas corresponde a uma despesa com remuneração com que a empresa adquirente tem de arcar. Nesse caso, o pagamento pelo trabalho do antigo sócio vendedor – agora, empregado, com metas a serem cumpridas – dependendo do caso, pode ser considerado uma operação separada e, portanto, pode influenciar o resultado da empresa adquirente, com consequências tributárias e trabalhistas. Há, assim, um earn out da categoria "preço" e outro de "rendimento do trabalho". Tratado contabilmente como parcela distinta da combinação dos negócios, o earn out não deve ser incluído na contabilidade para fins de apuração dos ativos e passivos a valor justo e, em última instância, do goodwill, Para o imposto de renda, as obrigações acessórias das duas categorias são absolutamente distintas: enquanto na primeira hipótese o vendedor declara o rendimento como ganho de capital – sujeito a alíquota de imposto de renda entre 15% e 22,5% a partir de 2017 (Lei 13.259/16) – na segunda o rendimento se submete a retenção pela fonte pagadora de 27,5% de imposto de renda, sendo rendimento mencionado na declaração anual. Adicionalmente, como remuneração, a parcela de earn out estará sujeita a contribuição previdenciária patronal (INSS Patronal), uma vez que, conforme o art. 28 da Lei 8.212/91, os serviços prestados por colaboradores a empregados são tratados como salario de contribuição – devendo, por isso, transitar pela folha de pagamentos e formar base de cálculo com as correspondentes informações nas declarações acessórias.

Mesmo sendo o earn out uma válida ferramenta para a combinação de negócios, deve-se tornar muito cuidado na seleção da modalidade de pagamento. Uma escolha errada ou desatenção a detalhes pode provocar uma surpresa desagradável para todas as partes envolvidas". In O Perigo Contábil do Earn Out. In Capital Aberto. Edição 67. 24.2.2017. Disponível em: https://capitalaberto.com.br/temas/contabilidade-e-auditoria/o-perigo-contabil-do-earn-out/#. WLFpy85vl-w. Acesso em 21.8.2017.

Jorge Vieira[168] também comenta sobre esse risco destacando, a seu ver, uma série de elementos que deveriam ser considerados. Por exemplo: se o pagamento do *earn out* estiver condicionado ao cumprimento da gestão da empresa-alvo e eventual rescisão unilateral por parte do executivo vendedor importar a perda do direito ao recebimento do *earn out*, o valor teria características marcantes de remuneração pelo trabalho desenvolvido. No seu entender, ainda, seria muito importante também examinar o prazo de duração do contrato de gestão – se coincide ou não com o contrato de aquisição e o prazo para recebimento do *earn out* –, bem como o nível de remuneração dos executivos – se for razoável ou muito inferior ao normal.

A esse respeito, aquele autor comenta sobre o nível e a forma de remuneração dos vendedores pessoas físicas: por exemplo, se, ao final, os sócios vendedores receberam uma remuneração maior do que os demais sócios, pode-se entender que o *earn out* teria como propósito de fato remunerar esses indivíduos. Vale também comparar eventual remuneração de sócios vendedores que saíram da empresa-alvo com sócios vendedores que continuam trabalhando, já que, se todos os sócios receberam na época *earn out* proporcionalmente, a diferença posteriormente paga poderia se caracterizar como remuneração, se estiverem presentes os requisitos da legislação trabalhista para tanto.

O autor ainda destaca a importância de analisar a base sobre a qual o pagamento é feito ao vendedor pessoa física: como foi calculado o

---

[168] Segundo Jorge Vieira: "Um aspecto diz respeito aos termos do contrato firmado com os sócios vendedores, para retê-los como executivos da adquirida. Se o pagamento acordado está condicionado ao cumprimento do contrato firmado, sendo que sua rescisão unilateral por parte do executivo implica perda do direito ao pagamento, tem-se um forte indício de que se trata muito mais de uma remuneração por serviços prestados do que de uma contraprestação contingente da Combinação de Negócios. Caso o pagamento acordado não seja afetado pela rescisão unilateral por parte do executivo, há no caso forte indício de se tratar de uma contraprestação contingente associada à Combinação de Negócios.

A duração do contrato firmado com os sócios vendedores deve ser outro parâmetro a ser avaliado. Se sua duração coincidir ou ultrapassar o período requerido para que o pagamento seja efetuado, haverá forte indício de se tratar de uma remuneração por serviços prestados. Nível de remuneração prometida aos sócios vendedores, enquanto executivos da adquirida, deve também ser objeto de avaliação. Está em um nível comparado com o dos demais executivos da adquirida? Uma diferença muito grande para cima pode ser indicativo de este valor incremental se tratar de uma contraprestação contingente associada à Combinação de Negócios". Ibidem. pp. 44 e 45.

pagamento? Se foi com base nas horas trabalhadas, na permanência na empresa, pode-se considerar que talvez a natureza jurídica seja remuneração; por outro lado, se o valor foi calculado com base em fórmulas geralmente utilizadas para cálculo do *earn out*, então haveria indícios fortes de que a natureza jurídica do *earn out* seria preço[169].

A análise de todos elementos de forma conjunta, e não isolada, certamente é indispensável para averiguar a real natureza jurídica do pagamento.

Vale também mencionar alguns casos interessantes que retratam bem essa contraposição de naturezas jurídicas do *earn out*. O antigo caso da

---

[169] Ainda segundo Jorge Vieira: "A comparação entre os pagamentos acordados com sócios que permanecem como executivos da adquirida e sócios que não permanecem, é outro elemento a ser apreciado para julgamento. Há contraprestações contingentes diferenciadas? Se os valores, numa base por ação, forem bem superiores para os sócios que permanecem como executivos da adquirida, haverá forte indício de este valor incremental se tratar de uma remuneração por serviços prestados. Número de ações possuídas pelos sócios vendedores, que são retidos como executivos da adquirida, é mais um item a ser apreciado. Se os sócios que permanecem como sócios da adquirida possuíam, antes da Combinação de Negócios, substancialmente a quase totalidade das ações vendidas, comparativamente aos sócios que não foram retidos, e as contraprestações contingentes acordadas são diferenciadas, há um forte indício de o valor incremental ser uma remuneração por serviços prestados. Por outro lado, se os sócios que são retidos como executivos da adquirida possuíam um valor pequeno das ações vendidas, comparativamente aos sócios de que não foram retidos, e recebem o mesmo montante de contraprestações acordadas, há um forte indício de o valor ser uma contraprestação contingente associada à Combinação de Negócios. A análise da forma pela qual se processa o pagamento do negócio é outro fator a ser considerado. Por exemplo, se a contraprestação não contingente, transferida na data do fechamento do negócio, estiver baseada no limite inferior de um intervalo de valores atribuído ao negócio pelo modelo de avaliação, e a fórmula por meio da qual é definida a contraprestação contingente estiver associada a esse modelo de avaliação do negócio, haverá um indicativo de o valor incremental tratar-se de uma contraprestação contingente associada à Combinação de Negócios. Alternativamente, se a fórmula da contraprestação contingente estiver associada a arranjos anteriores definidos para distribuições de resultado, tal situação sera indicativa de uma remuneração por serviços prestados.
O algoritmo definido como base para se chegar ao valor da contraprestação contingente poderá ser mais um subsídio para julgamento. Por exemplo, se o valor é função de múltiplos lucros (parâmetros para o valor justo do negócio), poderá ser um indicativo de o valor incremental ser uma contraprestação contingente associada à Combinação de Negócios. Por outro lado, se o valor for especificado como um percentual de lucro a ser produzido, haverá indicativo de se tratar de uma remuneração por serviços prestados". Ibidem. p. 45.

empresa Lane Processing Trust[170], nos Estados Unidos, mostra a linha tênue envolvida no enquadramento legal do *earn out* como preço ou remuneração. De forma similar ao Brasil, o tratamento tributário concedido ao preço de aquisição é bastante distinto daquele concedido à remuneração: nos Estados Unidos, do ponto de vista do vendedor, se o *earn out* integrar o preço de venda, regra geral haverá tributação sobre eventual ganho de capital à alíquota máxima de 20% (aplicável para ativos detidos por mais de 1 ano), enquanto que, se for caracterizado como remuneração, a alíquota do imposto de renda pode chegar a até 37%, além dos encargos trabalhistas[171].

Em suma, naquele caso uma empresa de aves falida era administrada por um *trust* cujos beneficiários eram os próprios empregados. No processo de falência, os ativos da empresa foram comercializados com lucro, que foi distribuído aos empregados. A parcela de lucro atribuída a cada empregado variou conforme o cargo, o tempo de serviço, o local de trabalho etc.

A empresa primeiramente considerou os pagamentos como remuneração e procedeu ao pagamento de todos os encargos incidentes. Posteriormente, ingressou com um pedido de restituição, alegando se tratar de preço pago pela alienação das ações. A IRS norte-americana negou o pedido.

A empresa então ajuizou uma ação de restituição. Ao examinar o assunto, a Corte de Apelação da 8ª Região (*United States Court of Appeals, Eight Circuit*)[172] entendeu que a distribuição de valores deveria sim ser enquadrada como remuneração, e não como preço, porque estava diretamente atrelada ao serviço prestado pelos empregados, ainda que acionistas.

No entendimento da Corte de Apelação[173], os pagamentos feitos aos empregados teriam características próprias de remuneração, sendo

---

[170] Disponível em: https://law.justia.com/cases/federal/appellate-courts/F3/25/662/571917/. Acesso em 13.11.2017.

[171] Vide: https://www.forbes.com/sites/jrose/2018/12/05/tax-brackets-and-rates-2019/#457915af3ec5. Acesso em 19.1.2019.

[172] The Lane Processing Trust v. United States. F.3d 662 (8th Cir. 1994).

[173] *"Were the distributions to the Lane Companies employees "remuneration for employment"? We believe they were. The payments made to each employee were based on factors traditionally used to determine employee compensation, specifically, the value of the services performed by the employee, the length of the employee's employment, and the employee's prior wages.*

The Trust's contention that the distributions were the fruits of ownership is not persuasive. Employees who had been with the Lane Companies when the stock was put into the Trust for the benefit of the employees were ineligible for distributions if they no longer were with the Companies when the stock was

calculados pelo serviço prestado, considerando a duração do contrato de trabalho, a média das remunerações anteriores etc. Como os empregados não tinham efetivamente qualquer interesse real como acionistas, ficou evidente, pelos detalhes fáticos do caso concreto, a necessidade de tratar os valores pagos como remuneração.

No Brasil, não há muitos casos de grande repercussão sobre esse tema, mas é relativamente comum que os contratos condicionem o pagamento do *earn out* a metas impostas aos sócios que muitas vezes continuam trabalhando na empresa. A título exemplificativo, um modelo de *earn out* realizado na compra de uma clínica médica pela empresa Fleury Centro de Procedimentos Médicos Avançados S.A.[174]:

> Em 12 de maio de 2010, a Fleury Centro de Procedimentos Médicos Avançados S.A., controlada da Companhia celebrou com os sócios de DI Serviços Médicos Ltda., 16 pessoas físicas, contrato de cessão e transferência de quotas para a aquisição da totalidade das quotas representativas do capital social da sociedade, prestadora de serviços de medicina diagnóstica por imagem. O valor total da aquisição foi de R$ 9,2 milhões, pagos a cada um dos sócios de acordo com sua participação no capital social da sociedade adquirida.
>
> **O valor de aquisição será pago em 3 parcelas, a primeira em 13/05/2010, a segunda em 13/05/2011 e a terceira em 14/05/2012, descontadas as retenções para contingências no valor de R$ 1,1 milhões.**
>
> Além do pagamento do preço será pago aos sócios o valor de R$ 479 mil, referente ao valor do caixa líquido da sociedade na data da aquisição.
>
> **O pagamento da segunda e da terceira parcela do preço de aquisição estão condicionados a permanência dos sócios como prestadores de serviço do Fleury pelo prazo mínimo de 2 anos.** (g.n.).

---

sold to Tyson Foods, regardless of the reason for departure. The lack of ownership interests on the part of the employees is underscored by the fact that even employees of plants that were closed or sold before the sale lost their eligibility for distributions. In contrast, employees who joined the Companies a mere three and one-half months before the sale received distributions by virtue of their employment when the Lane Companies were sold. Although we do not disagree with the general proposition advanced by the Trust--that an individual can be both an employee of a company (receiving wages) and an owner of a company (receiving dividends)--the facts of this case clearly demonstrate that such was not the case here".

[174] Extraído do Formulário de Referência de 2015.

Por outro lado, um modelo interessante foi utilizado pela Bahema Educação e Participações SP S.A. na aquisição da empresa Sovila Participações S.A., detentora de escolas em São Paulo[175]. O preço total acordado pela compra das escolas foi de R$ 34.483.805,48, a ser pago da seguinte forma: R$ 6 milhões como *earn out* vinculado ao atingimento de determinados índices de desempenho; valor de até R$ 4.086.890,48 como bônus de permanência das pessoas físicas vendedoras; e o valor remanescente de R$ 24.396.915,00 em 3 parcelas. Os índices de desempenho do *earn out* eram basicamente atrelados ao número de alunos matriculados nos 2 anos seguintes. Diferentemente, o bônus de permanência era trimestral e pago desde que cada vendedora pessoa física trabalhasse pelo menos 50 dias úteis por trimestre auxiliando na condução dos negócios.

Segregando dessa maneira, a fim de distinguir o mecanismo do *earn out* do bônus trimestralmente pago às vendedoras, a compradora conseguiu mitigar o risco de que o próprio *earn out* fosse considerado como remuneração das vendedoras, deixando claro o propósito e a natureza de cada pagamento efetuado. Fica evidente, assim, que apenas o bônus de permanência estaria atrelado à efetiva atividade pessoalmente desenvolvida pelas vendedoras.

Frise-se que as consequências não só no campo tributário, mas também trabalhista e previdenciário, são demasiadamente importantes, já que o tratamento concedido ao *earn out* como parcela complementar do preço é totalmente distinto daquele concedido à remuneração: incide o IRPF calculado pela tabela progressiva (até 27,5%), além de todos os encargos trabalhistas e previdenciários, incluindo a contribuição previdenciária patronal e demais encargos previdenciários que devem ser recolhidos pela empresa pagadora. Assim, se a natureza jurídica do *earn out* for mesmo remuneração, não apenas o vendedor seria afetado, mas o próprio comprador, que poderia sofrer uma série de cobranças em relação a esse pagamento.

A esse respeito, vale ponderar que, se o comprador eventualmente tratou o *earn out* como preço, incluindo-o para fins de cálculo do *goodwill*, caso reconhecida a natureza jurídica de remuneração pelas autoridades

---

[175] Disponível em: http://webcache.googleusercontent.com/search?q=cache:AVzKfzx6uPYJ:siteempresas.bovespa. com.br/consbov/VisualizaArquivo.asp%3Ffuncao%3Ddownload%26Site%3DC%26protoc olo%3D554176+&cd=36&hl=pt-BR&ct=clnk&gl=br&client=safari. Acesso em 21.8.2017.

competentes, teria que estornar as despesas amortizadas com *goodwill*, retroagindo na apuração do lucro real, como já visto, mas, por outro lado, teria o mesmo pleno direito de deduzir da base de cálculo do lucro real o pagamento das remunerações[176]. A diferença seria temporal. Mas teria ainda que arcar com o ônus trabalhista e previdenciário. Assim, caso tivesse tratado desde o início como despesa operacional, não haveria impactos na esfera tributária, mas haveria ainda sim os encargos mencionados.

3.5. Sugestões e Recomendações Práticas no Pagamento de *Earn Out*

Como visto acima, na sua origem, o *earn out* foi formulado como um mecanismo de ajuste de preço que serve essencialmente para diferir no tempo o pagamento de uma parcela do preço e, visando superar alguma divergência entre as partes, o pagamento do *earn out* é condicionado a uma meta ou evento futuro e incerto.

Muito embora, em termos técnicos, haja argumentos plausíveis para defender que o *earn out* não seria preço, mas sim um pagamento desatrelado do negócio em si, a caracterização do *earn out* como um pagamento de um valor qualquer, sem relação com o investimento, parece difícil. Mas, eventualmente, em alguma situação específica talvez de fato a natureza jurídica do *earn out* possa ser essa, situação na qual seria tratado como despesa, a princípio dedutível, do comprador e rendimento / receita do vendedor.

Por outro lado, caso estejam presentes os requisitos necessários para caracterizar o *earn out* como remuneração, o que exige uma análise específica do ponto de vista trabalhista, nessa hipótese o *earn out* poderia não apresentar natureza jurídica de preço e consistiria em verdadeira remuneração da pessoa física vendedora.

Considerando as controvérsias envolvendo a determinação da natureza jurídica do *earn out*, é preciso pensar, em cada caso concreto, nos cuidados para garantir que a natureza real do mecanismo seja facilmente identificada em caso de disputa com o Fisco. Assim, em termos práticos, vale sugerir alguns aspectos que podem ser ponderados, conforme cada tipo de mecanismo e sua correspondente natureza jurídica.

---

[176] Nos termos dos artigos 311 e 368 do RIR/2018. Vale lembrar que existe vedação à dedução de gratificações e participações nos lucros ("PLR") pagas a administradores e dirigentes da empresa, conforme o artigo 315 do RIR/2018.

Earn out como preço de aquisição – a fim de evidenciar a natureza jurídica de preço pela aquisição da participação societária do *earn out*:

(i) seria importante que o contrato estabelecesse que o *earn out* consiste em parcela que já compõe o preço de aquisição, ou seja, a cláusula de preço deveria indicar o preço total incluindo o valor de *earn out*. Além da cláusula contratual em si, seria relevante obter outros documentos, como a própria oferta vinculante, identificando que o preço foi fixado levando em conta o pagamento do *earn out*, ou seja, que o valor atribuído ao *earn out* constou da modelagem financeira. Isso evidenciaria que o preço do negócio foi negociado como um todo, e depois dividido em uma parcela específica a título de *earn out*. Preferencialmente, o cálculo do *earn out* poderia ser indicado no próprio contrato ou poderia constar em um anexo ou outro documento formal;

(ii) poderia haver discriminação no contrato de que, dos 100 do preço total, por exemplo, 25 se refere ao *earn out*, mas deveria restar claro que o *earn out* foi considerado, por ambas as partes, como contraprestação da aquisição da participação societária objeto do negócio;

(iii) quanto à condição atrelada ao pagamento, seria imprescindível que o contrato, ao fixar o pagamento do *earn out*, deixasse clara a meta ou evento específico imposto ao vendedor. Independente de qual seja a condição, o contrato deveria indicar com precisão a hipótese que deverá ser verificada para que o valor do *earn out* seja ou não pago ao vendedor;

(iv) para demonstrar que a condição atrelada ao pagamento é resolutiva, seria necessário que a cláusula de preço determinasse que o vendedor faz jus ao *earn out*, porém, que poderá perder esse direito caso a meta estipulada por acaso não seja cumprida ou o evento indicado não seja verificado. Um exemplo: uma cláusula de *earn out* atrelada a uma autorização específica que precisa ser deferida por uma autoridade, sendo que toda documentação foi apresentada e todos os requisitos foram cumpridos, estando praticamente certo que a autorização será logo expedida. Nesse caso, a cláusula poderia determinar que o vendedor faz jus ao valor de 10 a ser efetivamente pago mediante a expedição, mas, se porventura a autorização não for expedida, o vendedor perderá o direito de receber o valor de 10;

(v) tratando-se de condição suspensiva, seria interessante que a cláusula de preço evidenciasse que o vendedor somente fará jus à parcela do *earn out* se atingir uma determinada meta específica. Por exemplo: se a condição for determinado volume de vendas pela empresa-alvo, a cláusula deveria dispor que o vendedor somente receberá o valor correspondente ao *earn out* se 1.000 mercadorias forem comercializadas em certo período de tempo; se 999 mercadorias forem vendidas, o vendedor não receberá o *earn out*; e

(vi) seria interessante também que o contrato impusesse o dever exclusivo do vendedor de oferecer o preço integral, incluído no preço o valor do *earn out*, para fins de apuração do ganho de capital. Ainda que o vendedor não ofereça no momento da assinatura ou do fechamento o valor integral à tributação – em razão da ausência de disponibilidade – ao menos restaria evidenciado que ambas as partes consideraram o *earn out* como preço do negócio.

***Earn out* como despesa** – como visto acima, caso o *earn out* de fato tenha natureza de pagamento desvinculado do preço, a princípio se caracterizaria como despesa do comprador e rendimento / receita do vendedor. Nessa situação específica, a fim de reforçar que a natureza jurídica do *earn out* não seria de preço, mas sim de pagamento de determinado valor:

(i) a cláusula de preço no contrato deveria indicar o preço total do negócio e, preferencialmente, outra cláusula poderia prever um pagamento adicional, desvinculado do preço já acordado, a ser feito ao vendedor futuramente dependendo de uma certa condição estabelecida. Seria interessante que a data do pagamento do *earn out* constasse de modo claro como em um momento pós-fechamento, justamente para desatrelar o pagamento à contraprestação da participação societária adquirida;

(ii) idealmente, ao fixar o valor do *earn out*, a cláusula poderia indicar que o comprador se compromete a pagar ao vendedor, adicionalmente ao preço de 100, por exemplo, um valor *de até* 15 ou um valor variável que não deve ultrapassar 15. Seria recomendável segregar os valores em cláusulas distintas, evidenciando que o *earn out* não remunera a aquisição da participação societária;

(iii) assim como no item acima, também seria recomendável que o contrato estabelecesse de forma específica as metas que deverão ser atingidas ou os eventos específicos que deverão se materializar para que o comprador realize esse pagamento adicional ao vendedor. Idealmente, para assegurar que a natureza de despesa seja reconhecida e que sua necessidade no âmbito da atividade do comprador seja evidente, a meta poderia estar atrelada ao desempenho da empresa ou a algum critério que claramente traga um benefício direto e inegável à empresa-alvo, e, indiretamente, ao próprio comprador;

(iv) ainda, seria interessante constar de modo expresso no contrato que, atingida a meta, o comprador assume o dever de realizar o pagamento. Isso garante que, que reconhecida a natureza de despesa, essa despesa seria operacional, e, logo, dedutível, inclusive por nítida obrigação contratual, passível de execução pelo vendedor para todos os fins; e

(v) também seria recomendável que o contrato impusesse o dever exclusivo do vendedor de oferecer o valor recebido adicionalmente a título de *earn out* como rendimento / receita para fins de tributação. A despeito de essa obrigação ser legal, e não contratual, mostraria que as partes reconhecem a natureza do pagamento como despesa para o comprador e rendimento / receita adicional para o vendedor.

***Earn out* como remuneração** – caso a natureza jurídica do *earn out* seja de remuneração, e não preço, a fim de reforçar que o *earn out* remunera o vendedor pessoa física pelo seu trabalho ou pela sua gestão na empresa após o fechamento:

(i) seria importante que o pagamento fosse atrelado a alguma meta que, ainda que vinculada à empresa, pudesse ser atribuída diretamente ao trabalho do próprio vendedor, por exemplo, se o pagamento do *earn out* estiver atrelado a critérios como horas trabalhadas ou tempo de permanência no cargo[177];

(ii) o pagamento do *earn out* poderia também depender de outros critérios menos "pessoais" como o desempenho da empresa-alvo, refletido em algum índice financeiro (EBITDA, lucro líquido etc.) ou mesmo em outro critério de mercado (número de clientes, participação no mercado etc.), pois, se o vendedor tiver um cargo de alta gestão, como acontece na maior parte das vezes, é evidente que o desempenho da empresa-alvo decorre, ainda que indireta e não totalmente, do seu próprio trabalho. O critério deveria constar explicitamente no próprio contrato ou, ao menos, em um anexo. Seria interessante firmar um contrato específico de gestão com o vendedor que fizesse referência expressa ao contrato principal de aquisição de participação societária; e

(iii) o *earn out* poderia ser pago de forma periódica ou em várias parcelas e poderia variar em termos de valor – por exemplo, um *earn out* de 50 poderia ser pago em parcelas desiguais no tempo. Idealmente, a forma de pagamento deveria já constar no próprio contrato, se possível, como contrapartida do cargo ou função assumida na empresa-alvo.

---

[177] Há diferença no tratamento de bônus e remuneração propriamente dita, para fins de incidência de encargos trabalhistas e contribuições previdenciárias, que deve ser examinada em cada caso concreto.

4

Holdback e Depósito em *Escrow*

4.1. A Função do Mecanismo de *Holdback* e *Escrow*

O mecanismo de *holdback* ou *escrow* se diferencia do *earn out* na medida em que, ao invés de estabelecer contratualmente que o comprador realizará um pagamento caso eventos e metas futuras se verifiquem, o comprador a princípio concorda com o vendedor em relação ao preço, mas quer se precaver em relação a determinados aspectos problemáticos identificados e discutidos durante o processo de negociação que podem vir a impactar, negativa e futuramente, o negócio objeto da transação. Assim, uma parcela do pagamento é retida pelo comprador por um certo prazo para garantir que esses eventuais problemas não prejudiquem a empresa-alvo. A principal característica desse mecanismo é, portanto, a garantia fornecida, em regra, ao comprador.

Por exemplo, é muito comum que as partes estabeleçam que parte do preço de aquisição será retido em função de determinados litígios ou passivos não materializados ou já materializados que podem implicar futuro desembolso de caixa, como, por exemplo, processos trabalhistas ou autuações tributárias. O vendedor, muitas vezes com visão já enviesada, dada a sua racionalidade limitada, como visto acima, acredita que agiu de forma correta e que terá sucesso nos litígios existentes ou em caso de possíveis autuações ou cobranças. Os seus advogados apresentam determinada avaliação do êxito da questão, no entanto, o comprador, mais avesso ao risco, tem receio e cautela, de forma que muitas vezes a avaliação do êxito

CONTROVÉRSIAS TRIBUTÁRIAS DOS MECANISMOS CONTRATUAIS

do tema acaba sendo distinta daquela apresentada pelos assessores legais do comprador. Como resolver?

As partes concordam em reservar parte do preço para a eventualidade de o comprador ter que lidar com um revés negativo decorrente dessa questão originada na administração passada. Se o litígio se resolver e terminar favoravelmente, ou mesmo se a contingência não se materializar em determinado período de tempo, o comprador se compromete a liberar para o vendedor o valor correspondente retido.

Por isso que João Pedro Barroso Nascimento[178] comenta que o *holdback* geralmente é utilizado para reter uma parcela do preço durante um período que varia: no caso de contingências não materializadas, por exemplo, até o término do prazo decadencial ou prescricional; no caso de contingências já materializadas, até a ocorrência de um evento específico, como o trânsito em julgado do processo.

Acordado o *holdback*, o comprador pode literalmente reter o valor em questão consigo mesmo, situação em que o vendedor sequer tem acesso ao montante, ou pode se valer de uma conta *escrow* para efetivamente reservar o montante controverso, indicando ao vendedor que o recurso está já separado para esse propósito. O depósito em *escrow* certamente fornece mais segurança ao vendedor, que pode até ter acesso à conta, a depender do caso.

A esse respeito, ao tratar do mecanismo de *escrow*, Giácomo Paro e Rodrigo de Madureira Pará Diniz[179] ressaltam que o valor retido geralmente

[178] Segundo João Pedro Barroso Nascimento, "esse tipo de cláusula é frequente quando os valores discutidos na operação de M&A são elevados e envolvem "superveniências passivas". Deve haver a previsão de pagamento em conta-caução na qual os valores do preço de compra ficarão retidos até a ocorrência de determinado evento, normalmente o decurso de algum prazo e/ou solução de alguma pendência. Em relação à conta-caução, é recomendável o estabelecimento de regras quanto à sua movimentação. Por exemplo: somente pela instituição financeira autorizada por ambas as partes". Ibidem. p. 224.

[179] Os autores destacam que: "em linhas gerais, as cláusulas de escrow estabelecem retenção de parcela do preço de aquisição das companhias por um período para fazer frente às aludidas eventuais materializações de contingências identificadas no curso dos processos de due diligence ou decorrentes de atos praticados ainda durante a gestão dos antigos acionistas. Deste modo, os valores referentes ao escrow ficam depositados em uma conta de movimentação restrita (e de titularidade de vendedores ou compradores, conforme acordado entre as partes), sendo que, caso as contingências em questão se materializem, os recursos são destinados a suportá-las. Por outro lado, caso não ocorrendo qualquer materialização das contingências,

HOLDBACK E DEPÓSITO EM *ESCROW*

é depositado em uma conta cuja titularidade pode ser do comprador ou do vendedor ou ambos[180], e, à medida em que os eventos ocorrem de forma favorável ou que as contingências caducam ou prescrevem, os recursos são liberados. Ao final, o restante – ou até mesmo a totalidade, caso nenhum evento ou prejuízo se verifique – será liberado e efetivamente disponibilizado ao vendedor.

No caso abaixo, envolvendo a aquisição da Companhia Providência Indústria e Comércio pela PGI Polímeros do Brasil S.A., as partes se valeram tanto da retenção pura (*holdback*) como do depósito em conta *escrow*[181]:

> O pagamento do referido montante ocorreria em 3 parcelas:
>
> (i) Parcela Livre, no valor total de R$ 430.608.418,79, ou seja, R$ 7,5528 por ação, que seria pago à vista no fechamento da Operação, em recursos imediatamente disponíveis. O valor da Parcela Livre estaria sujeito a determinados ajustes contemplados no SPA;
>
> **(ii) Parcela em Escrow, no valor total de R$ 18.400.000,00, ou seja, R$ 0,32273 por ação, que seria depositado, no fechamento da Operação, em uma conta de movimentação restrita no Brasil (escrow account) e seria utilizado para garantir a implementação de determinadas obrigações de indenizar assumidas pelos Acionistas Vendedores frente à PGI, nos termos do SPA, sendo que, se tais obrigações não se tornarem devidas, o valor depositado em escrow seria liberado aos Acionistas Vendedores; e**
>
> **(iii) Valor Retido ou Holdback, em montante total de R$ 106.869.003,96, ou seja, R$ 1,87447 por ação, que seria pago aos Acionistas Vendedores em determinadas situações definidas no SPA. O Valor Retido estaria sujeito a juros à taxa fixa de 9,5% ao ano a partir da data de fechamento da Operação. (g.n.).**

Como se pode notar, apesar de funcionar de forma distinta do *earn out*, o *holdback* / *escrow* visa mitigar, igualmente, os mesmos problemas

---

os valores em escrow serão liberados e disponibilizados aos vendedores". In As implicações das cláusulas de ajustes de preços e das contas escrow na tributação pelo Imposto de Renda. In Revista Tributária e de Finanças Públicas, volume 23, nº 121, Março/Abril de 2015. p. 145.

[180] Atualmente, na prática, é difícil uma instituição financeira aceitar uma conta em titularidade conjunta nessa situação.

[181] Disponível em: http://www.cvm.gov.br/export/sites/cvm/decisoes/anexos/2015/20150630/9741.pdf. Acesso em 21.8.2017.

decorrentes de expectativas não homogêneas, assimetria informacional, aversão ao risco etc., já que, no fundo, consiste em um mecanismo que alinha divergências entre as partes que surgem em razão desses problemas já comentados anteriormente.

4.2. Natureza Jurídica do *Holdback* e *Escrow*: Preço

No capítulo anterior, discutimos a hipótese em que o comprador paga um valor ao vendedor em momento posterior ao fechamento, se determinado evento ou uma meta específica ocorrer ou não. Agora, vamos examinar o caso do *holdback / escrow* em que o comprador retém ou deposita, para fins de garantia e proteção, parte do preço de venda. Contratualmente, o valor do preço retido geralmente será liberado se determinadas situações não ocorrerem – se a contingência ambiental não se materializar, se a declaração dada pela parte vendedora for verdadeira, se todas as obrigações tributárias acessórias tiverem sido cumpridas etc. – ou se passivos que já tinham se materializado apresentarem desfechos favoráveis.

Juridicamente, e também para fins tributários, o tratamento do *holdback / escrow* também se apresenta como um desafio: qual a sua natureza jurídica? Preço? Seria custo de aquisição para o comprador, mesmo se juridicamente ele continuar como proprietário / titular do montante? Se for preço, e esse valor nunca for liberado ao vendedor, "regressando" ao seu patrimônio, seria então uma nova receita passível de tributação? Se não for preço, esse valor seria "pago" apenas quando da confirmação de que as condições atreladas foram cumpridas, e então esse "pagamento" seria despesa dedutível para o comprador? Ou então seria preço e comporia o custo de aquisição?

E o vendedor? Já teria "titularidade" sobre o valor retido? Para o vendedor pessoa física, em regra não seria interessante considerar o *holdback / escrow* como parte do preço de venda, porque isso poderia gerar, no entendimento do Fisco, o dever de reconhecer eventual ganho de capital – muito embora a tributação das pessoas físicas esteja sujeita ao regime de caixa. O mesmo não se aplica no caso de vendedor pessoa jurídica, que é tributado pelo regime de competência. E como fica a questão da disponibilidade?

Se o vendedor, seja pessoa física ou jurídica, entender que o *holdback / escrow* não é preço, porque não tem ainda direito efetivo sobre esse valor, mas mera expectativa de receber no futuro, não deveria reconhecer o valor para fins de eventual ganho de capital. E no caso de pessoa jurídica?

E não seria contraditório o comprador considerar o *holdback / escrow* como preço, e o vendedor não? No sentido inverso, o comprador poderia entender que o *holdback / escrow* certamente não vai ser liberado na sua integralidade porque muito provavelmente surgirão passivos cuja indenização será descontada do valor retido, assumindo então o *holdback / escrow* como recurso próprio, enquanto que o vendedor, confiante de que irá receber sim os valores retidos, pode reconhecer esse mesmo valor como preço? É possível que as partes venham eventualmente a tratar de forma diferente a retenção, conforme a sua própria avaliação quanto à probabilidade de pagamento/recebimento. Em tese esse tipo de incongruência pode mesmo acontecer.

Nos exemplos abaixo, pode-se notar que parte das empresas compradoras reconhecem o valor retido, inclusive em *escrow*, como um ativo financeiro em contrapartida de um passivo, qual seja, contas a pagar. Abaixo as demonstrações financeiras da Editora Ática S.A. de 2015, que comprou da Saraiva e Siciliano S.A. a empresa Saraiva Educação Ltda., e depositou parte significativa do preço em *escrow*[182]:

> Em 30 de dezembro de 2015, a Companhia e a Saraiva e Siciliano S.A. assinaram o contrato de compra e venda de quotas e outras avenças para a aquisição da Saraiva Educação Ltda., que ocasionou em depósito em conta caução – ativos financeiros (escrow account) no montante de R$ 395 milhões (nota 33).
>
> (...)
>
> Nota 33
>
> Saldo depositado em conta caução – ativo financeiro (escrow account) no montante de R$ 395 milhões sujeita a condições contratuais, cuja expectativa da companhia é de realização de curto prazo. A contrapartida está no contas a pagar por aquisição da Saraiva Educação, indicados nas notas respectivas.

Mas será que a Editora Ática considerou o *holdback* como custo de aquisição? Aparentemente sim, a compradora entendeu que o *goodwill* seria apurado preliminarmente, sendo ajustado após a liberação do *escrow*.

---

[182] Disponível em: http://cdn.stage.editorasaraiva.com.br/wp-content/sites/13/2016/06/06152222/EditoraAtica_DFP_2015_v7_28042016_Revisão_Final_revisada_.pdf. Acesso em 21.8.2017.

O valor total dos ativos líquidos (valor justo) da empresa-alvo Saraiva Educação Ltda. somava R$ 33.133 milhões; o preço total foi de R$ 494.619 milhões, sendo que apenas R$ 99.165 milhões foram pagos à vista e R$ 395.454 milhões depositados em *escrow*. O *goodwill* foi apurado na ordem de R$ 461.487 milhões:

> (ii) Considerando que a combinação de negócios encontra-se em período inicial de mensuração, **sendo o valor do Goodwill apurado em caráter provisório e preliminar**, pelo fato desta operação requerer um tempo razoável para a companhia adquirente obter todas as informações necessárias para identificar e mensurar os ativos identificáveis e passivos assumidos a valores justos, nos termos da CPC 15, os valores estão reconhecidos de forma provisória e preliminar, que serão ajustados dentro dos parâmetros da norma, e submetidos às devidas valorizações finais. (g.n.).

Do ponto de vista do vendedor, veja o interessante exemplo abaixo da empresa Melpaper S.A., conforme demonstrações financeiras de 2010[183], que alienou participação societária na Melhoramentos Papéis Ltda. à CMPC Participações Ltda. e não reconheceu o *holdback* como um ativo ou uma receita sua por entender que a probabilidade de o comprador liberar os valores era baixa:

> **Tendo em consideração que, consoante já retro exposto, a Melpaper Ltda. considera que o valor de R$ 20.000 ("Holdback Amount"), retido pela CMPC Participações Ltda., muito provavelmente será utilizado para ajustar, para menos (de R$ 120.000 para R$ 100.000), o preço total da operação, em conformidade com o disposto em cláusulas específicas do Contrato de Compra e Venda de Quotas e de Ações, celebrado em 19 de abril de 2009, a eventual utilização dessa opção para registro contábil da operação em apreço não encontra guarida, sob o ponto de vista técnico--contábil, pela não expectativa de realização da referida parcela de receita.**

---

[183] Disponível em: http://webcache.googleusercontent.com/search?q=cache:Qfgi3dIvXBAJ:www.infoinvest.com.br/modulos/doc.asp%3Farquivo%3D00365090.WFL%26doc%3Ddfp230. doc%26language%3Dptb+&cd=4&hl=pt-BR&ct=clnk&gl=br&client=safari. Acesso em 21.8.2017.

No momento da Alienação dos Investimentos da Melpaper Ltda., a Melhoramentos Papéis Ltda. apresentava o seu valor de investimento igual a zero, enquanto que a Melhoramentos Florestal S.A. registrava um saldo de investimentos no valor de R$ 7.147.

A operação da venda das quotas e ações gerou um ganho de R$ 62.853, registrado no grupo "Outras Receitas Operacionais". No decorrer do exercício de 2009, a CMPC Participações Ltda., em conformidade com as cláusulas específicas no Contrato de Compra e Venda de Quotas e Ações, efetuou um ajuste no preço total da operação de R$ 22.958. Deste montante, R$ 20.000 encontravam-se retidos pela CMPC Participações Ltda., e R$ 2.958 foram devolvidos pela Melpaper Ltda., através de depósito bancário. Portanto, no exercício findo em 31 de dezembro de 2009, o ganho efetivo na operação da venda de quotas e ações acima mencionadas foi de R$ 59.895. (g.n.).

Comparando esse mecanismo com o *earn out*, apesar de a lógica de ambos ser aparentemente parecida, na prática são estruturados com propósitos distintos e operacionalizados também de maneira diferente, o que leva, consequentemente, a discussões e dúvidas próprias.

Conceitual e negocialmente, o *holdback / escrow* se diferencia do *earn out* porque funciona como um instrumento muito mais de garantia do comprador: se ocorrer algum problema, como, por exemplo, a materialização de um passivo oculto após o fechamento, há uma reserva do preço que o comprador pode se valer para lidar com esse possível problema sem depender totalmente da boa vontade e da capacidade financeira do vendedor. De forma distinta, o *earn out* funciona mais como um instrumento de incentivo ao bom desempenho ou à adequada gestão da empresa nos períodos seguintes, um incentivo mais direcionado ao vendedor, não deixando, porém, de representar uma garantia do comprador pela saúde financeira do negócio adquirido.

Note-se ainda que, em termos de percepção, em regra o vendedor tem mais certeza de que receberá o valor retido do que o valor a ser complementado via *earn out* (a não ser que as metas do *earn out* sejam muito simples de serem alcançadas, por exemplo) – e assim voltamos à questão de como o contexto da situação influencia as decisões das partes. Isso porque o vendedor em regra tem maior segurança quanto ao efetivo desembolso financeiro: no *holdback / escrow*, o comprador já dispôs do valor, que apenas não foi ainda liberado, enquanto que no *earn out* o comprador vai realizar um desembolso futuro; se sua situação financeira sofrer algum revés, por exemplo, esse desembolso poderia em tese ser prejudicado. Ainda, o vendedor, em regra mais otimista, tende a acreditar que nem todos os passivos se materializarão ou exigirão desembolso financeiro, tendo expectativa em geral de receber boa parte do valor retido.

Inclusive, em alguns casos de depósito em *escrow*, o comprador pode até transferir, de forma irrevogável e irretratável, em cessão fiduciária, a propriedade resolúvel dos recursos depositados como meio de garantir a obrigação de transferência dos valores após o decurso do prazo do contrato de depósito.

A par dessa distinção negocial, é preciso entender de forma clara a diferença técnica entre os mecanismos, até porque muitas vezes na prática as próprias empresas acabam confundindo os instrumentos ao utilizar indevidamente as denominações. O *holdback / escrow* é preço do negócio, sendo apenas retido?

Como discutido anteriormente, na essência, o *earn out* seria parcela do preço cujo pagamento é diferido no tempo. O pagamento do *earn out* sujeito a condição suspensiva, para fins tributários, não permitiria que o comprador já tratasse o *earn out* como preço, mas apenas quando do implemento da condição; por outro lado, o pagamento sujeito à um condição resolutiva autorizaria o comprador a tratar o *earn out* desde logo como preço, mas, se verificado o implemento da condição resolutiva, o vendedor perderia o seu direito ao recebimento, cabendo ao comprador reduzir o seu custo de aquisição – sem prejuízo de eventuais outras situações em que o *earn out* tenha natureza jurídica diversa.

Seria possível afirmar que o tratamento tributário do *holdback / escrow* seria similar àquele discutido no caso do *earn out* sob condição resolutiva? A princípio sim.

Também não deve haver dúvidas que o valor em questão já compõe o preço de venda fixado entre as partes, mas provisoriamente retido para garantir possíveis ajustes de preço, indenizações por contingências e passivos incorridos posteriormente e eventuais danos e perdas por declarações falsas ou imprecisas a serem ressarcidos pelo vendedor ao comprador, dentre outros.

O valor retido pelo comprador a título de *holdback / escrow* é preço devido ao vendedor, que, contudo, concordou em não dispor desse montante para garantir eventuais pleitos do comprador.

HOLDBACK E DEPÓSITO EM *ESCROW*

Como visto acima, o *earn out* pode não ser entendido como preço, inclusive no caso de condição resolutiva, por não se tratar propriamente de uma contraprestação à aquisição da participação societária, mas sim de um pagamento adicional a ser feito pelo comprador. Nessa situação, porém, o *holdback / escrow* teria o seu próprio tratamento específico distinto. Isso porque não parece plausível tratar o *holdback / escrow* como um pagamento qualquer, uma despesa qualquer do comprador, pelo simples fato de não estar ainda disponível ao vendedor. A disponibilidade – ou melhor, a sua falta – do valor retido pelo comprador não deveria afetar a sua real natureza jurídica de preço pago pela alienação da participação societária.

Se nada acontecer e o valor retido for liberado posteriormente ao vendedor, esse montante não deveria ser tratado como uma despesa nesse momento então incorrida pelo comprador. Evidente que não se trataria de mera despesa, mas sim de efetivo pagamento de preço. O *holdback / escrow*, nesse sentido, não se equipara exatamente com a hipótese de pagamento de um preço a prazo, mas tem certa similitude: o preço pela aquisição da participação societária é definido, uma parte é paga a vista e outra será liberada no prazo acordado, desde que não ocorram eventos que impliquem responsabilidade do vendedor e que possam afetar o valor ali retido como garantia. É um preço parcelado, mas, de certo modo, cujo pagamento efetivo é condicionado.

Como é de se esperar, de forma similar ao *earn out*, o *holdback* não encontra exata regulamentação específica na legislação tributária. Deve o valor retido ser tratado como custo de aquisição para o comprador, em especial para fins de cálculo do *goodwill*, e ganho de capital para o vendedor? Parece que sim, pois a sua natureza jurídica seria de fato preço.

O conceito de *holdback / escrow* a princípio parece que não se encaixaria perfeitamente no conceito de contraprestação contingente previsto no artigo 197, I, item 'a', da IN RFB nº 1.700/2017: não seria propriamente uma obrigação da parte compradora de transferir um ativo adicional à vendedora dependendo de evento futuro e incerto, pois, na realidade, seria uma obrigação de liberar um valor (preço) já teoricamente transferido.

Mas poderia se enquadrar no conceito do item 'b' do mencionado artigo 197: de certa forma, como o *holdback / escrow* é usado prioritariamente como garantia da parte compradora, que, apesar de ter concordado em remunerar a vendedora, retém uma parcela do preço para ter certeza que não será prejudicada no futuro. O mecanismo do *holdback / escrow* poderia ser enquadrado como o *"direito de o adquirente reaver parte da contraprestação previamente transferida ou paga"* dependendo das condições impostas contratualmente.

Note-se que, nos casos envolvendo *holdback / escrow*, a contraprestação não é previamente *transferida ou paga*, em termos financeiros e jurídicos, pois é retida ou depositada. Contudo, negocialmente, o comprador já concordou que aquele montante em tese é devido ao vendedor, como contrapartida da aquisição, sendo financeiramente retido apenas para fins de garantia. Nos casos envolvendo *escrow*, em especial se a titularidade da conta for do vendedor, poderia até se entender que o valor teria sido de alguma forma *transferido ou pago* – muito embora financeiramente e juridicamente o valor ainda pertença ao comprador, que não iria propriamente "reaver" o valor caso não fosse liberado.

Dessa forma, a definição hoje contida no artigo 197 da IN RFB nº 1.700/2017 não reflete exatamente como o mecanismo funciona, já que nesse caso não há efetiva transferência ou pagamento ao vendedor do valor retido, mas, inegavelmente, retrata a intenção das partes na sua utilização, sendo assim aplicável.

Diferentemente do *earn out*, fica evidente que, na maior parte dos casos, a liberação do *holdback / escrow* está sujeita à uma condição resolutiva: o valor retido já pertence ao vendedor e será liberado ao final do prazo, desde que determinados eventos não se verifiquem. Segue abaixo um exemplo de *escrow* como contraprestação contingente cujo pagamento se sujeita à cláusula resolutiva, na aquisição de uma empresa pela compradora PGI Polímeros do Brasil S.A.[184]:

> Parcela depositada em Escrow: o valor total de R$ 18.400.000,00 (dezoito milhões e quatrocentos mil reais) (ou seja, R$ 0,32 (trinta e dois centavos de real) por ação) será depositado no fechamento da Operação em uma conta de movimentação restrita no Brasil (escrow account) e **será utilizado para garantir a implementação de determinadas obrigações de indenizar assumidas pelos Acionistas Vendedores frente a PGI Brasil, nos termos do Contrato de Compra e Venda, sendo que, se tais obrigações não se tornarem devidas, o valor depositado em escrow será liberado aos Vendedores;** (g.n.).

[184] Disponível em: http://economia.estadao.com.br/fatos-relevantes/pdf/297400.pdf. Acesso em 21.8.2017.

Logo, se o *holdback / escrow* for tratado como contraprestação contingente cujo pagamento está sujeito a condição resolutiva, as mesmas regras tributárias já discutidas acima se aplicariam; ou seja, o comprador teria que avaliar a valor justo todos os ativos e passivos da empresa investida, inclusive o valor retido como contraprestação contingente[185]. Assim, o comprador deveria reconhecer essa contraprestação contingente na data da aquisição como parte da contraprestação transferida em troca do controle da empresa-alvo, sendo que, conforme determina o artigo 178, parágrafo 12, da IN RFB nº 1.700/2017, o comprador estaria autorizado a considerar o valor retido no cálculo do preço de aquisição o que, naturalmente, impactaria o cálculo do eventual *goodwill*.

Contabilmente, o comprador deveria, ainda, registrar como ativo ou passivo financeiro/componente do patrimônio líquido. Em tese, já que o *holdback/escrow*, como um mecanismo de garantia, em regra confere justamente ao comprador o direito de reaver parte da contraprestação transferida, seria contabilizado um ativo. Mas se o próprio comprador entender que a chance de liberar o valor retido é bastante alta, deveria reconhecer o valor como passivo financeiro.

Parece que, do ponto de vista tributário, e na mesma linha do argumento desenvolvido acima, o *holdback / escrow*, na condição de contraprestação contingente cujo pagamento está sujeito a condição resolutiva, deveria compor o preço de aquisição pago pelo comprador, sendo, consequentemente, tratado como preço também para o vendedor.

Mas é claro que, a depender do caso concreto, a liberação do *holdback / escrow* pode sim estar sujeita a uma condição suspensiva. Por exemplo,

---

[185] Avaliar o *holdback* com base no seu valor justo pode ser na prática bastante difícil: como o comprador consegue avaliar, com mínima precisão, a probabilidade de liberar o valor retido em *holdback*? Inclusive, parece ser mais difícil do que avaliar a valor justo o valor do *earn out*, que geralmente está atrelado a metas de desempenho: o comprador pode, por exemplo, avaliar o histórico passado da empresa-alvo e estimar as condições de mercado futuras (taxa de juros, câmbio etc.) para, ao menos, em uma modelagem, estimar a chance de a investida atingir determinado patamar de faturamento. No *holdback*, a dificuldade é maior: como saber se determinada declaração dada pelo vendedor é mesmo verdadeira? E se determinada contingência tributária relacionada à discussão do creditamento de PIS/COFINS for avaliada na época como "perda possível" e meses depois o Supremo Tribunal Federal julga um *leading case* de forma desfavorável ao creditamento, gerando assim dever contratual do vendedor de indenizar o comprador?

imagine que as partes concordaram com o preço de 100, cujo pagamento não está atrelado a nenhuma condição, sendo pago quando do fechamento do negócio, e acordaram ainda com um pagamento adicional de 10 caso o vendedor consiga resolver determinada pendência ambiental em certo período de tempo, regularizando a sua situação. Se conseguir, o vendedor fará jus a mais 10. Poder-se-ia entender que o valor ali depositado seria contraprestação cujo pagamento está sujeito a condição suspensiva: se o vendor obter a regularização, fará jus ao valor, caso contrário não. Independentemente do comprador ter depositado o montante – o que até seria estranho no caso, bastaria a retenção – a natureza da condição seria suspensiva, e não resolutiva (aliás, esse caso seria mais similar ao mecanismo do *earn out*, possivelmente).

Como esse tipo de situação não é tão comum, já que na maioria das vezes o valor depositado serve essencialmente como garantia do comprador, mas já sendo devido ao vendedor como contrapartida da alienação da sua participação societária na empresa-alvo, é que entendemos que, regra geral, o *holdback / escrow* seria preço cujo pagamento estaria sujeito a condição resolutiva.

Mas note-se que, na já mencionada Solução de Consulta nº 3/2016, que será detidamente analisada adiante, a RFB inadmitiu a inclusão do preço retido no custo de aquisição – no caso, depositado em *escrow* para garantir que o vendedor tivesse caixa para pagar por eventual ajuste negativo e/ou eventuais indenizações devidas. Como já adiantado, a RFB entendeu que apenas o preço efetivamente pago e desembolsado pelo comprador poderia ser considerado custo de aquisição. No seu entendimento, "*os valores depositados na conta caução, apesar de essa ter sido aberta em nome dos Vendedores, ainda não podem ser considerados como custo de aquisição, pois esses valores se destinam a cobrir as garantias impostas pelo Comprador, e só estarão à disposição dos Vendedores na forma e nos prazos estipulados em contrato*".

Interessante que a própria RFB apontou que o contrato firmado no caso "*determina que uma parcela do valor total a ser pago aos Vendedores seja depositada numa conta caução, ou seja, esse valor depositado integra o preço acordado entre as partes*", mas, em seguida, concluiu que o valor somente integraria o preço quando definitivamente transferido ao vendedor.

Nessa análise, a RFB desconsiderou o contexto do contrato específico, em especial a própria forma em que a retenção e o depósito em *escrow* foram estruturados, para alegar que o valor retido não representaria "*com fidedignidade*" o preço de aquisição que, a seu ver, não teria sido definido, pois condicionado a eventos futuros e incertos.

Pelo contrário, a inclusão do *holdback* no custo de aquisição é que representaria com fidedignidade a real intenção das partes e o previsto no contrato. Ainda, o pagamento do valor retido visava exclusivamente garantir o cumprimento de eventuais deveres do vendedor.

A RFB se ateve ao aspecto da disponibilidade para desqualificar o *holdback* como preço de aquisição, critério este que está relacionado ao momento da obtenção da renda pelo vendedor; a disponibilidade não é o critério que define, nesse caso, a natureza jurídica do mecanismo contratual.

Mas, ao final, e como já comentado anteriormente, a RFB entendeu que o valor retido poderia compor o custo de aquisição quando do efetivo pagamento, ou seja, quando do implemento da condição. Na prática, a RFB acabou reconhecendo o *holdback* teria sim natureza jurídica de preço, ao admitir inclusive uma hipótese de recomposição do *goodwill*. Nesse sentido, a RFB foi expressa ao mencionar que "*após a incorporação, novos pagamentos feitos aos Vendedores aumentam o valor do custo de aquisição e, consequentemente, o do ágio. O termo inicial para utilização desse ágio adicional, entretanto, será a data do pagamento*".

Logo, seria possível até afirmar que, a despeito do racional adotado, ao final a RFB admitiu que o *holdback* seria preço, tendo desconsiderado, possivelmente, a natureza da condição a que a liberação do preço retido estava sujeita, já que, na essência, entendeu que seria preço cujo pagamento estaria sujeito a condição suspensiva, e não resolutiva.

Na contramão desse entendimento exposto pela RFB, um caso julgado em outubro de 2016 pelo CARF merece especial atenção: no Acordão nº 1402-002.336, o CARF analisou uma autuação lavrada contra a empresa Parker Hannifin Indústria e Comércio Ltda. ("Parker"). Dentre as infrações discutidas – e além de diversas supostas inconsistências do laudo de avaliação técnico apresentado pela empresa – uma nos interessa: o Fisco glosou a amortização do *goodwill* calculado na aquisição da empresa Detroit Plásticos e Metais S.A., alegando que a compradora Parker considerou, indevidamente, o valor retido em *escrow* no custo de aquisição.

Em síntese, em 1.12.2008 a Parker adquiriu a totalidade das ações da mencionada empresa Detroit pelo valor total de R$ 67 milhões. Para garantir o pagamento de eventuais indenizações devidas pelo vendedor ao comprador, as partes concordaram que o montante de R$ 8.2 milhões seria retido e depositado em *escrow*. Desse modo, a compradora pagou à vendedora a diferença de R$ 58.8 milhões, mas considerou como custo de aquisição o montante total de R$ 67 milhões, apurando *goodwill* com base nesse valor.

O Fisco alegou que o custo de aquisição, porém, seria de R$ 58.8 milhões, o montante efetivamente pago à vendedora, desconsiderando no cálculo o valor de R$ 8.2 milhões retido e depositado em *escrow*.

Ao analisar a autuação, o CARF cancelou a glosa das despesas com a amortização do *goodwill*, por entender que a retenção "*não desnatura o valor apurado e avençado*" entre as partes. É relevante destacar que o Relator Conselheiro Paulo Mateus Ciccone reconheceu, de forma expressa, que o *holdback* consiste em "*cláusula com nítido caráter de* **condição resolutiva** *(dependente de evento futuro) e que, se descumprida, implicará nas consequências que derivarem deste fato*".

Dessa forma, apesar de ter analisado a legislação anterior, sem ainda as alterações trazidas na época pela IN RFB nº 1.515/2014, esse precedente[186] é importante porque reconheceu, de forma clara e precisa, que o *holdback / escrow* consiste em mecanismo de garantia ao comprador, e que, tratando-se de contraprestação contingente cujo pagamento está sujeito a cláusula resolutiva, o valor envolvido deve ser considerado para todos os fins como preço, inclusive para fins de apuração do *goodwill*.

Portanto, a despeito do entendimento da RFB acima comentado, e na linha dessa decisão do CARF, seria plausível sustentar que o *holdback / escrow* já compõe o preço pago, contratual e negocialmente, sendo tratado como uma contraprestação contingente cujo pagamento está sujeito a condição resolutiva e, assim, seria razoável que o montante fosse desde logo tratado como efetivo preço de aquisição, consistindo em custo de aquisição para o comprador e eventual ganho de capital para o vendedor. Conforme será visto no item abaixo, a tributação sobre o ganho de capital seria evidentemente diferida para o momento efetivo da liberação ao vendedor, na medida em que o vendedor não teria efetiva disponibilidade sobre o montante, já que justamente retido pela compradora.

---

[186] A Fazenda Nacional recorreu mediante interposição de Recurso Especial, que não foi admitido pela Câmara Superior do CARF (conforme Acórdão nº 9101-002.964, de 25.7.2017).

4.2.1. E a Tributação do Ganho do Vendedor? Novamente a Questão da Disponibilidade

Como já visto acima, o *holdback*, seja na modalidade de simples retenção ou depósito em *escrow*, deveria ser tratado como preço por ambas as partes. A discussão quanto ao vendedor diz respeito, unicamente, em relação à disponibilidade sobre essa parcela de preço, que se aplica tanto no caso de pessoas físicas como jurídicas: enquanto o valor retido não for de fato liberado, o vendedor não tem disponibilidade sobre aquele montante.

Assim, a liberação do valor depende da verificação ou não da condição resolutiva e, mesmo no caso de depósito em *escrow*, e ainda sendo titular da conta, o vendedor não tem autonomia ou poder para determinar o destino dos recursos, que estão adstritos aos termos do contrato principal e em geral do próprio contrato de *escrow*. Assim, o vendedor não tem disponibilidade econômica, porque não pode consumir, usar, transferir ou seja, economicamente não está apto a dispor dos valores retidos.

Por mais que o vendedor tenha direito a receber o preço retido e eventualmente depositado, como esse direito somente será de fato exercido se as condições impostas à liberação se verificarem, então não há que se falar igualmente em disponibilidade jurídica. Assim, na linha do que discutido acima, o direito do vendedor ao recebimento efetivo do valor retido depende de uma condição resolutiva acordada, assim, não é um direito líquido e certo, porque exige confirmação futura.

A despeito do posicionamento inicial adotado pela RFB, o Fisco tem reiteradamente admitido que os valores depositados em *escrow* não devem ser considerados para fins de apuração de ganho de capital enquanto não cumpridos os requisitos necessários para sua liberação. Para ilustrar, mencione-se a Solução de Consulta nº 59/2013, na qual a RFB concluiu que inexiste para o vendedor tanto disponibilidade jurídica ou econômica até liberação dos valores mantidos em *escrow*[187].

Desde o início, o CARF tem apresentado entendimento favorável aos contribuintes. Um caso que vale mencionar é da alienação da participação

---

[187] "Ganho de capital. 'Escrow account'. Tributação. Somente haverá a incidência do Imposto de Renda sobre o ganho de capital, decorrente da alienação de bens e direitos, no tocante a rendimentos depositados em 'escrow account' (conta-garantia), quando ocorrer a efetiva disponibilidade econômica ou jurídica destes para o alienante, após realizadas as condições a que estiver subordinado o negócio jurídico". (Solução de Consulta nº 59, de 27.8.2013).

societária de um executivo na empresa ATACADÃO – Distribuição, Comércio e Indústria Ltda., analisada pelo Conselho em 2014.

No caso, o contrato firmado em maio de 2007 determinou que o preço total da venda era de R$ 1.016.215.200,00[188], mas que o preço estaria sujeito a possíveis ajustes decorrentes da revisão dos balanços patrimoniais a ser realizada pelo comprador.

O contrato estabeleceu que (i) se o valor do ajuste fosse negativo, o montante seria reembolsado pelo vendedor ao comprador, sendo considerado redução do preço de venda – o valor seria descontado da própria *escrow*; (ii) se o valor do ajuste fosse positivo, o comprador teria que pagar um valor adicional, considerado como acréscimo do preço de venda – o valor seria liberado do *escrow*[189]. Nesse contexto, para fins de garantia dos ajustes

---

[188] "4.1. Preço de Aquisição. O preço de aquisição, certo e ajustado, a ser pago pela COMPRADORA aos VENDEDORES, pelas Quotas PRIMART é de R$ 1.016.215.200,00 (um bilhão, dezesseis milhões, duzentos e quinze mil e duzentos Reais) (o "Preço de Aquisição PRIMART"), pelas Quotas LOLY é de R$ 725.868.000,00 (setecentos e vinte e cinco milhões, oitocentos e sessenta e oito mil Reais) (o "Preço de Aquisição LOLY"), pelas Quotas FARID é de R$ 491.356.800,00 (quatrocentos e noventa e um milhões, trezentos e cinquenta e seis mil e oitocentos Reais) o "Preço de Aquisição FARID") (o Preço de Aquisição PRIMART, o Preço de Aquisição LOLY e o Preço de Aquisição FARID doravante referidos em conjunto como o "Preço de Aquisição"), de acordo com as seguintes participações, e nos montantes indicados no Anexo 4.1 a este Contrato (...)".

[189] "4.3.1. As PARTES acordam que o Preço de Aquisição será ajustado, para um valor maior ou menor, com base nos balanços patrimoniais da PRIMART II, LOLY II e ATACADÃO, a serem elaborados pela COMPRADORA, em até 30 (trinta) dias, de acordo com o GAAP Brasileiro, e com data base na Data de Fechamento, cujos valores deverão ser individualmente auditados pela Delloite & Touche, dentro de um prazo adicional de até 30 (trinta) dias, a contar da data de entrega do mesmo pela COMPRADORA (o "Balanço de Fechamento da PRIMART II". o "Balanço de Fechamento da LOLY II" e o "Balanço de Fechamento do ATACADÃO", em conjunto, os "Balanços de Fechamento"). Ao elaborar os Balanços de Fechamento, fica reconhecido e acordado que a COMPRADORA deverá abster-se de fazer qualquer classificação ou reclassificação contrária às Práticas Contábeis Passadas do ATACADÃO. (...)
4.3.4. Caso o Valor de Ajuste do Preço de Aquisição ATACADÃO, calculado de acordo com a fórmula da Cláusula 4.3.3(i) acima, seja um valor positivo; então o montante do Valor de Ajuste do Preço de Aquisição ATACADÃO sera reembolsado pelos VENDEDORES à COMPRADORA. Neste caso, o Valor de Ajuste do Preço de Aquisição ATACADÃO será considerado, para todos os fins, como uma redução do Preço de Aquisição. (...)
4.3.7. Em qualquer uma das hipóteses acima, os valores correspondentes serão reembolsados pelos respectivos VENDEDORES à COMPRADORA mediante a liberação dos valores correspondentes da Conta de Caução de Ajuste. Para tal finalidade, os VENDEDORES se

HOLDBACK E DEPÓSITO EM *ESCROW*

de preço, o contrato determinou a retenção do total de R$ 150.000.000,00 em *escrow account*[190].

É importante mencionar que o contrato de *escrow* previa de forma detalhada a forma de liberação dos valores ali depositados, esclarecendo que a liberação ao vendedor dependia de eventos futuros e incertos – verificação dos balanços patrimoniais realizado pelo comprador.

O valor da venda a que o executivo fazia jus era de R$ 491.356.800,00, sendo que ele recebeu R$ 458.356.800,00 imediatamente, tendo oferecido à tributação o ganho de capital calculado com base nesse montante. O restante de R$ 33.000.000,00[191] foi retido pelo comprador e depositado em *escrow*.

Em setembro de 2007, o vendedor recebeu do *escrow* apenas o valor de R$ 13.384.819,38, o qual então submeteu o ganho de capital à tributação. O Fisco, contudo, exigiu a tributação do ganho considerando o total R$ 33.000.000,00 depositados.

---

obrigam a, nos termos da cláusula 16 abaixo, apresentar ao Agente de Caução as autorizações conjuntas necessárias para que tal liberação seja feita. Na hipótese de os valores depositados na Conta de Caução de Ajuste prevista na Cláusula 16.1 abaixo não serem suficientes para completar qualquer dos reembolsos estabelecidos nas Cláusulas 4.3.4, 4.3.5 e 4.3.6 acima, os respectivos VENDEDORES deverão reembolsar a diferença à COMPRADORA diretamente, mediante TED, para a conta corrente da COMPRADORA a ser indicada para tal finalidade. (...) 4.3.8. Caso o Valor de Ajuste do Preço de Aquisição ATACADÃO, calculado de acordo com a fórmula da Cláusula 4.3.3(i) acima, seja um valor negativo: então o montante do Valor de Ajuste do Preço de Aquisição ATACADÃO será pago pela COMPRADORA aos VENDEDORES, de acordo com atribuição prevista na Cláusula 4.1 acima. Neste caso, o Valor de Ajuste do Preço de Aquisição sera considerado, para todos os fins, como um acréscimo do Preço de Aquisição".

[190] "15.1. Contrato de Caução. De forma a garantir o pagamento de eventual Valor de Ajuste do Preço de Aquisição, que possa ser incorrido pelos VENDEDORES, de acordo com as disposições deste Contrato, a COMPRADORA deverá depositar R150.000.000,00 (cento e cinquenta milhões de Reais) (a "Quantia Caucionada do Ajuste") na Conta de Caução do Ajuste (como definida abaixo), nesta data. A COMPRADORA e os VENDEDORES deverão celebrar um contrato de caução com o Agente de Caução, nesta data, substancialmente nos termos da minuta aqui anexada como Anexo 15.1.1. (o "Contrato de Caução do Ajuste"). O Contrato de Caução do Ajuste deverá reger a administração e as retiradas de fundos depositados pela COMPRADORA, nesta data, em uma conta de caução aberta junto ao Banco Citibank S.A. (o "Agente de Caução"), na Cidade de São Paulo".

[191] O vendedor autuado tinha 22% do capital social, por isso o valor retido em *escrow* foi proporcionalizado em 22% do preço total retido.

A decisão da 2ª Câmara da 2ª Seção do CARF foi unânime[192]. O voto vencedor do Conselheiro Marco Aurélio de Oliveira Barbosa é bastante sucinto, reconhecendo que, nos termos do artigo 117, I, do CTN, a liberação do *escrow* estava condicionada a evento futuro, sendo que, apenas quando da efetiva disponibilidade, o vendedor poderia sofrer a correspondente tributação[193].

Posteriormente, em janeiro de 2015, o CARF analisou outro caso interessante[194], envolvendo a alienação de participação societária da Adriano Ometto Participações S.A. para ASA Bioenergy Holding AG realizada em 2007.

Conforme o contrato de aquisição de participação societária, o preço de USD 327.416.756,00 seria pago da seguinte forma: sinal de USD 10.000.000,00, USD 271.916.756,00 no fechamento e mais USD 45.500.000,00 depositados em conta *escrow*, cuja liberação estava sujeita a determinadas condições. Em outubro de 2007, o vendedor ofereceu à tributação o ganho de capital calculado sobre o sinal e o valor de USD 271.916.756,00.

Em relação aos valores depositados, vale mencionar que a liberação do valor de USD 30.000.000,00 estava condicionada ao fornecimento pelo vendedor de 7,2 milhões de toneladas de cana de açúcar na safra de

---

[192] "GANHO DE CAPITAL. ESCROW ACCOUNT. TRIBUTAÇÃO. Somente haverá a incidência do Imposto de Renda sobre o ganho de capital, decorrente da alienação de bens e direitos, relativo a rendimentos depositados em escrow account (contagarantia), quando ocorrer a efetiva disponibilidade econômica ou jurídica destes para o alienante, após realizadas as condições a que estiver subordinado o negócio jurídico". (Acórdão nº 2202-002.859, de 5.11.2014).

[193] "A incidência do imposto de renda sobre o ganho de capital, decorrente da alienação de bens e direitos, relativo a rendimentos depositados em conta garantia, somente ocorrerá quando ocorrer a efetiva disponibilidade econômica ou jurídica para o alienante, ou seja, quando realizadas as condições a que estiver subordinado o negócio jurídico. Dessa forma, conforme decidido pela primeira instância, está equivocado o procedimento adotado pela Fiscalização em tributar o valor de R$ 33.000.000,00, depositado na contagarantia, ou Conta de Caução de Ajuste, posto que o contribuinte não possuía, em 30/04/2007, disponibilidade econômica ou jurídica sobre essa quantia. Somente em setembro de 2007 houve a disponibilidade de parte do valor depositado na referida conta garantia, quando foi liberada a quantia de R$ 13.384.819,38, de acordo com os documentos de fls. 1.063 e 1.072 a 1.075".

[194] Acórdão nº 2202-002.657, de 22.1.2015.

2008/2009[195]. Interessante que, no caso, essa parcela do *holdback* possivelmente tinha características de *earn out*: o valor foi retido para que o vendedor cumprisse determinada meta e recebesse um valor adicional. Inclusive, note-se que essa condição não foi observada e foi instaurado procedimento arbitral entre as partes, que não tinha sido resolvido até a autuação. Já o valor de USD 15.500.000,00 tinha como propósito garantir o comprador em relação a eventuais danos ou prejuízos causados por contingências pelo prazo de 6 anos[196]. Igualmente, até a autuação o vendedor não tinha recebido qualquer valor liberado pelo comprador.

A 1ª Turma da 2ª Câmara do CARF, de forma unânime, reconheceu que, contratualmente, os valores depositados não eram de titularidade do vendedor, ao menos até cumprimento da condição suspensiva pactuada com o comprador[197].

---

[195] "8.11 – Conta Garantia de Preço. As partes concordam que a parcela do Preço de Compra a que se refere a cláusula 1.3(d) deverá ser depositada em garantia, pela COMPRADORA em favor do VENDEDOR, na Data de Fechamento (a "Conta Garantia do Preço"), e deverá ser liberada em 31 de janeiro de 2009, mediante a constatação, pelas partes, ao final do ano safra 2008/2009, de uma disponibilidade, por pares das SOCIEDADES, DE 7 (SETE) A 7,2 (sete vírgula dois) milhões de toneladas de cana-de-açúcar, computando-se, para tal fim, toda e qualquer cana-de-açúcar disponibilizada às SOCIEDADES pela SAD, pelo AO AGRO e pelos demais terceiros com os quais as SOCIEDADES e a AO AGRO contrataram fornecimento de cana-de-açúcar, arredamento de terras e parceria agrícola, em todas as unidades envolvidas no Negócio de Açúcar e Álcool do VENDEDOR".

[196] "9.6.2 – Garantia. O valor de US 15,500,000.00 (quinze milhões e quinhentos mil dólares dos Estados Unidos da América) (o "Depósito em Garantia") será depositado em uma conta garantia aberta (a "Conta Garantia"), junto ao Banco Credit Suisse que será responsável pela administração, controle, saques e movimentação nos termos definidos no Contrato de Depósito em Garantia ("Contato de Depósito em Garantia") a ser celebrado na Data de Fechamento, com o objetivo de salvaguardar, pelo VENDEDOR e/ou pela AO AGRO, de quaisquer Prejuízos, conforme a minuta que integra este Contrato como Anexo 9.6.2".

[197] "Nesses termos, como acertadamente posto na decisão recorrida de ofício, não há disponibilidade econômica do montante total dos recursos. Ao contrário, há uma identificação clara no negócio contratado do recebimento de parcelas do preço em dinheiro e uma expectativa de direito a um crédito exigível, cuja efetivação sujeitava-se a condições suspensivas consistentes na materialização, ou não, de determinadas contingências. Por esse motivo, deve ser mantida a decisão de primeira instância que exonerou o imposto e a multa do ganho de capital referente aos depósitos em Conta Garantia e Conta Garantia de Preço, referente aos fatos de 25 de setembro de 2007".

Em outro julgamento de março de 2015, a 3ª Câmara da 1ª Turma Ordinária da 1ª Seção seguiu o mesmo entendimento e cancelou a cobrança de IRPJ/CSL sobre valores depositados em *escrow*[198]. A diferença é que, nesse caso, o vendedor era uma pessoa jurídica, a empresa Mercantil Rodrigues Ltda. e o Fisco, quando alegou a disponibilidade em relação ao *escrow*, entendeu que a empresa deveria ter reconhecido e oferecido à tributação o total depositado a título de receita, em observância ao regime de competência, nos termos do artigo 273 do então Decreto nº 3.000/1999 ("RIR/1999"), atual artigo 286 do Decreto nº 9.580/2018 ("RIR/2018").

Trata-se de um argumento interessante utilizado pelo Fisco para exigir a tributação, baseado no fato de que a cláusula do preço no contrato específico previa o valor total, ressalvando uma parcela retida para fins de garantia de futuras eventuais indenizações:

> Em contrapartida à venda das QUOTAS, a COMPRADORA pagará à VENDEDORA, a Zenildo e a Tânia, em uma única parcela, a ser paga, a cada qual na proporção de sua participação no capital social da ASSETCO, na Data de Fechamento, o valor R$ 37.000.000,00 (trinta e sete milhões de reais) (o "Preço das QUOTAS"), o qual se compõe da seguinte forma:
>
> (I) pelos Equipamentos, o valor de R$ 8.264.574,00 (oito milhões, duzentos e sessenta e quatro mil, quinhentos e setenta e quatro reais) (o "Preço dos Equipamentos"), incluídos todos os tributos, taxas e contribuições;
>
> (ii) pelo Goodwill, o valor de R$ 28.235.426,00 (vinte e oito milhões, duzentos e trinta e cinco mil, quatrocentos e vinte e seis reais) (o "Preço do Goodwill), incluídos todos os tributos, taxas e contribuições; e

---

[198] "GANHO DE CAPITAL. AQUISIÇÃO DE DISPONIBILIDADE ECONÔMICA OU JURÍDICA DE RENDA. AUSÊNCIA. Considerados os elementos reunidos ao processo, restando evidenciada a ausência de disponibilidade econômica, eis que os recursos financeiros efetivamente não foram transferidos para a contribuinte, e, ausente também a disponibilidade jurídica em face da existência de cláusula contratual de garantia, descabe computar na apuração do ganho de capital a quantia retida pelo comprador para fins de eventual indenização futura. No caso, caberia à autoridade autuante colacionar provas no sentido de que, ou que a quantia representativa de parte do preço foi efetivamente transferida à fiscalizada, ou que a cláusula introduzida no contrato não produziu os efeitos jurídicos nela previstos". (Acórdão nº 1301-001.802, de 5.3.2015).

(iii) pela indenização pelo Compromisso de Não Competição, nos termos adiante indicados, o valor de R$ 500.000,00 (quinhentos mil reais) (o "Preço de não Competição"), incluídos todos os tributos, taxas e contribuições.

1.7.1. Do Preço das QUOTAS devido à VENDEDORA e previsto na Cláusula 1.7. e a ser pago na Data de Fechamento, acima, será retido pela COMPRADORA e depositado junto a instituição financeira de primeira linha a ser escolhida pelas Partes, na forma prevista na cláusula 5.4., abaixo, a quantia de R$ 6.000.000,00 (seis milhões de reais).

O Fisco tentou alegar que o valor total deveria ser reconhecido integralmente como receita pelo regime de competência. O CARF, no entanto, admitiu que realmente o valor retido comporia o preço, mas, inexistindo disponibilidade jurídica – em razão da condição imposta ao recebimento da parcela – nem econômica – porque o valor não tinha sido ainda transferido efetivamente para a vendedora –, a empresa não teria obrigação de ter reconhecido e tributado essa receita.

Mencione-se que, nesse caso, o Fisco argumentou que o valor retido comporia o preço, cabendo a tributação integral, e que a retenção em *escrow* deveria ser analisada de forma independente, como outro negócio jurídico de mera garantia/caução concedida pela empresa vendedora. O CARF também rebateu essa alegação, pontuando que existe uma *"relação indissociável entre o preço do negócio e a garantia exigida, de modo que essa garantia passa a influenciar o próprio valor ajustado entre as partes"*, descabendo o tratamento tributário segregado pretendido pelo Fisco.

Em síntese, as decisões acima se pautam essencialmente no conceito de disponibilidade jurídica e econômica da renda, nos termos do artigo 43 do CTN. Sem ter direito a fruir economicamente, a despeito de ser titular dos recursos, e / ou sem ter a real titularidade jurídica, o vendedor não pode ser tributado em relação aos valores retidos em *escrow*.

A despeito dessas decisões favoráveis proferidas em sede administrativa, há algumas decisões judiciais em sentido contrário. Destaque-se a decisão proferida pelo Tribunal Federal Regional da 3ª Região[199], ao analisar um caso em que o vendedor pessoa física alienou sua participação societária nas empresas Delamano Soluções e MRO Ltda. e Delamano Montagens e

---

[199] Apelação Cível nº 0000014-60.2012.4.03.6105/SP, Relator Desembargador Carlos Muta, 11.12.2014.

Instalações Industriais Ltda. em 2011 para a compradora Nortel Suprimentos Industriais S/A.

No caso, o vendedor discutiu um benefício fiscal específico vigente à época que concedia isenção do IRPF nas alienações quando transcorridos mais de 5 anos da aquisição da participação societária[200]. Conforme o contrato firmado à época, o preço foi de R$ 35.083.402,00, sendo que o comprador pagou R$ 12.820.892,00 e manteve R$ 17.000.000,00 em *escrow*, como garantia, além de R$ 5.262.510,00 retido a título de *holdback*.

O vendedor impetrou Mandado de Segurança para obter o benefício da isenção não apenas em relação ao preço pago, mas também em relação ao valor depositado em *escrow*.

Ao analisar o tema, o Tribunal primeiro ressalvou que o contrato de *escrow* estaria vinculado, mas não se confundiria com o contrato principal de aquisição de participação societária. Entendeu então que o valor depositado em *escrow* apenas para garantia de eventuais indenizações seria preço de venda, mas depois concluiu que o vendedor já teria disponibilidade sobre tal valor, tendo em vista que a conta *escrow* foi aberta em nome do vendedor e caberia ao vendedor remunerar o agente depositário pelos serviços prestados – muito embora a conta somente pudesse ser movimentada mediante atuação conjunta do vendedor e do comprador.

Misturando diversos conceitos, o Tribunal apontou que o vendedor teria disponibilidade jurídica e econômica sobre o valor do *escrow*, mas teria concordado com o comprador com a *indisponibilidade financeira* para garantia de eventuais danos. O conceito de "indisponibilidade financeira" foi usado no caso como uma forma de justificar a decisão de tributar o *escrow*.

Como o contrato de aquisição determinou a liberação gradual do *escrow* durante 5 anos, se não verificadas contingências, o Tribunal concluiu que o vendedor teria plena disponibilidade sobre o valor no fechamento do negócio, em 2011, devendo nesse momento recolher o IRPF. Adicionou, ainda, que se porventura o valor do *escrow* não fosse liberado ao vendedor, a tributação deveria ser ajustada em razão da *"redução da renda disponível"* – sem detalhar como esse ajuste deveria ser feito, limitando-se a mencionar que essa questão deveria ser resolvida na *"declaração do imposto de renda do período-base em que ocorrido ou vier a ocorrer o evento"*.

---

[200] Já revogado artigo 4º, 'd' do Decreto-Lei nº 1.510/1976.

Essa decisão não deveria ser considerada um precedente propriamente da matéria, porque a análise foi superficial e não considerou o contexto negocial como um todo, mas, de todo modo, merece ser citada porque mostra a dificuldade dos Tribunais de compreender temas como o presente e reforça para a necessidade de redação de cláusulas claras que não deixem margem para interpretações.

É preciso analisar cada caso e as condições específicas acordadas contratualmente para verificar se o vendedor tem mesmo disponibilidade sobre os valores depositados em *escrow*. Se o vendedor tiver poder de sacar, emprestar ou usar os valores depositados, controlar sobre o investimento sem obrigação de consultar o comprador, se as condições para liberação dependerem unicamente do tempo (venda parcelada) etc., é possível que o Fisco se utilize desses elementos para exigir que a tributação recaia integralmente no momento da alienação.

4.2.2. E se o Valor Retido não for Liberado ao Vendedor? Impactos da Redução do Custo de Aquisição

Tratando o *holdback* / *escrow* como preço, ou seja, custo de aquisição, de fato existe um problema se a condição resolutiva vir a se verificar, situação na qual o direito do vendedor ao recebimento da parcela do preço retida se extinguirá. Nesse caso, quais seriam as consequências para o comprador e para o vendedor?

Como já mencionado, em especial no item em que analisamos o tratamento no caso do *earn out* não ser pago, o artigo 196 da IN RFB nº 1.700/2017, em seu parágrafo 2º, se limita a afirmar que os ajustes relativos às contraprestações contingentes deverão ser efetuados no e-LALUR e no e-LACS para fins de apuração do lucro real[201]. Na mesma linha do que já foi dito, a princípio, entendemos que, caso o valor do *holdback* tenha sido inicialmente considerado no custo de aquisição, caberia o ajuste posterior do custo – com o eventual estorno proporcional das despesas com a amortização

---

[201] O chamado e-LALUR é o Livro Eletrônico de Escrituração e Apuração do Imposto sobre a Renda e da Contribuição Social sobre o Lucro Líquido da pessoa jurídica. O e-LACS é o Livro Eletrônico de Escrituração e Apuração da Contribuição Social sobre o Lucro Líquido. Ambos partem das demonstrações contábeis para ajustar o lucro real com adições e exclusões previstas na lei, resultando na apuração do lucro tributável. O referido dispositivo 196 estabelece que os reflexos das contraprestações contingentes, ou seja, eventuais adições de rendimento ou receita ou despesas dedutíveis, serão apuradas no lucro real pelo e-LALUR e e-LACS.

do *goodwill*, cabendo todos os consequentes ajustes retroativos na apuração do lucro real – quando da implementação da condição resolutiva.

Como vimos acima no Acórdão nº 1402-002.336, o CARF reconheceu que o *holdback* seria custo de aquisição. Naquela ocasião, cumpre destacar que o Conselho indicou que, caso a condição resolutiva se verificasse, ou seja, se o vendedor não recebesse o valor ali depositado, caberia à compradora *"recompor o seu ativo com o reingresso do numerário, **estornar parte da operação de ágio, reverter os registros contábeis e adicionar os valores** antes deduzidos das bases imponíveis de IRPJ e de CSLL, recolhendo os tributos e encargos pertinentes"*. (g.n.). E ainda comentou que, se assim não o fizesse, o Fisco teria o prazo decadencial para lançar de ofício os valores devidos, com acréscimo de multa de ofício e juros.

Portanto, apesar de inexistir uma obrigação clara nesse sentido na atual legislação, como discutido acima, parece que seria plausível que o comprador estornasse parcialmente as despesas com o *goodwill*, na proporção da contraprestação contingente cuja condição resolutiva se verificou posteriormente, retroagindo para ajustar a apuração do lucro real, eventualmente oferecendo esses valores à tributação pelo IRPJ/CSL (34%) – a princípio não caberia PIS/COFINS sobre a redução do custo de aquisição, como visto acima.

Para o vendedor, por outro lado, não haveria muito impacto: se o valor retido não for liberado, uma vez constatada a condição resolutiva, não haverá disponibilidade sobre o preço, e, portanto, não haverá a correspondente tributação.

4.2.3. A Recuperação do Valor Retido pelo Comprador Poderia ser Tratada como Indenização, em vez de Redução de Custo de Aquisição?

Como será discutido adiante de forma mais detalhada, as cláusulas de indenização são muito comuns em contratos de aquisição de participação societária. Regra geral, essas indenizações contratuais no contexto de operações societárias visam apenas garantir que o comprador não arcará sozinho, pós-fechamento, com eventuais perdas, prejuízos e despesas originadas na administração anterior. Exceto em alguns casos específicos e com certas limitações de prazo e valores máximos, as partes geralmente concordam que o vendedor assume responsabilidade de indenizar o comprador por todo o período passado.

HOLDBACK E DEPÓSITO EM *ESCROW*

Vale refletir sobre uma hipótese em que o comprador e o vendedor concordam com o preço e o comprador retém uma parcela em *escrow* tão-somente para garantir eventuais indenizações devidas. Se o dever de indenizar se concretizar, total ou parcialmente em relação ao valor depositado na *escrow*, não seria possível tratar o valor recuperado pelo comprador como indenização, evitando o tratamento acima? Mesmo tendo o comprador considerado o valor retido como custo de aquisição?

Vejamos com um exemplo numérico: imagine que o preço de alienação de uma participação societária é 100, sendo que 80 foi pago ao vendedor e 20 retido em *escrow*, e que o *escrow* pretende unicamente garantir o pagamento de indenizações ao comprador. Agora vamos inserir uma cláusula que permite ao comprador automaticamente descontar do valor depositado em *escrow* o valor pleiteado a título de indenização, o que geralmente acontece na prática. Algo nessa linha[202]:

> (c) Valor Retido – Holdback: o montante de R$ 106.869.003,96 (cento e seis milhões, oitocentos e sessenta e nove mil, três reais e noventa e seis centavos), o qual corresponde a R$ 1,87447 por ação, será pago aos Acionistas Vendedores em determinadas circunstâncias definidas no SPA, e estará sujeito ao acréscimo de uma taxa fixa de juros de 9,5% ao ano, contado a partir da Data de Fechamento.
>
> (i) O Valor Retido deverá servir como garantia e única fonte de pagamento das obrigações de indenização em relação às Demandas Fiscais Especiais, e **deverá ser deduzido do montante devido aos Acionistas Vendedores** de tempos em tempos, tendo em vista as Perdas eventualmente incorridas pela Ofertante ou suas partes relacionadas em relação a uma Demanda Fiscal Especial, na data em que tal Perda tenha efetivamente ocorrido, de acordo com a Cláusula 10.4 do SPA. (g.n.).

No exemplo acima, o comprador é autorizado a descontar do valor retido e devido ao vendedor as perdas incorridas por demandas indenizáveis. Esse tipo de mecanismo é geralmente adotado, porque, em termos de fluxos financeiros, é muito mais simples para ambas as partes: ao invés do comprador liberar o total do *holdback / escrow* ao vendedor e então o vendedor

---

[202] Disponível em: http://sistemas.cvm.gov.br/dados/LaudEditOpa/RJ-2014-07376/20150911_Edital.pdf. Acesso em 21.8.2017.

desembolsar o montante da indenização e remeter de volta ao comprador, o comprador simplesmente recupera a sua indenização diretamente do valor depositado em benefício do vendedor. É mais eficiente em termos de remessas de valores entre as partes.

Voltando ao exemplo: se o comprador considerar como custo de aquisição 100, e, ao final do período, houver um evento que gerou uma perda indenizável de 10, sendo que somente 10 do valor em *escrow* foi liberado ao vendedor, como o comprador deveria tratar os 10 recuperados? Como uma redução do custo de aquisição de 100 para 90 ou mantendo o custo de 100 e tratando os 10 como indenização recebida?

Parece ser difícil defender que o custo de aquisição permaneceu sendo 100, na medida em que o valor depositado em *escrow*, como compunha o custo de aquisição, sofreu uma redução, ainda que por conta de uma perda indenizável. Seria, a princípio, contraditório defender que os 10 seriam pura indenização do comprador, porque a premissa é que o *holdback* era preço para todos os fins. Inclusive, pela própria lógica da argumentação desenvolvida acima, no sentido de que o *holdback* consiste em uma contraprestação contingente cujo pagamento está sujeito a condição resolutiva, eventual redução do valor do *holdback* implicaria, automaticamente, o implemento, ainda que parcial, da condição resolutiva, com a extinção dos efeitos jurídicos que foram produzidos quando da celebração do contrato. Ou seja, os efeitos são nulos, de modo que aquele custo originalmente computado não poderia ter sido calculado com aquele montante da contraprestação, cabendo agora ao comprador considerar as consequências dessa redução.

Não seria, portanto, factível defender que, na essência, a par do "desconto" contratual que o comprador poderia fazer, e a despeito dos fluxos financeiros, a natureza jurídica restaria preservada, de modo que os 10 seriam mera indenização. O *holdback* era preço, mas atrelado a uma condição resolutiva, que precisa ser confirmada ou não: se ela se implementa, significa que aquela parcela de preço acordada pelas partes não se concretizou, o vendedor teve o seu direito ao recebimento dessa parcela extinto, consequentemente, o comprador também teve o seu custo de aquisição afetado. Não se pode assim ignorar a existência da condição resolutiva.

Além disso, a própria cláusula que permite esse tipo de "desconto" da indenização em relação ao valor devido ao vendedor a título de preço provisoriamente retido reflete a intenção das partes em reduzir o preço

HOLDBACK E DEPÓSITO EM *ESCROW*

a ser pago quando da ocorrência de eventos indenizáveis, o que também não pode ser desconsiderado.

Note-se que essa espécie de "desconto" envolve uma compensação entre as partes. A esse respeito, vale mencionar que o instituto da compensação encontra fundamento no artigo 368 do CC/2002, segundo o qual *"se duas pessoas forem ao mesmo tempo credor e devedor uma da outra, as duas obrigações extinguem-se, até onde se compensarem"*.

Como aponta Hamid Charaf Bdine Jr.[203], a compensação pressupõe, como requisito, que as dívidas sejam líquidas e certas, além de vencidas e fungíveis entre si, isto é, podem ser substituídas, desde que não causem, obviamente, qualquer prejuízo a terceiros. A compensação é admitida pela sua própria facilidade prática: as partes economizam tempo e dinheiro e conseguem liquidar mutuamente suas respectivas obrigações. O seu efeito é objetivo: a extinção das dívidas[204]. Se a compensação for parcial, a dívida de uma das partes pode continuar.

Sílvio de Salvo Venosa[205] bem destaca que a compensação pode ser definida como um verdadeiro "acerto de contas" entre as partes, consistindo em uma forma indireta de extinção de obrigações, já que inexiste efetivo pagamento, mas, a despeito disso, as obrigações se extinguem por via oblíqua.

Existem inclusive compensações no âmbito tributário: o contribuinte que tem um indébito pode, ao invés de receber um precatório do Estado, compensar o crédito decorrente do indébito com débitos próprios[206].

O mecanismo da compensação é utilizado em contratos de aquisição de participação societária com relativa frequência, não apenas envolvendo *holdback*, mas todas as cláusulas de ajuste. Daniel Rodrigues Alves[207] bem comenta que é absolutamente comum que as partes estipulem que eventuais parcelas de *earn out* sejam utilizadas para garantir indenizações,

---

[203] BDINE Jr., Hamid Charaf. In Código Civil comentado: doutrina e jurisprudência. Coordenador Cezar Peluso. 3ª edição. São Paulo: Manole, 2009. Pg. 369.

[204] Conforme reconhecido pelo STJ no Recurso Especial nº 1.524.730, de 18.8.2015.

[205] Ibidem. p. 269.

[206] Inclusive como expressamente autorizado pelo STJ e objeto da Súmula 461: "O contribuinte pode optar por receber, por meio de precatório ou por compensação, o indébito tributário certificado por sentença declaratória transitada em julgado".

[207] Ibidem. p. 51.

por exemplo: o comprador, em regra, fica autorizado a descontar do preço quaisquer valores devidos de indenização.

Assim, os contratos geralmente estabelecem, nos casos de *earn out* e *holdback / escrow*, que o comprador tem o direito de compensar os danos eventualmente sofridos ou ajustes negativos contra eventuais parcelas de preços devidas ao vendedor e vice-versa.

Há uma série de vantagens na utilização desse instituto: o comprador tem mais segurança de que vai de fato ser indenizado pelos possíveis danos causados por passivos materializados ou mesmo por declarações falsas do vendedor. O vendedor, por sua vez, pode se valer desse mecanismo para reduzir outras garantias exigidas pelo comprador.

A despeito dessas vantagens, a compensação gera uma série de problemas práticos na esfera tributária. Desde logo, note-se que, juridicamente, há 2 negócios distintos que, analisados individualmente, geram reflexos tributários específicos. Compensar esses efeitos pode ser algo extremamente problemático na esfera tributária.

A RFB já teve a oportunidade de se manifestar sobre o tema por ocasião da Solução de Consulta nº 203/2011[208], na qual examinou um caso em que uma empresa brasileira, que desenvolvia e licenciava *softwares*, prestava serviços de assistência técnica no Brasil para empresa estrangeira. Como a empresa brasileira teria que pagar *royalties* e remeter recursos ao exterior para a empresa estrangeira, e, ao mesmo tempo, teria direito de receber da empresa estrangeira a remuneração pelos serviços de assistência técnica prestados, a empresa brasileira consultou o Fisco para confirmar se tal

---

[208] "ASSUNTO: IMPOSTO SOBRE A RENDA RETIDO NA FONTE – IRRF ROYALTIES PAGOS AO EXTERIOR. COMPENSAÇÃO COM SERVIÇOS PRESTADOS. RECOLHIMENTO DO IRRF NA DATA DE REGISTRO CONTÁBIL DA APROPRIAÇÃO DA DESPESA OU DA COMPENSAÇÃO.

O imposto de renda na fonte relativo aos royalties pagos à pessoa jurídica domiciliada no exterior por meio de compensação com serviços prestados no País à mesma pessoa jurídica deve ser recolhido pela fonte pagadora, por meio de DARF, na data correspondente ao registro contábil da apropriação da despesa ou na data do pagamento, o que ocorrer primeiro. (...)

ASSUNTO: CONTRIBUIÇÃO PARA O PIS/PASEP PRESTAÇÃO DE SERVIÇOS A PJ DOMICILIADA NO EXTERIOR. PAGAMENTO POR COMPENSAÇÃO. NÃO INCIDÊNCIA. Não incide a Contribuição para o PIS/Pasep sobre as receitas decorrentes da prestação de serviços a pessoa jurídica domiciliada no exterior, quando o pagamento pela prestação de serviços for feito por compensação com outras obrigações que implicariam a remessa de divisas e desde que obedecidas as normas cambiais estabelecidas pelo Banco Central do Brasil".

compensação entre dívidas e créditos recíprocos seria autorizada, e, caso positivo, saber qual seria o tratamento tributário adequado, assumindo que não haveria remessa nem ingresso de valores entre as empresas.

Como, em tese, o pagamento de *royalties* ao exterior estaria sujeito ao IRRF, a empresa brasileira indagou à RFB se/como/quando deveria ser pago o imposto, em especial considerando a ausência de base de cálculo, bem como em relação aos tributos devidos na prestação de serviços no Brasil (PIS/COFINS).

Apesar de, no caso específico, ter justificado a impossibilidade de compensação com base na legislação cambial, que exige que as transações sejam identificadas para fins de registro no BACEN pelo valor integral, a RFB apontou que a compensação seria uma *"forma de pagamento admitida no direito privado e perfeitamente válida, desde que obedecida a disciplina estabelecida pelo Banco Central do Brasil"*.

Para fins de IRRF, a RFB exigiu o pagamento por entender que o fato gerador nesse caso seria o pagamento, o crédito, o emprego ou remessa ao exterior. Na sua visão, como o crédito contábil representaria a disponibilidade dos recursos de titularidade da empresa no exterior, caberia sim a cobrança do imposto. Para fins de PIS/COFINS, a conclusão da RFB foi distinta, mas por outra razão: há regra de não incidência no caso de exportação de serviços, desde que o pagamento implique *"ingresso de divisas"*.

A RFB apontou que, muito embora não tivesse ocorrido efetivo ingresso de recursos no Brasil pela remuneração dos serviços de assistência técnica, a regra da não incidência deveria ser aplicada, porque *"o fato de não haver entrada efetiva de moeda estrangeira não significa que a prestação de serviços a estrangeiro não repercutiu num ingresso de divisas"*. No seu entendimento, os serviços foram sim pagos mediante a *"compensação de outros valores que seriam remetidos"*.

Assim, o que se pode perceber é que, nesse caso, muito embora tenha admitido a compensação, nos termos da legislação civil, a RFB tratou de forma separada as operações – no caso, o pagamento de *royalties* e o recebimento de preço pelo serviço prestado – analisando as regras tributárias aplicáveis a cada operação e os respectivos tributos devidos. A premissa adotada pelo Fisco parece ter sido no sentido de que a compensação equivale ao pagamento da dívida, e, sendo ambas as dívidas pagas, deve-se verificar os respectivos tratamentos tributários.

Portanto, considerando o entendimento do Fisco, é preciso atenção na compensação entre os mecanismos contratuais, para que não sejam ignorados os reflexos tributários das transações isoladas e sejam considerados apenas os valores líquidos.

Nesse sentido, voltando ao exemplo hipotético acima – em que o preço é de 100, 20 foram retidos em *escrow*, e, em razão de uma perda indenizável de 10, o comprador compensou o preço de 20 devido ao vendedor com os 10 a que fazia jus pelo evento indenizável – se tratarmos as duas operações de forma segregada, como pretende o Fisco, teríamos a princípio: preço mantido em 100, para fins de custo de aquisição do comprador e eventual *goodwill* apurado, e eventual ganho de capital do vendedor calculado com base no preço de 100; e ainda recebimento de indenização de 10 pelo comprador (eventualmente tributável) e pagamento de despesa de indenização de 10 pelo vendedor. Mas segregar dessa maneira faz sentido?

É preciso ponderar que, na essência, os 20 retidos em *escrow* compunham o preço da aquisição da participação societária e que, portanto, a sua natureza jurídica é de preço. Como o pagamento efetivo dos 20 estava sujeito a uma condição resolutiva, e ela se implementou parcialmente, não há como negar que os 10 liberados ao vendedor são preço e os 10 mantidos pelo comprador são redução de seu custo. Nesse caso específico, considerar o "desconto" contratual como uma compensação poderia, na realidade, desvirtuar a natureza jurídica do *holdback / escrow*, pois, se aplicado de forma estrita e literal o entendimento do Fisco, o valor retido e depositado deixaria de ser preço, tendo a sua natureza jurídica transformada de preço para indenização, pelo simples mecanismo de desconto.

E essa conclusão, na realidade, parece ser o oposto do que o Fisco pretendeu na mencionada Solução de Consulta nº 203/2011: respeitar a verdadeira natureza jurídica de cada transação. Assim, é preciso tomar cuidado para que os mecanismos contratuais de "desconto" em contratos de fusões e aquisições não sejam indevidamente interpretados, sem restrições, como compensações, gerando efeitos tributários descontextualizados.

Se de fato não houver uma compensação, por exemplo, se não houver retenção de preço, e o comprador tiver a obrigação contratual de realizar o pagamento de uma parcela de preço adicional de ajuste positivo de 100, e o vendedor tiver que pagar uma indenização por uma perda específica de 10, sendo simultaneamente credores e devedores, então de fato nesse cenário haveria 2 operações jurídicas distintas: o pagamento de uma parcela de preço de 100 e o pagamento de indenização de 10, cabendo, obviamente, os respectivos impactos tributários.

Fica claro que todo cuidado com os impactos de "descontos" e compensações entre mecanismos de ajuste de preço é pouco. E é interessante notar que pautar a tributação unicamente pelos fluxos financeiros – no exemplo, se analisado sob esse ponto de vista, vê-se o pagamento do comprador de 90 ao vendedor, e não o pagamento de 100 de preço e recebimento de indenização de 10 – pode gerar em alguns casos um risco para as empresas, cabendo à contabilidade retratar a realidade das operações, refletindo os diretos e inclusive indiretos fluxos financeiros.

Vale também comentar a respeito dos efeitos da não liberação do valor retido no caso em que o comprador não considerou o montante retido de 20, por exemplo, como custo de aquisição, tendo considerando como custo apenas 80. Se, ao final do período, houve um evento que gerou uma perda indenizável de apenas 10, sendo que os outros 10 do valor retido em *escrow* foram liberados ao vendedor, como o comprador deveria tratar os 10 liberados e os 10 recuperados? Certamente os 10 liberados seriam então preço para o comprador e também para o vendedor, com os respectivos efeitos, mas o 10 "recuperados" pelo comprador teriam mesmo natureza de redução do preço? O comprador já não considerou apenas 80 como preço?

Nesse caso, provavelmente, o comprador considerou os 20 do valor retido como seu próprio ativo, de modo que, ao liberar 10, os 10 seriam preço efetivo, mas os 10 recuperados na realidade nunca foram de titularidade do vendedor, tendo sempre pertencido ao comprador, não havendo propriamente uma "recuperação" ou "devolução". Como não há entrada de recursos, nem jurídica, contábil ou financeiramente, ao patrimônio do comprador, em tese não haveria quaisquer impactos – inclusive também não haveria impactos para o vendedor, que não realizou qualquer pagamento ou remessa dos 10 ao comprador.

Por fim, no caso do *holdback*, há um cenário em que o tratamento como indenização do valor recuperado pelo comprador seria factível, mas que não ocorre com frequência na prática: o comprador libera do *escrow* a parcela do preço retida e, subsequentemente, o vendedor paga efetivamente ao comprador a indenização devida; ou seja, não há compensação. Nesse cenário, existiriam duas operações jurídicas distintas e segregadas, ainda que contratualmente bem amarradas: a extinção da cláusula resolutiva e a liberação do *holdback* ao vendedor (confirmando o custo originalmente apurado) e subsequente pagamento de indenização pelo vendedor ao comprador. Assim, possivelmente, não seria necessário nenhum ajuste no custo de aquisição, nem no *goodwill* anteriormente calculado.

Nesse cenário hipotético, porém, seria preciso considerar os efeitos tributários do pagamento da indenização tanto para o comprador como para o vendedor, como será posteriormente detalhado no capítulo 6. Isso porque a legislação tributária diferencia os valores recebidos conforme a espécie de indenização: os valores recebidos a título de indenização por danos emergentes não estão sujeitos à tributação, por representarem mera recomposição de patrimônio, mas os valores recebidos a título de indenização por lucros cessantes estão sujeitos à tributação, por representarem acréscimos patrimoniais futuros.

A princípio, os valores retidos que forem recuperados pelo comprador não representariam efetivo acréscimo patrimonial e não deveriam se sujeitar à tributação pelo IRPJ/CSLL: seriam mera indenização devida pelo vendedor pelos dados sofridos pelo comprador. Em termos de fluxos financeiros, o fato de que os valores efetivamente não têm seu controle alterado – nunca deixam de estar sob controle do comprador – não deveria afetar essa natureza. O comprador, portanto, não auferiria acréscimo patrimonial efetivo nem receita nova.

Mas cabe aqui já a ressalva, que será desenvolvida mais adiante, no sentido de que o tratamento da indenização não é tão simples na prática e imune a questionamentos pelo Fisco, porque, muitas vezes, o valor recuperado do *escrow* não é idêntico ao valor efetivamente do dano apurado pelo comprador. O próprio conceito contratual de "perda indenizável" pode ensejar o direito à indenização do comprador sem que o "dano material" tenha efetivamente ocorrido.

Nessa hipótese, além dos problemas envolvidos no tratamento do *holdback / escrow* recuperado como indenização para fins de IRPJ/CSL, haveria risco para o comprador quanto à incidência de PIS/COFINS caso a indenização fosse tratada como receita, seja operacional, não operacional ou mesmo financeira.

Portanto, ao redigir as cláusulas e compor os mecanismos de garantia e indenização, é preciso ponderar a respeito dos impactos tributários de cada estrutura: para o comprador, tratar inicialmente o *holdback / escrow* como preço e reduzir o custo de aquisição e *goodwill* posteriormente caso o valor retido não seja liberado ao vendedor tem implicações para fins de estorno das despesas com amortização do *goodwill*, como visto, e, por outro lado, manter o valor retido como custo e tratar a não liberação como indenização pode gerar questionamentos quanto ao IRPJ/CSLL e ainda PIS/COFINS.

Para o vendedor, também há consequências nesse tratamento: se tratar como preço, em razão da disponibilidade, somente iria tributar em caso de liberação do valor. Se não reconhecer como preço e, posteriormente, tratar como indenização, haveria discussão quanto à dedutibilidade dessa despesa, no caso de pessoa jurídica. Esse aspecto também será analisado de forma mais aprofundada no capítulo 5 abaixo.

Mas esse cenário não acontece com frequência, justamente porque, como dito, as partes preferem adotar o mecanismo de compensação em que o comprador já desconta do valor a ser liberado da conta *escrow* o valor a que faz a título de indenização.

De toda maneira, é imprescindível que se analisem os pagamentos, os descontos e as compensações realizados no âmbito de um contrato complexo de aquisição de participação societária como um todo, ponderando a respeito da natureza jurídica de cada valor e de cada mecanismo para evitar tratamentos inadequados que desconsiderem a natureza verdadeira envolvida.

4.3. Peculiaridades no Tratamento da *Escrow*: a Tributação de Rendimentos Financeiros

Vale mencionar um aspecto polêmico no caso de *holdback* depositado em *escrow*: o tratamento tributário sobre os rendimentos auferidos sobre os valores depositados. Isso porque não faz qualquer sentido as partes disporem de valores para fins de garantia e deixarem os montantes sem qualquer investimento, sem gerar um mínimo rendimento. Por isso, é normal que o próprio contrato de *escrow* firmado disponha sobre a aplicação dos valores, que geralmente é feito pelo próprio agente depositante, como no exemplo abaixo[209]:

> O Comprador neste ato concorda em depositar, nesta data, junto ao Agente Depositário, a quantia agregada de R$ 18.400.000,00 (...). O Depósito será mantido em uma conta bancária de movimentação restrita em nome do

---

[209] Disponível em: https://www.itau.com.br/_arquivosestaticos/itauBBA/Prospectos/Contrato_Senior_de_Escrow_da_Providencia.pdf. Acesso em 21.8.2017.

Comprador conforme descrição contida no Anexo I ao presente Contrato (a "Conta Controlada"). O Agente Depositário manterá o Depósito na Conta Controlada e, sujeito aos termos e condições deste Contrato, investirá e desinvestirá os recursos financeiros referentes ao Depósito e os rendimentos deles auferidos (os "Recursos") de acordo com o disposto na Cláusula 3 abaixo (...).

A discussão é: como deveriam ser tributados os rendimentos financeiros dos valores depositados? É importante notar que a tributação é distinta para o comprador, no caso de recuperação dos valores, e para o vendedor, no caso de recebimento dos depósitos.

Assumindo, como visto acima, que os valores retidos compõem o preço de aquisição, se o comprador vier a recuperar, trata-se de uma redução de seu custo, que deveria ser oferecida à tributação, a princípio. Assim, todo valor recuperado deveria ser tratado como redução do custo? Ou o comprador poderia segregar e proceder ao ajuste, inclusive do *goodwill*, somente em relação ao valor principal depositado, e tratar como receita financeira os rendimentos do *escrow*?

Frise-se que, para o comprador pessoa jurídica, ao tratar como redução de custo, deveria estornar a parcela das despesas com a amortização com *goodwill*, retroagindo para ajustar o lucro real dos períodos passados, e eventualmente reconhecer o resultado do estorno como receita sujeita à tributação pelo IRPJ/CSL à alíquota conjunta de 34%, sem incidência de PIS/COFINS à alíquota conjunta de 9,25%, como vimos acima, por se tratar de recuperação de custo sem ingresso de nova receita; já no caso de receitas financeiras, haveria tributação pelo IRPJ/CSL à mesma alíquota conjunta, mas haveria incidência do PIS/COFINS sobre a receita financeira, à alíquota de 4,65%.

No caso de o vendedor receber os valores retidos e depositados em *escrow*, existe a mesma dúvida: poderia tributar o valor total, incluindo os rendimentos, para fins de apuração de eventual ganho de capital? Ou deveria segregar entre eventual ganho de capital e rendimentos financeiros? No caso de pessoa física, a diferença seria a alíquota progressiva regular de IRPF no caso de rendimentos financeiros até 27,5% ou alíquota sobre o ganho de capital de até 22,5%; já no caso de vendedor pessoa jurídica haveria incidência de alíquota conjunta de IRPJ/CSL de 34% seja sobre eventual ganho ou sobre rendimentos financeiros, mas vale lembrar que

HOLDBACK E DEPÓSITO EM *ESCROW*

não incidiria PIS/COFINS no caso de não segregação dos valores, por se tratar alienação de participação societária, sendo que, se houver segregação, incidiriam as contribuições sobre a parcela correspondente às receitas financeiras à alíquota de 4,65%.

Muito embora não exista tratamento tributário específico, é preciso considerar a natureza real dos rendimentos sobre os valores depositados. E, nesse contexto, é preciso ponderar se a natureza jurídica dos rendimentos é a mesma do próprio valor depositado: seriam oriundos de negócios jurídicos distintos ou teriam a mesma origem? Com fundamento no princípio do Direito Civil[210] de que o acessório deve seguir o principal, os rendimentos financeiros seriam acessórios ao principal, no caso, o depósito em si. Considerando que os juros auferidos sobre os valores depositados sequer existiriam se não fosse o acordo pelo depósito, poderia parecer desarrazoada qualquer tentativa de segregação.

Seguindo essa linha de raciocínio, se os juros forem recuperados pelo comprador, caberia o respectivo ajuste no custo de aquisição e estorno das despesas com a amortização de eventual *goodwill*, proporcionalmente ao montante recuperado de *holdback*; se os juros forem eventualmente recuperados pelo vendedor, caberia o tratamento de todo montante como preço para fins de apuração de ganho de capital, sujeito à regular tributação.

Cabe apontar que, nos próprios contratos de aquisição de participação societária, é relativamente comum a previsão de atualização das parcelas de preço, especialmente se tratando de *earn out* ou *holdback* simples, sem *escrow*, mediante utilização de índices de inflação (como IGPM, IPCA etc.). Agora imagine que o próprio contrato de aquisição de participação societária (além do contrato de *escrow*) também disponha que, no caso de *escrow*, a parcela de preço devida ao vendedor, ainda que venha a ser recuperada pelo comprador, será sujeita a investimentos tão-somente para recompor a perda inflacionária. Nesse caso, essa disposição contratual reforçaria o entendimento de que os juros seriam acessórios do principal depositado?

É importante destacar que, em diversas situações envolvendo imposto de renda, a jurisprudência já aplicou essa determinação do Direito Civil, reconhecendo o mesmo tratamento tributário ao acessório que segue o

---

[210] "Art. 92. Principal é o bem que existe sobre si, abstrata ou concretamente; acessório, aquele cuja existência supõe a do principal".

principal, por exemplo, no caso de juros de mora pagos em razão de verbas reconhecidas em reclamação trabalhista cuja natureza é remuneratória[211].

Não obstante, é preciso também levar em consideração que os atos que deram origem aos valores são distintos: o principal depositado em *escrow* é preço para todos os fins e foi originado da operação de alienação de participação societária; diferentemente, os rendimentos financeiros foram originados de um investimento financeiro específico realizado após o depósito e feito pelo agente bancário responsável por gerir os recursos ali depositados.

Além disso, frise-se que o Fisco nem sempre tem aplicado a regra de que o acessório deve seguir o principal. Cabe mencionar que, ao tratar do caso de venda a prazo, situação na qual normalmente o contrato de aquisição estabelece a aplicação de algum índice de correção monetária ou atualização para que o vendedor não sofra com eventual perda financeira em razão da inflação, o artigo 19, parágrafo 3º, da Instrução Normativa nº 84/2001[212] determina que os valores recebidos a título de reajuste, independentemente da sua designação (juros, reajuste de parcelas, correção monetária etc.), não compõem o preço do negócio, cabendo a tributação regular (tabela progressiva até 27,5% via carnê-leão para pessoa física e 34% para pessoa jurídica).

Em situações envolvendo essa figura do pagamento parcelado, a RFB já apresentou entendimento aplicando justamente a disposição infralegal acima. Na Solução de Consulta nº 44/2013[213], por exemplo, a RFB entendeu

---

[211] Apenas a título exemplificativo confira a decisão do Superior Tribunal de Justiça no Agravo Regimental no Agravo Regimental no Agravo em Recurso Especial nº 578.443/SP, de 19.5.2016.

[212] "§ 3º. Os valores recebidos a título de reajuste, no caso de pagamento parcelado, qualquer que seja sua designação, a exemplo de juros e reajuste de parcelas, não compõem o valor de alienação, devendo ser tributados à medida de seu recebimento, na fonte ou mediante o recolhimento mensal obrigatório (Carnê-Leão), quando a alienação for para pessoa jurídica ou para pessoa física, respectivamente, e na Declaração de Ajuste Anual".

[213] "GANHO DE CAPITAL. PARTICIPAÇÃO SOCIETÁRIA. VENDA PARCELADA. TRIBUTAÇÃO DA REMUNERAÇÃO DAS PARCELAS Ganho de Capital é a diferença positiva entre o valor de alienação das participações, por espécie de participação vendida e o respectivo custo de aquisição da mesma participação. O valor tributável em cada parcela é o resultante da relação percentual entre o ganho de capital total e o valor total da alienação, multiplicado pelo valor da parcela recebida. O valor recebido a título de remuneração em virtude do recebimento parcelado, calculado com base no IGP-M, é tributado em separado do ganho, devendo ser tributado na fonte, conforme a tabela progressiva mensal, pela pessoa

que os rendimentos auferidos com a atualização monetária incidente sobre parcelas de preço recebidas por vendedor pessoa física, na alienação de sua participação societária em determinada sociedade, deveriam ser tributados de forma segregada do ganho de capital, com base na tabela progressiva do IR, sem, contudo, justificar com profundidade a razão do tratamento diferenciado entre rendimentos financeiros e preço de venda.

Mencione-se que, ao tratar de devoluções de *earn out*, na já referida Solução de Consulta nº 3/2016, a RFB afirma que obrigações acessórias no contrato de aquisição de participação societária fazem parte do acordo e "*não podem ser analisadas de forma isolada do objeto principal do negócio celebrado entre as partes*". Esse raciocínio, aplicando ao caso dos rendimentos financeiros, levaria justamente ao tratamento oposto: os juros percebidos do *escrow* seguiriam a natureza jurídica do depósito. Mas cabe ressalvar que essa manifestação não cuidou do caso específico dos juros sobre *escrow*.

Assim, há argumentos em ambos os sentidos: (i) os juros não se confundem com o valor de preço retido e depositado, sendo originados por operações distintas, razão pela qual devem ser tratados, juridicamente, de maneira também distinta; ou (ii) a aplicação do princípio de que o acessório deve seguir o principal deveria prevalecer, no sentido de que os juros seriam parte do próprio valor depositado, sendo que os rendimentos não representariam qualquer pagamento adicional, mas recomposição da parcela original de preço devida em face da perda decorrente da inflação[214]. Parece que, considerando a origem dos valores, os valores não deveriam ser tratados de forma única, já que apresentam naturezas jurídicas distintas, mas claramente o tema é bastante polêmico e ainda longe de estar pacificado.

Além da polêmica em relação à natureza para fins de tributação, vale ainda notar que o próprio momento da tributação é algo igualmente controverso: sendo rendimentos financeiros, deveriam ser tributados a depender da modalidade da aplicação financeira (títulos de renda fixa,

---

jurídica que efetuar o pagamento ou crédito dos rendimentos, a título de antecipação do imposto de renda. Havendo ou não a retenção, os mesmos rendimentos devem ser incluídos na base de cálculo do Imposto sobre a Renda da Pessoa Física na Declaração de Ajuste Anual, e quando retido o imposto pode ser compensado nesta mesma declaração".

[214] Nesse sentido, confira texto dos advogados Giácomo Paro e Rodrigo de Madureira Pará Diniz. Ibidem.

fundos de investimento, ações etc.), sendo preço, a princípio, apenas quando da efetiva liberação, seja para o comprador seja para o vendedor.

Sem contar, ainda, no fato de que as instituições financeiras que administram a conta *escrow*, regra geral, são responsáveis pela retenção na fonte dos rendimentos financeiros, trazendo uma complicação adicional: o banco vai reter de quem? Do titular principal da conta? De ambos? Se a natureza dos juros for recomposição do preço, deveria o imposto ser retido do vendedor, quando liberado o valor a ele devido, e vice-versa em relação ao comprador. Claramente são inúmeras as controvérsias e os desafios no âmbito tributário.

4.4. Sugestões e Recomendações Práticas no *Holdback* e *Escrow*

Em termos práticos, seguem algumas considerações que devem ser levadas em conta quando da estruturação e redação das cláusulas contratuais para garantir que a natureza de preço dos valores retidos em *holdback* ou depositados *em escrow* seja devidamente refletida:

(i) a cláusula de preço do contrato deveria indicar o valor total do negócio, e, preferencialmente, outra cláusula deveria estipular que, apenas para fins das garantias assumidas pelo vendedor, as partes consentiram em reter uma parcela do preço total, seja por meio de retenção pelo comprador ou mesmo depósito em *escrow*. Assim, seria importante que o contrato esclarecesse que o preço foi parcialmente retido tão-somente para que o comprador tivesse segurança absoluta que, se porventura fosse necessário pleitear algum ajuste redutor ou indenização, o comprador não seria prejudicado. Essa previsão contratual poderia reforçar a condição resolutiva a que, em geral, está atrelada a liberação do valor retido;

(ii) seria imprescindível que o contrato, quando tratar especificamente da retenção, estabelecesse o prazo exato para liberação do valor retido ao vendedor, para demonstrar que o vendedor tem a faculdade de exigir a liberação da parcela do preço a seu favor se as condições forem verificadas, afastando a discricionariedade do comprador de decidir se vai realizar essa liberação ou não. O procedimento de liberação deveria ser o mais preciso possível para evidenciar que as partes se preocuparam em garantir regras objetivas para que o vendedor possa pleitear e estar a par da liberação;

HOLDBACK E DEPÓSITO EM *ESCROW*

(iii) seria igualmente recomendável que o contrato impusesse o dever exclusivo do vendedor de oferecer o valor total do preço, incluindo a retenção, para fins de apuração de ganho de capital – ainda que o vendedor não o faça pela ausência de disponibilidade jurídica e econômica sobre o montante retido – para evidenciar que as partes reconheceram que o valor retido de fato integra o preço pago;

(iv) no caso de *escrow*, a fim de reforçar que o valor retido é preço do negócio cujo pagamento está sujeito a condição resolutiva, o ideal seria que o vendedor fosse titular da conta, a par das disposições contratuais específicas do próprio contrato de depósito firmado com a entidade financeira. Isso seria relevante para mostrar que as partes reconheceram que o vendedor tem a legítima expectativa de receber o valor retido, que é parte do preço acordado, estando plenamente ciente e informado da situação do valor depositado. No caso do depósito em *escrow*, o ideal seria que a remuneração dos valores ali depositados pertencesse ao vendedor, o que refletiria o seu direito sobre tais montantes. Obviamente, se as partes acordarem que os rendimentos da conta pertencem ao comprador, porém, o ideal seria que a conta permanecesse na sua titularidade, mas isso poderia afetar a eventual caracterização dos valores como preço, pois, se o acessório seguir o principal, os juros deveriam pertencer ao vendedor, regra geral, se liberados ao final; e

(v) ainda especificamente no caso de *escrow*, em relação aos rendimentos financeiros auferidos sobre os valores depositados, o contrato de aquisição deveria estipular a quem pertencem os juros ou ao menos fazer referência ao contrato de garantia a ser firmado junto à instituição financeira. Caso os juros sejam tratados de forma desvinculada do preço para fins de tributação, seria recomendável a inclusão de uma cláusula contratual dispondo que os juros não compõem o valor retido de preço, cabendo à parte que resgatar os valores oferecê-los à respectiva tributação como rendimentos financeiros, levando em conta que possivelmente pode já ter havido retenção na fonte do imposto pela própria instituição financeira.

5
Ajustes de Preço

5.1. A Função do Mecanismo de Ajuste de Preço

Inicialmente, cumpre ressalvar que, muito embora todos os mecanismos contratuais analisados neste livro possam ser considerados, em geral, como "ajustes de preço", por impactarem o preço da transação – e foram assim tratados desde o início do livro – o mecanismo conhecido como "ajuste de preço" tem um sentido estrito e específico.

Tecnicamente, o mecanismo de ajuste de preço não se confunde com os demais mecanismos de "ajuste" como o *earn out* e *holdback* – o que não significa, porém, que, dependendo do prazo e da forma como as cláusulas se combinam, na prática o ajuste envolva também esses outros mecanismos.

O ajuste de preço também não se confunde com a compensação entre valores devidos contratualmente entre as partes e com os "descontos" de mecanismos entre si – como vimos, por exemplo, se o comprador deve pagar um *earn out* e o vendedor, simultaneamente, deve ao comprador uma indenização, as partes liquidam seus créditos e débitos e pagam e recebem apenas o valor líquido, se houver.

Na realidade, o mecanismo de ajuste de preço consiste em uma simples variação do preço em um período de tempo decorrente da própria situação financeira da empresa. Na prática, é comum que as partes, no momento de assinatura do contrato, acordem um preço base ou preliminar de venda, já que, como o fechamento na maior parte das vezes leva algum tempo, surge a necessidade de estabelecer certas hipóteses de ajustes de preço.

A esse respeito, note-se que o período compreendido entre a assinatura do contrato e o fechamento[215] pode levar um curto período ou até mesmo muitos meses ou até mesmo mais de um ano. É verdade que a assinatura e o fechamento podem até coincidir, mas é mais comum que não aconteçam simultaneamente. Esse lapso temporal pode se dar por uma série de razões: as partes podem concordar que é necessário um tempo para implementar "condições precedentes"[216], demitir funcionários ou refazer planos de remuneração específicos, obter ou renegociar financiamentos bancários, conseguir todas as aprovações societárias de ambas as partes etc.

Vale mencionar que, muitas vezes, as chamadas "condições precedentes" envolvem determinadas condições que devem obrigatoriamente ser atendidas, caso contrário o negócio não será finalizado. Podem ser as mais diversas: obtenção de determinada licença ambiental que faltava, aprovação da operação por órgãos regulatórios etc. Aparecem com relativa frequência, inclusive, em matéria tributária: por exemplo, o comprador identifica um passivo tributário imenso e negocia que a empresa-alvo deverá realizar uma denúncia espontânea, confessando a irregularidade tributária e quitando a sua dívida perante o Fisco. A denúncia espontânea e o pagamento podem, nesse exemplo, ser condição prévia para que o comprador realize o pagamento, total ou parcial, do preço.

Veja-se um exemplo abaixo, na aquisição de um grupo de agências de viagens chamado Grupo Duotur pela CVC Brasil Operadora e Agência de Viagens S.A.[217]:

> O preço estimado da transação é de R$ 228 milhões pela aquisição de 51% da Duotur, totalizando um valor de Enterprise e Equity Value de R$ 447 milhões, montante que representa múltiplos implícitos de cerca de 8,5x o preço sobre o lucro ("P/L") e 5,6x o EBITDA, ambos projetados para o ano de 2014 para as empresas do Grupo Duotur. (...) O Fechamento ocorrerá após o cumprimento de determinadas condições precedentes, incluindo a aprovação da transação pelo Conselho Administrativo de Defesa Econômica – CADE.

---

[215] *"Signing" e "closing date".*

[216] *"Covenants".*

[217] Disponível em: http://ri.cvc.com.br/cvc/web/conteudo_pt.asp?idioma=0&tipo=49803&conta=28&id=207020. Acesso em 21.8.2017.

AJUSTES DE PREÇO

Inclusive, as condições precedentes podem implicar resolução do contrato: se determinado dever não for cumprido pelo vendedor, o comprador pode desistir do fechamento ou mesmo, pós-fechamento, rescindir o contrato.

Pode também acontecer que, em função de custo e tempo, o comprador não tenha tempo hábil para concluir a diligência legal e que utilize o período entre a assinatura e o fechamento para confirmar certas informações.

Por isso, é normal que as partes realizem a assinatura do contrato, mas que posterguem no tempo o fechamento do negócio, geralmente quando formalmente as partes vão transferir, de forma definitiva, a propriedade das quotas ou ações da empresa-alvo[218].

Em razão desse lapso de tempo, o comprador geralmente define o preço em uma data específica, mas muitos eventos podem ocorrer até o fechamento que podem impactar a situação financeira da empresa. Por isso, como dito, em termos de fixação de preço, é comum que as partes acordem com a fixação de um preço base, que será posteriormente ajustado quando do fechamento por certos parâmetros, como posições de caixa, endividamento líquido, capital de giro, dívida líquida etc., como bem aponta Adam Tsao[219]. Ainda, é normal que esse preço base seja acordado na assinatura, mas apenas efetivamente desembolsado pelo comprador no momento do fechamento.

Nesse contexto, uma cláusula de ajuste prevê, literalmente, impacto no preço de forma direta: o preço pode subir ou reduzir, dependendo da análise e da confirmação de certos índices ou informações financeiras. A cláusula abaixo é especialmente didática, porque mostra a incerteza quanto ao desempenho financeiro da empresa, indicando que o preço pode sofrer

---

[218] Por exemplo: "Transferência das PARTICIPAÇÕES SOCIETÁRIAS. Na DATA DO FECHAMENTO, contra o pagamento do PREÇO DE AQUISIÇÃO para os VENDEDORES, os VENDEDORES entregarão as PARTICIPAÇÕES SOCIETÁRIAS por eles detidas à COMPRADORA, mediante transcrição no Livro de Registro de Ações Nominativas e no Livro de Registro de Transferência de Ações Nominativas da HIDROPOWER e da TUPAN, refletindo a transferência da totalidade das PARTICIPAÇÕES SOCIETÁRIAS detidas pelos VENDEDORES para a COMPRADORA". Disponível em: http://www.enfoque.com.br/infocias/arq_infocias_Comunicado/195215.pdf. Acesso em 3.10.2017.

[219] TSAO, Adam. In Pricing Mechanisms in Mergers and Acquisitions: Thinking Inside the Box. University of Pennsylvania Journal of Business Law. Vol. 18:4. p. 1236.

um ajuste positivo ou negativo, absolutamente desconhecido para as partes no momento da assinatura do contrato[220]:

> 3.3. AJUSTE DO PREÇO DE AQUISIÇÃO. **O Preço de Aquisição será ajustado, para cima o para baixo, em decorrência (i) da Variação do Capital de Giro das PCHS**, e (ii) da Variação do Endividamento das PCHS, conforme a seguinte fórmula ("AJUSTE DO PREÇO DE AQUISIÇÃO"):
> (...)
> 3.4 Pagamento do Valor do AJUSTE DO PREÇO DE AQUISIÇÃO. No 10º (décimo) Dia Útil contado da apuração do Valor de AJUSTE DO PREÇO DE AQUISIÇÃO, conforme previsto na Cláusula 3.3 acima ("DATA DE PAGAMENTO DO VALOR DE AJUSTE DO PREÇO DE AQUISIÇÃO"), o Valor de AJUSTE DO PREÇO DE AQUISIÇÃO, deverá ser pago da seguinte maneira:
> (vi) Se o Valor de AJUSTE DO PREÇO DE AQUISIÇÃO for positivo, com o consequente aumento do PREÇO DE AQUISIÇÃO, o valor positivo equivalente ao Valor de AJUSTE DO PREÇO DE AQUISIÇÃO será pago pela COMPRADORA aos VENDEDORES na DATA DE PAGAMENTO DO VALOR DE AJUSTE DO PREÇO DE AQUISIÇÃO; ou
> (vii) Se o Valor de AJUSTE DO PREÇO DE AQUISIÇÃO for negativo, com a consequente redução do PREÇO DE AQUISIÇÃO, o Valor de AJUSTE DO PREÇO DE AQUISIÇÃO será pago pelos VENDEDORES à COMPRADORA na DATA DE PAGAMENTO DO VALOR DE AJUSTE DO PREÇO DE AQUISIÇÃO. (g.n.).

Outro bom exemplo é a cláusula negociada na aquisição da AES Sul Distribuidora Gaúcha de Energia S.A. pela Companhia Paulista de Força e Luz em 2015[221]. Abaixo, a compradora apresenta uma síntese na qual é indicado que, após a assinatura, o preço será ajustado pelas variações de capital de giro e dívida líquida até o momento do fechamento da transação:

---

[220] Disponível em: http://www.enfoque.com.br/infocias/arq_infocias_Comunicado/195215.pdf. Acesso em 22.9.2017.

[221] Disponível em: https://www.cpfl.com.br/institucional/governanca-corporativa/diretrizes/pt-br/documentos-de-governanca-corporativa/Documents/02AnexoI.pdf. Acesso em 21.8.2017.

AJUSTES DE PREÇO

Trata-se de operação de aquisição pela Companhia ou por sociedade detida integralmente, direta ou indiretamente, pela Companhia ("Compradora"), do controle acionário da AES Sul Distribuidora Gaúcha de Energia S.A. ("AES Sul"), cujo fechamento está previsto para ocorrer após o cumprimento de terminadas condições precedentes, incluindo a aprovação pela assembleia geral da Companhia. A aquisição compreenderá 404.454 (quatrocentas e quatro mil quatrocentas e cinquenta e quatro) ações ordinárias e 122.812 (cento e vinte e duas mil oitocentas e doze) ações preferenciais, representativas de 100% (cem por cento) do capital social da AES Sul, pelo valor total de R$ 1.403.000.000.00 (um bilhão, quatrocentos e três milhões de reais), acrescido de R$ 295.455.000,00 (duzentos e noventa e cinco milhões, quatrocentos e cinquenta e cinco mil reais), que representam o aumento de capital realizado pela AES Guaíba II Empreendimentos Ltda. ("Vendedora") na AES Sul em 26 de fevereiro de 2016, **ajustados pelas variações de capital de giro e dívida líquida entre 31 de dezembro de 2015 e o fechamento da transação** ("Aquisição"). (g.n).

Cabe observar ainda que, entre a assinatura e o fechamento, em regra o comprador já está controlando a empresa-alvo, mas o vendedor ainda está, em geral, atuando de forma ativa no chamado "período de transição". Assim, nesse período de tempo, o mecanismo de ajuste tem a função de proteger os interesses do comprador, que já está no risco do negócio, bem como do vendedor, que ainda em regra está conduzindo o negócio até o fechamento efetivo. Mas é evidente que, dependendo da estruturação, o mecanismo pode favorecer mais uma parte do que a outra.

Em teoria, portanto, o mecanismo de ajuste de preço visa conciliar expectativas por vezes divergentes quanto ao resultado financeiro da empresa nesse período de transição e ainda visa alinhar os interesses entre as partes, lidando com o fator "tempo", necessário à adoção de procedimentos diversos, implementação de condições precedentes e trâmites burocráticos para a conclusão do negócio.

5.2. Natureza Jurídica do Ajuste de Preço Positivo e Negativo: Contraprestação Sujeita a Condição Suspensiva

Como visto acima, em sua acepção estrita, o mecanismo de ajuste de preço representa uma modificação no preço do negócio, tanto para cima ou para baixo, geralmente acordado para refletir alterações na situação financeira da empresa no período de tempo transcorrido entre a assinatura do contrato e o efetivo fechamento. Por isso, em geral, esse mecanismo tem como parâmetros financeiros posições de caixa, endividamento líquido, capital de giro, dívida líquida, dentre outros.

O ajuste de preço, envolve, obviamente, preço: sendo assim, claramente a sua natureza jurídica é de contraprestação pela aquisição de participação societária. Sendo incerto e por depender de um evento futuro, atrelado ao resultado dos parâmetros financeiros, fica evidente se tratar de contraprestação contingente.

Na linha do que foi discutido, tratando-se de contraprestação contingente cujo pagamento se sujeita a condição resolutiva, o comprador deveria considerar, para fins de apuração do custo, o valor do ajuste; tratando-se de condição suspensiva, porém, o ajuste deveria impactar diretamente o resultado quando posteriormente verificado. Sendo contraprestação contingente, quando confirmado o pagamento, o vendedor deve tratar como preço, com apuração de eventual ganho de capital.

Mas há algumas dificuldades envolvidas. Primeiro, note-se que alguns ajustes, em uma primeira análise, não parecem estar sujeitos propriamente a uma condição. Vale mencionar aqui um caso mais complexo, envolvendo a cláusula de ajuste de preço negociada por ocasião da alienação das quotas da empresa Affinia Automotiva Ltda.[222]:

> Preço de Aquisição. O Preço de Aquisição total das Quotas ("Preço de Aquisição") é (a) R$ 146.285.000,00 (cento e quarenta e seis milhões duzentos e oitenta e cinco mil reais) ("Preço Base de Aquisição"), mais (b) o montante, se houver, do Lucro Intermediário (conforme venha a ser determinado em caráter final de acordo com a Cláusula 2.3) ou menos (c) o montante, se houver, do Prejuízo Intermediário (conforme venha a ser determinado em caráter final de acordo com a Cláusula 2.3), menos (d) o montante, se houver, do Ajuste de Reclamação (conforme venha a ser determinado em caráter final de acordo com a Cláusula 2.3) e mais (e) o Earn-Out, se aplicável.

No exemplo acima, os ajustes englobam verificações quanto ao resultado (lucro ou prejuízo) do período seguinte ao negócio, eventuais despesas

---

[222] Disponível em: https://www.sec.gov/Archives/edgar/data/1328655/000119312515227641/d944595dex22.htm. Acesso em 21.8.2017.

com reclamações trabalhistas (por conta de demissões de empregados) e um *earn out*. No caso específico, por ocasião do fechamento o comprador pagaria um *"preço de aquisição estimado"*, considerando os ajustes estimados até então. Após um determinado período, o vendedor apresentaria mais documentos e informações e, acordado o preço final ajustado, por fim, caberia ao comprador ou ao próprio vendedor pagar uma diferença, nos seguintes termos:

> viii. No prazo de dez dias contados da determinação final do Preço de Aquisição (exceto pelo Earn-Out): (a) caso o Resultado Intermediário seja inferior ao Resultado Intermediário Estimado, as Vendedoras pagarão a diferença às Compradoras e caso o Resultado Intermediário seja superior ao Resultado Intermediário Estimado, as Compradoras pagarão a diferença às Vendedoras, e, conforme aplicável, (b) caso o Ajuste de Reclamação seja inferior ao Ajuste de Reclamação Estimado, as Compradoras pagarão a diferença às Vendedora se caso o Ajuste de Reclamação seja superior ao Ajuste de Reclamação Estimado, as Vendedoras pagarão a diferença às Compradoras. Todos os valores estabelecidos na presente Cláusula poderão ser compensados entre si ou somados para fins de calcular e pagar o Preço de Aquisição final.

Dentre os vários ajustes, um ajuste específico chamado "Ajuste de Reclamação" envolvia os custos incorridos com reclamações trabalhistas, definido contratualmente como *"o montante a ser reduzido do Preço de Aquisição em virtude de qualquer Reclamação isolada ou uma série de Reclamações relacionadas movidas contra a Sociedade na ou antes da Data de Fechamento"*. Há uma condição efetiva? Aparentemente não: se as partes sabiam que empregados serão demitidos, e que a empresa-alvo teria necessariamente um custo com reclamações trabalhistas, a dúvida era quanto ao valor desse custo, que era, por sua vez, estimado. Quanto a esse ajuste específico, como classificá-lo?

Nesse caso, o referido "Ajuste de Reclamação" seria mesmo uma contraprestação contingente nos termos do artigo 197, I da IN RFB nº 1.700/2017? Existia de fato um evento futuro e incerto, considerando as partes já sabiam que as reclamações teriam um custo? Sim, o pagamento estava condicionado a um evento futuro e incerto, pois, apesar da certeza quanto à existência das reclamações, o vendedor não sabia o montante e a extensão desse custo de forma exata. Assim, esse pagamento se enquadraria relativamente bem como o direito de o comprador de reaver parte da contraprestação previamente paga caso determinada condição seja satisfeita (caso as reclamações gerem perdas). Analiticamente, mesmo dada a remota possibilidade de nenhuma reclamação ser ajuizada, o Ajuste de Reclamação não deixou de representar um evento futuro e incerto, ou seja, apresentava uma condição.

Segundo, uma dificuldade inerente ao tratamento dos ajustes decorre do fato de que, teoricamente, esse mecanismo se enquadra em ambas as definições de conceito de contraprestação contingente do inciso I do artigo 197. Com base no mesmo exemplo da empresa Affinia, note-se que há outro ajuste relativo ao resultado financeiro: o preço de aquisição foi estabelecido como o preço base mais o lucro intermediário ou menos o prejuízo intermediário.

Esse ajuste específico pode ser, ao mesmo tempo, caracterizado (i) na alínea "a" do inciso I, sendo uma obrigação do comprador de pagar um valor adicional ao vendedor por um evento futuro e incerto (verificação de lucro no período) e (ii) na alínea "b", sendo o direito do comprador de reaver parte do preço caso determinada condição seja satisfeita (verificação de prejuízo no período). Inclusive, note-se que, caso o ajuste seja positivo, o ajuste quase adquire feições de um *earn out*: havendo lucro, o comprador se obriga a pagar um valor adicional ao vendedor.

Caracterizando-se como contraprestação contingente, então estaria o pagamento dos ajustes sujeito a condição resolutiva ou suspensiva? Será inevitável examinar cada espécie de ajuste, mas, em regra, parece que o pagamento dos ajustes a princípio estaria sujeito a condição suspensiva: não há eficácia no ajuste em si enquanto o evento não se verificar, não trazendo qualquer tipo de implicação jurídica para as partes até então; se haverá lucro ou prejuízo, as partes não podem ainda dizer com certeza e não é possível afirmar que, mesmo em um cenário de bonança econômica, que o vendedor tem direito a receber um ajuste positivo e apenas não o receberá se algo negativo acontecer. A própria cláusula de ajuste não costuma ser estruturada dessa maneira; em regra fornece a possibilidade de um ajuste para ambos os lados.

Assim, e na linha da análise dos itens anteriores, o comprador não poderia considerar o valor correspondente aos ajustes de preço – ou seja, ao valor da contraprestação contingente cujo pagamento está sujeito

AJUSTES DE PREÇO

a condição suspensiva – no custo de aquisição. Inclusive, haveria um obstáculo prático: o comprador sequer seria capaz de estimar o valor justo dessa contraprestação. Mas, quando do implemento da condição, situações distintas podem ocorrer, a saber:

(i) o ajuste é positivo, de modo que o comprador deve pagar um valor adicional ao vendedor: como o comprador não considerou o ajuste no preço, por se tratar de contraprestação cujo pagamento estava sujeito a condição suspensiva, quando do pagamento (implemento da condição), trataria esse valor como preço, apurando eventual *goodwill* adicional para fins de amortização de despesas da base do IRPJ/CSL. O vendedor, por sua vez, tendo disponibilidade sobre o montante do ajuste positivo, deveria reconhecer a natureza de preço e oferecer eventual ganho de capital à tributação; ou

(ii) o ajuste é negativo e o vendedor deve devolver um valor ao comprador: como o comprador não considerou o ajuste no preço, por se tratar de condição suspensiva, não teria como considerar a "devolução" como redução do preço, estornando eventuais despesas com a amortização do *goodwill*. Mas, nesse caso, o comprador então trataria o ajuste negativo recebido como rendimento / receita, e o vendedor trataria como uma despesa?

Vale imaginar uma situação em que o contrato de aquisição de participação societária preveja que o valor de preço retido em *holdback* ou depositado em *escrow* garante esse tipo de ajuste negativo devido pelo vendedor e o comprador desconta do preço retido ou depositado o valor do ajuste. Nesse caso, como visto acima, há nítida redução de preço do comprador, e muito provavelmente o comprador considerou o valor do preço retido no custo de aquisição: nessa situação, parece que o ajuste negativo representaria de fato redução do preço.

Mas, em outra hipótese em que não há qualquer parcela de preço retido e o vendedor tenha que efetuar o pagamento de um ajuste negativo, qual seria a natureza desse pagamento?

Por se tratar, na essência, de uma verdadeira redução de preço, parece que mesmo nessa hipótese o comprador deveria considerar um decréscimo do seu preço, com as consequências no campo tributário discutidas acima, e o vendedor, assumindo, evidentemente, não ter tributado o valor do ajuste, não teria impactos quanto à tributação de eventual ganho de capital, mas teria que considerar o pagamento desse valor. Seria então uma despesa qualquer para o vendedor, seja pessoa física ou jurídica? A princípio sim. Seria possível argumentar se tratar de despesa necessária, e, portanto, operacional e dedutível para fins de IRPJ/CSL no caso de vendedor pessoa jurídica, assumindo a obrigatoriedade contratual assumida pelo vendedor nesse caso, que, em uma primeira análise, tornaria a despesa necessária.

Cabe refletir se o ajuste negativo devido pelo vendedor ao comprador poderia ser tratado como indenização: como visto acima, a indenização pressupõe um dano que deve ser recomposto. Como o ajuste negativo em regra implica um resultado negativo auferido pela empresa-alvo que, indiretamente, prejudica o comprador, seria a princípio possível considerar que a natureza do pagamento do ajuste nessa situação teria características de recomposição da perda auferida.

Porém, a natureza jurídica do ajuste negativo como indenização certamente seria passível de questionamento, pela própria fragilidade envolvida na caracterização do resultado financeiro da empresa-alvo como um "dano emergente" passível de recomposição. Além disso, o fato de que o ajuste pode ser positivo ou negativo e somente será definido quando do final do prazo contratual pode dificultar a sua caracterização como indenização, já que, na essência, representa mais um acerto do preço do que uma indenização.

O risco de cláusulas muito complexas em termos de ajustes é o Fisco compreender de forma equivocada a estrutura de pagamento de preço – e até, por exemplo, alegar que sequer existe preço determinado – atribuindo impactos tributários diversos daqueles imaginados pelas partes. Assim, todo cuidado é pouco na redação dessas cláusulas de ajuste.

Além disso, como dito, o contrato de aquisição de participação societária pode se limitar a prever simples ajustes, mas, em geral, eles são acompanhados de outros diversos "ajustes", em uma acepção mais geral, que dizem respeito justamente aos mecanismos acima analisados. As maiores controvérsias envolvendo esses vários "ajustes" são objeto de discussão nos capítulos deste livro. A dificuldade, porém, aumenta quando estamos diante cláusulas que acabam por englobar vários mecanismos simultaneamente. Se o Fisco já tem normalmente dificuldade para entender como os mecanismos funcionam de forma individualizada, quem dirá em conjunto.

Por isso, é importante definir, de forma específica, qual condição está atrelada ao pagamento ou liberação de cada mecanismo para que seja possível identificar a sua natureza jurídica e, tratando-se de contraprestação contingente, definir se a condição é suspensiva ou resolutiva e determinar qual tratamento tributário seria mais adequado.

Já citada anteriormente, cabe aqui examinar em detalhes a Solução de Consulta nº 3/2016[223], que é muito relevante, porque trata de um caso concreto que envolve, além de cláusula de ajuste de preço, praticamente todos os demais mecanismos ora discutidos, razão pela qual vale a pena explorar o entendimento do Fisco manifestado nessa Solução. Mencione-se que, apesar de analisar uma operação específica que ocorreu antes do início de vigência das regras tributárias trazidas pela IN RFB nº 1.515/2014, revogada pela atual IN RFB nº 1.700/2017, a RFB já fez referência a tais normas infralegais.

Em síntese, a situação analisada na Solução de Consulta nº 3/2016 foi a seguinte: a Consulente, uma empresa no setor de materiais plásticos, adquiriu 100% do capital social da empresa-alvo. O contrato de aquisição estabeleceu o pagamento de um preço inicial, que seria ajustado pela dívida líquida real e pelo capital de giro real da empresa-alvo – ajuste de preço simples. Frise-se que o ajuste poderia ser positivo, situação na qual o

---

[223] Confira-se a ementa:

"ÁGIO NA AQUISIÇÃO DE PARTICIPAÇÃO SOCIETÁRIA. LEGISLAÇÃO ANTERIOR À MEDIDA PROVISÓRIA Nº 627, DE 2013. CUSTO DE AQUISIÇÃO. DEFINIÇÃO. PATRIMÔNIO LÍQUIDO. MOMENTO DE APURAÇÃO. FUNDAMENTO ECONÔMICO. RESTRIÇÃO LEGAL.

O custo de aquisição da participação societária é o valor total pago pelo comprador ao vendedor, considerando inclusive eventuais condições estipuladas pelas partes que tenham o condão de alterar o preço consignado em contrato. O patrimônio líquido para fins de apuração do ágio é aquele existente no momento da aquisição. O fundamento econômico do ágio não é de livre escolha do comprador, devendo estar enquadrado nas hipóteses previstas na legislação aplicável, e justificado em demonstrativo a ser arquivado junto à escrituração contábil.

(...)

INVESTIMENTO AVALIADO PELA EQUIVALÊNCIA PATRIMONIAL. AJUSTE NO PATRIMÔNIO LÍQUIDO DA INVESTIDA. EFEITO.

A perda decorrente de ajuste no valor do patrimônio líquido da pessoa jurídica, cujo investimento é avaliado pela equivalência patrimonial, deve ser adicionada ao lucro líquido para fins de apuração da base de cálculo do IRPJ".

comprador pagaria um valor adicional ao vendedor – ou negativo (redutor), ocasião na qual o vendedor "devolveria" certo valor ao comprador[224].

O preço inicial foi parcialmente pago ao vendedor, sendo que uma parte não foi propriamente desembolsada, mas sim depositada em conta *escrow*. Para facilitar, vamos imagina que o preço inicial seria 100, dos quais 30 foi depositado em *escrow*, e 70 efetivamente foi o montante pago ao vendedor.

A principal dúvida apresentada pelo comprador[225] foi em relação ao valor que deveria ser considerado para fins de custo de aquisição e, consequentemente, para fins de cálculo do *goodwill* (ágio, na época): o preço poderia considerar o valor inicial total de 100 ou apenas o montante efetivamente desembolsado de 70? O montante de 30 seria parte do preço, retido e depositado apenas por segurança do comprador, ou não comporia o preço ainda?

É importante refletir sobre os vários resultados possíveis do negócio específico objeto da Solução de Consulta nº 3/2016. Primeiro, é preciso perceber que o preço do negócio foi fixado em 100, podendo ser acrescido ou reduzido, devido ao ajuste decorrente da dívida líquida real e do capital de giro real da empresa-alvo. O valor de 30 depositado em *escrow* já pertencia, como preço, ao vendedor, mas, por proteção, foi retido provisoriamente pelo comprador, inclusive para garantir eventual ajuste negativo.

Se o ajuste calculado com base na dívida líquida real e no capital de giro real fosse positivo, estaríamos diante de um pagamento adicional: o comprador se comprometeu a pagar mais 20, por exemplo, ao vendedor. Se nada mais acontecesse, por exemplo, nenhuma indenização fosse devida, o vendedor receberia o total retido de 30 mais o pagamento do ajuste positivo de 20, nesse cenário o preço aumentaria de 100 para 120.

Alguma indenização poderia ser devida na ordem de 15, por exemplo – seria necessário verificar se o comprador, nessa situação, estaria autorizado a compensar o valor devido do ajuste positivo de 20 com o valor depositado em *escrow*, de modo ao final o vendedor receberia apenas o líquido do *escrow* de 15 mais o ajuste de 20 – ao invés de receber o ajuste positivo

---

[224] Se o total depositado em *escrow* não fosse suficiente para cobrir o ajuste negativo, o comprador poderia executar uma garantia real (hipoteca de um imóvel do vendedor).

[225] Aparentemente, o comprador não questionou se poderia considerar como preço o valor de 120, incluindo o possível ajuste positivo.

AJUSTES DE PREÇO

de 20 mais o total do *escrow* de 30 e então pagar ao comprador o valor da indenização de 15.

Se o ajuste calculado com base na dívida líquida real e no capital de giro real fosse negativo, porém, o vendedor ressarciria o comprador em 20, por exemplo. Se nada mais acontecesse, por exemplo, nenhuma indenização fosse devida, o vendedor receberia o total retido de 30, mas deveria pagar o ajuste negativo de 20, nesse cenário o preço diminuiria de 100 para 80. Na prática, contudo, seria igualmente preciso verificar se o vendedor poderia descontar da *escrow* de 30 o valor a ser pago do ajuste negativo de 20, recebendo apenas o líquido da *escrow* de 10.

Nesse cenário, se alguma indenização fosse também devida, na ordem de 30 por exemplo, em tese o vendedor teria que pagar ao comprador o total devido (20 de ajuste negativo mais 30 de indenização, totalizando 50), sendo preciso verificar, igualmente, se ele poderia descontar tudo da *escrow* e pagar apenas o líquido de 20.

Note-se que há muitos cenários que poderiam acontecer com as partes! O importante é entender a mecânica de cada estrutura de pagamento de preço. Nesse caso, é preciso admitir, especificamente, que o valor de *holdback* retido e depositado em *escrow* compunha o preço, mas não foi efetivamente pago, em termos financeiros, para garantir os direitos contratuais do comprador (inclusive de receber valores do vendedor em caso de eventual ajuste negativo). O valor retido correspondia à contraprestação contingente sujeita a condição resolutiva ou suspensiva? O valor era declaradamente devido ao vendedor e apenas não seria liberado caso fosse devida alguma indenização ou alguma perda ou mesmo fosse devido algum ajuste negativo pelo vendedor. Parece se tratar de condição resolutiva que, na linha do que discutido anteriormente, comporia o custo de aquisição do comprador para todos os fins.

A RFB se baseou no conceito de preço de aquisição como o valor efetivamente despendido/pago pelo comprador para adquirir a participação societária da investida. No seu entendimento, o valor retido em *holdback* e depositado na conta *escrow* não integraria o preço de aquisição, já que não estaria disponível ao vendedor. Assim, apenas o valor já efetivamente pago ao vendedor, no momento da incorporação da empresa-alvo, poderia compor o preço e determinar o cálculo do eventual *goodwill*.

É importante mencionar que a RFB inclusive fundamentou seu entendimento no então vigente artigo 110 da IN RFB nº 1.515/2014, atual artigo

196 da IN RFB nº 1.700/2017[226], mas sequer comentou sobre a questão de os valores serem considerado como contraprestações cujo pagamento estaria sujeito a condição suspensiva ou resolutiva. Também não apontou o teor do parágrafo 12 do artigo da norma (atual parágrafo 12 do artigo 178 da IN RFB nº 1.700/2017). Portanto, a impressão é que, na ocasião, a RFB limitou-se a citar as normas então vigentes sem examinar, porém, todas as suas implicações.

Se esse entendimento prevalecesse, estaríamos diante de uma situação em que o artigo 178, parágrafo 12, bem como o próprio 196 da IN RFB nº 1.700/2017, se tornariam inócuos. A interpretação pretendida pela RFB, nesse sentido, somente seria plausível se a norma determinasse que as contraprestações contingentes nunca deveriam compor o custo de aquisição.

Esse entendimento sequer faz muito sentido na análise do caso concreto envolvendo a empresa compradora. Isso porque o valor retido compunha, para todos os fins, o preço a ser pago ao vendedor, tendo sido retido, provisoriamente, apenas para segurança do comprador.

Quanto aos posteriores ajustes no preço, a RFB não comentou a respeito do parágrafo 2º do artigo 110 da mencionada IN (atual parágrafo 2º do artigo 196), e, mesmo sem fundamentação legal, defendeu que tais ajustes seriam plenamente cabíveis inclusive com reflexos tributários diretos.

Na sua visão, (i) o montante eventualmente devolvido pelo vendedor ao comprador representaria redução do custo de aquisição, inclusive o montante relativo às garantias do vendedor, que não teriam caráter indenizatório; e (ii) somente o valor residual efetivamente transferido da *escrow* ao vendedor, sendo então disponível, integraria o preço[227].

---

[226] "(...) no caso em tela o efetivo preço da aquisição da participação societária, uma vez que, conforme sobejamente demonstrado acima, o preço consignado em contrato não é determinado, já que o valor final está condicionado a eventos futuros e incertos. Somente a efetiva e definitiva entrega de numerário aos Vendedores, nas condições estabelecidas no contrato, é que permite reconhecer que determinado valor integra o custo de aquisição da participação societária (...). Em síntese, o custo de aquisição da participação societária é o valor total efetivamente pago pelo Comprador ao Vendedor. Em regra, é aquele estipulado no contrato mas, deve-se sempre observar o que foi acordado entre as partes, a fim de verificar se o preço consignado em contrato equivale àquele que será efetivamente pago aos Vendedores ao final da transação".

[227] "(...) E, contrario sensu, os valores devolvidos pelos Vendedores representam redução desse custo de aquisição. Por óbvio, essas alterações influenciarão a apuração do ágio na transação,

AJUSTES DE PREÇO

Apesar de não restar claro, ao afirmar que o valor do ajuste redutor de preço e o valor correspondente à indenização pelas garantias prestadas recebida pelo comprador deveriam reduzir o seu custo de aquisição, diminuindo o ágio apurado, é evidente que o ajuste no custo de aquisição só se aplicaria, nesse entendimento, se o comprador tivesse, no momento inicial, considerado o valor do *escrow* no seu custo de aquisição.

Caso contrário, se o comprador só tivesse considerado como preço de aquisição o valor efetivamente pago – como instruiu a RFB – não haveria como exigir a redução. A RFB se manifestou nesse sentido porque, no caso concreto, parece que o comprador de fato calculou no momento inicial o valor total de 100, incluindo o valor depositado em *escrow* de 30, como preço, inclusive para fins de cálculo do ágio.

Tanto é que, ao final da Solução de Consulta, a RFB pontua que "*os valores já pagos aos Vendedores, reavidos pelo Comprador, reduzem o custo de aquisição*". Muito embora no caso o comprador não tenha efetivamente pago, parece ter considerado o montante depositado em *escrow* como preço de aquisição, que, foi, ao final, recuperado pelo comprador, já que os ajustes foram negativos e que algumas indenizações foram devidas pelo vendedor.

Portanto, segundo o entendimento fixado pela RFB, (i) o comprador deveria considerar como custo de aquisição tão-somente o montante pago no momento do fechamento do negócio, sem considerar eventuais valores retidos/depositados em *escrow* e valores devidos a título de ajuste; (ii) os valores já pagos ao vendedor posteriormente devolvidos ao comprador, seja pelo ajuste negativo ou indenizações devidas, deveriam reduzir o preço, cabendo diminuição do ágio originalmente apurado; e, por outro lado; (iii) novos valores posteriormente pagos pelo comprador ao vendedor, por exemplo, no caso de ajuste positivo, aumentariam o preço, cabendo o acréscimo do ágio (ágio adicional).

A conclusão desse caso concreto, porém, poderia ter sido diferente. Como visto, o valor retido em *escrow* seria, no caso específico, efetiva

---

o que será melhor visto a seguir. (...) Os eventuais pagamentos efetuados ao Comprador não se justificam pelo descumprimento de qualquer obrigação ou prática de ato ilícito por parte dos Vendedores. Na verdade, esses dispêndios têm sua origem justamente no cumprimento de obrigações estabelecidas no contrato, as quais determinam a devolução de numerário para o Comprador nas condições nele estabelecidas, o que, por óbvio, vai diminuir o quantum final pago aos Vendedores".

contraprestação contingente, conforme a definição do artigo 197 da IN RFB nº 1.700/2017, por refletir o preço pago. Como o valor depositado em *escrow* era devido ao vendedor e foi retido por simples garantia de valores a serem eventualmente devidos pelo vendedor em situações específicas, parece que o pagamento da contraprestação contingente estaria sujeito a uma condição resolutiva, compondo, para todos os fins, o custo de aquisição. Logo, parece que o comprador teria direito de considerar o valor total inicial de 100 para fins de cálculo do *goodwill*.

O ajuste de preço relativo à dívida líquida real e ao capital de giro real da empresa-alvo, por sua vez, deveria ser tratado como contraprestação contingente cujo pagamento está sujeito a condição suspensiva. Uma vez implementada a condição, deveria ser tratado como preço adicional.

Assumindo que o comprador tivesse considerado 100 como seu custo de aquisição, em relação aos possíveis ajustes de preço: (i) a não liberação do valor retido – em razão de ajuste negativo e indenizações devidas pelo vendedor – implicaria recuperação de parcela do custo de aquisição, de modo que caberia ao comprador reduzir o seu custo e estornar eventuais despesas com a amortização do *goodwill* proporcionalmente ao montante recuperado, uma vez implementada a condição resolutiva; e (ii) eventual ajuste positivo posteriormente pago pelo comprador representaria parcela de preço adicional, cabendo o aumento do custo de aquisição e eventual apuração de *goodwill* adicional.

Além da Solução de Consulta nº 3/2016, cabe apontar o entendimento externado pela RFB na Solução de Consulta nº 282/2014[228]. No caso

---

[228] "ASSUNTO: IMPOSTO SOBRE A RENDA DE PESSOA FÍSICA – IRPF GANHO DE CAPITAL. ALIENAÇÃO DE PARTICIPAÇÃO SOCIETÁRIA. PARCELA DO PREÇO SEM VALOR DETERMINADO.

A parcela do valor da operação de alienação de participação societária auferida a título de valor suplementar integra o preço de venda da participação societária e deverá ser tributada como ganho de capital quando do seu auferimento, independentemente de tal valor suplementar ter sido fixado mediante sentença arbitral ou acordo entre as partes solucionando conflito instaurado em razão da rescisão de contrato de gestão.

(...)

RESCISÃO CONTRATUAL. MULTAS E DEMAIS VANTAGENS RESCISÓRIAS. DECLARAÇÃO DE AJUSTE ANUAL. CÔMPUTO NA BASE DE CÁLCULO.

Os valores das multas e de quaisquer outras vantagens pagas ou creditadas por pessoa jurídica em virtude de rescisão de contrato de gestão, ainda que reconhecida por sentença arbitral

concreto, um executivo alienou sua participação societária, sendo que uma parcela do preço ficou retida em *escrow*, não estando claro no teor da consulta a condição para a liberação – de todo modo, o vendedor alegou que, ao recuperar o valor em *escrow*, ofereceu à devida tributação do ganho de capital. A Solução ainda menciona que, contratualmente, o vendedor faria jus a um *earn out*, devido apenas por ocasião do final do contrato de gestão firmado entre comprador e vendedor. Dependendo do desempenho da empresa-alvo ao final do contrato de gestão, o vendedor receberia um valor adicional.

É interessante notar que, no caso específico, o contrato de gestão foi rescindido, de modo que o vendedor instaurou processo arbitral e, ao final, conseguiu receber um valor da empresa compradora pago a título de indenização por perdas e danos. A sua alegação foi de que, impossibilitado de gerir a empresa, dada a rescisão, teria perdido a oportunidade de atingir a meta imposta no *earn out*. Também não fica claro no teor da Solução de Consulta se o *earn out* foi pago de todo modo (calculado sobre um patamar menor), a par da indenização acordada no procedimento arbitral.

Ao avaliar o caso, a RFB primeiro alertou que, mesmo sendo pagos de forma conjunta, os valores a título de *earn out* e a título de indenização pela rescisão do contrato de gestão teriam tratamentos tributários absolutamente distintos. Quanto ao *earn out*, não entrou no mérito de se tratar de preço cujo pagamento estaria sujeito a condição resolutiva ou suspensiva, já que, tratando-se de vendedor pessoa física, entendeu que seria passível de tributação como ganho de capital apenas quando efetivamente recebido[229].

---

como imotivada, devem ser computados na apuração da base de cálculo do imposto devido na declaração de ajuste anual da pessoa física".

[229] "No caso em análise, conforme apresentado pelo consulente, existia uma parcela do preço da alienação societária que somente seria determinada uma vez que se esgotasse o prazo do contrato de gestão. Ao fim desse prazo, o atingimento ou superação de um determinado resultado proporcionaria um valor suplementar num certo patamar, ao passo que o não atingimento desse resultado proporcionaria um valor complementar em patamar inferior. No entanto, tendo sido promovida, pela pessoa jurídica, a rescisão precoce do contrato de gestão, rescisão esta por fim reconhecida em sentença arbitral como imotivada, foi determinado o pagamento de determinado valor suplementar, não importando tributariamente em que patamar ficou tal valor nem sua vinculação a qualquer fato contido no contrato de gestão ou em qualquer outro acordo entre as partes. O estabelecimento do valor complementar a ser pago teve por efeito constituir definitivamente a situação jurídica decorrente do negócio de alienação de participação societária levado a efeito pelas partes e fixação do correspondente

Quanto ao valor pago no âmbito do procedimento arbitral, entendeu que, mesmo que fosse indenização, seria tributável, por se tratar de indenização por lucros cessantes, e não por danos materiais – já que, na realidade, o comprador estaria indenizando o vendedor pelos valores que ele deixou de auferir até o final do contrato de gestão (lucros cessantes)[230].

Se o Fisco entendeu que o *earn out* seria preço pago pela alienação da participação societária, então, sob o ponto de vista do comprador, o valor pago ao executivo seria custo de aquisição? Aparentemente sim.

Essas duas manifestações, contudo, não refletem entendimento consolidado do Fisco. Além disso, vale lembrar que a regulamentação tributária trazida inicialmente pela IN RFB nº 1.500/2014 e agora pela IN RFB nº 1.700/2017 é relativamente nova ainda, não havendo tantos precedentes jurisprudenciais a esse respeito. É imprescindível acompanhar de perto toda e qualquer manifestação nova por parte da RFB e da jurisprudência.

Mencione-se ainda o entendimento adotado pela RFB na já indicada Solução de Consulta nº 44/2013. No caso, o vendedor pessoa física alienou participação societária em uma determinada sociedade e as partes acordaram com o pagamento do preço de forma parcelada. Quando do pagamento da segunda parcela, o comprador descontou um valor a título de multa contratual. O vendedor discordou e pretendeu discutir o cabimento da multa judicialmente. Consultou o Fisco para confirmar se o valor da segunda parcela poderia ser tributado para fins de apuração de eventual ganho de capital descontada a multa, cabendo a tributação sobre o valor da multa apenas quando julgada definitivamente indevida nos autos do processo judicial.

---

preço da operação. O simples auferimento desse valor complementar integra, portanto, o valor da alienação societária para fins de apuração do ganho de capital respectivo, devendo sobre ele ser apurado o correspondente imposto devido".

[230] "Dito de outro modo, não corresponde às situações de reparação patrimonial, no entanto, situações em que são auferidos valores destinados não a recomposição patrimonial, mas em função de, como diz a consulente, perda de oportunidade de prestar um determinado serviço – a gestão empresarial – e receber a respectiva remuneração por tal atividade, ou perda da oportunidade de atingir um determinado resultado contábil, que seria buscado mediante a gestão empresarial da pessoa jurídica, resultado esse que legitimaria o consulente ao incremento de valor suplementar a ser auferido relativamente ao negócio de alienação de participação societária".

AJUSTES DE PREÇO

A RFB se limitou a afirmar que o valor descontado a título de multa *"não apresenta reflexos na apuração do ganho de capital relativo à operação"*. No entanto, a multa representava um ajuste redutor no preço, de forma clara, cabendo sim ao vendedor calcular o ganho tão-somente sobre o valor líquido da parcela do preço, até em respeito ao princípio da realização da renda e do artigo 43 do CTN.

Por outro lado, outro caso interessante merece menção[231]: na alienação de sua participação societária na Cervejaria Schincariol para a Kirin Holding Investments Brasil Participações S.A. ("Kirin"), a compradora e o vendedor Adriano Schincariol estabeleceram o preço, mas estipularam uma cláusula de ajuste que dependia do valor a ser apurado com base na dívida líquida nos seguintes termos:

> Cláusula 2.3. Ajuste do Preço de Aquisição. **O Preço de Aquisição estará sujeito a um ajuste, para acima ou para baixo, com base na diferença entre o Preço de Aquisição e o Preço de Aquisição Ajustado**, conforme abaixo definido:
>
> "Preço de Aquisição Ajustado" significa o Preço de Aquisição ajustado de acordo com a diferença, positiva ou negativa, entre (i) R$ 742.642.666,50; e (ii) a Dívida Líquida no Fechamento.
>
> (...)
>
> O cálculo da Divida Líquida no Fechamento será final, conclusiva e vinculante a cada uma das Partes do presente Contrato. Os Vendedores, de um lado, e a Compradora, de outro lado, deverão pagar os honorários e as despesas dos Contadores, em parte iguais. (g.n.).

Por ocasião do fechamento do contrato de aquisição, o vendedor recolheu em agosto de 2011 IR sobre o ganho de capital apurado no valor total da venda. Posteriormente, se verificou um ajuste negativo, de modo que o vendedor de fato realizou, em abril de 2012, um pagamento à empresa

---

[231] Acórdão nº 2201-002.659, de 10.2.2015:
"IRPF. GANHO DE CAPITAL. CONTRATO DE COMPRA E VENDA DE AÇÕES. PREÇO DETERMINÁVEL. Em se tratando de contrato de compra e venda de ações com preço determinável, o valor de venda para efeito de apuração do ganho de capital decorrente da alienação é o valor de venda estabelecido no contrato, com os ajustes contratuais, sejam eles positivos ou negativos".

Kirin na ordem de R$ 3.873.752,64. Diante disso, o vendedor ingressou com pedido de restituição, por entender que teria pago IR a maior.

O pedido foi negado, porque o Fisco alegou que o ajuste negativo que motivou a devolução do mencionado montante à compradora seria um ato posterior ao fato gerador do ganho de capital e, portanto, não deveria impactar o valor já reconhecido e tributado. Ainda, fundamentou seu entendimento com base no artigo 116, II, do CTN, segundo o qual considera-se ocorrido o fato gerador no momento em que a situação jurídica for constituída, descabendo qualquer efeito posterior.

O CARF, porém, se manifestou de forma favorável ao contribuinte, reconhecendo o seu direito ao indébito. No seu entendimento, pela análise do contrato, restou claro que o ajuste teria natureza jurídica de preço do negócio, de modo que, mesmo posteriormente, caberia ao vendedor *"ajustar o referido valor, seja para recolher a diferença na hipótese de aumento do valor da venda, seja para solicitar repetição ou compensação na hipótese de redução do valor da venda"*. Esse procedimento se tornou necessário porque, inicialmente, o comprador parece ter considerado o valor integral como preço para fins de apuração de ganho de capital. Se as partes tivessem tratado o ajuste como uma contraprestação contingente sujeita à cláusula suspensiva, o valor do ajuste não teria sido considerado na composição do preço e, respectivamente, do ganho de capital auferido pelo vendedor.

Uma situação similar foi analisada pelo Tribunal Regional Federal da 3ª Região em 2018. O caso envolveu a alienação de participação societária detida por empresa uruguaia em sociedade brasileira, chamada Stratema[232].

---

[232] "PROCESSUAL CIVIL E TRIBUTÁRIO. APELAÇÃO E REMESSA OFICIAL. IMPOSTO DE RENDA RETIDO NA FONTE (IRRF). FATO GERADOR COMPLEXIVO. VENDA DE QUOTAS DE PARTICIPAÇÃO SOCIETÁRIA. CLÁUSULA CONTRATUAL PREVENDO DEVOLUÇÃO DE PARTE DO PAGAMENTO SE DETECTADO PATRIMÔNIO LÍQUIDO INFERIOR AO PREÇO FIXADO. REDUÇÃO DE GANHO DE CAPITAL. COMPROVAÇÃO. REPETIÇÃO DE INDÉBITO. POSSIBILIDADE.
1. A parte autora, ora apelada, Revelpride Sociedad Anonima, sediada no Uruguai, firmou contrato com a empresa Veeder-Root do Brasil, por meio do qual alienou as suas quotas de participação societária na empresa Stratema.
2. O mencionado negócio jurídico foi operacionalizado pelo Contrato de Câmbio de Venda nº 11/106262, também no dia 11/07/2011, em que a compradora Veeder-Root do Brasil transferiu R$ 17.742.212,95 para a apelada, sendo retido a título de imposto de renda o valor de R$ 2.661.332,00, conforme demonstra a DARF de fls. 170.

A parte compradora era brasileira e, quando da remessa do preço ao exterior, que totalizou cerca de R$ 17,7 milhões, o comprador reteve o IR sobre o ganho de capital. O contrato firmado em julho de 2011, porém, previa eventual pagamento de ajuste negativo devido pelo vendedor caso o patrimônio líquido da sociedade-alvo fosse menor do aquele inicialmente apurado.

Posteriormente, uma auditoria realizada 3 meses após assinatura do contrato apurou que o patrimônio líquido era inferior ao montante originalmente previsto, e, em razão disso, o vendedor estrangeiro realizou, em dezembro de 2011, o pagamento de aproximadamente R$ 1,5 milhões, pelo ajuste negativo, ao comprador brasileiro.

O vendedor estrangeiro pleiteou o ressarcimento da diferença do IR, por entender que o pagamento efetuado teria natureza de devolução de parte do preço de venda, de modo que o imposto retido pelo comprador teria sido pago a maior.

A União Federal argumentou que o pedido deveria ser negado, e, para tanto, questionou aspectos fáticos, alegando que não haveria prova suficiente quanto aos fatos alegados pela empresa uruguia, e, no mérito, argumentou que o fato gerador do IR já teria ocorrido quando do pagamento do preço

3. Ocorre que o Contrato de Compra e Venda de Quotas previa a possibilidade de devolução de parte do pagamento se, no pós-fechamento, fosse detectado patrimônio líquido inferior ao preço inicialmente fixado (Cláusula 1.5.), o que de fato ocorreu.

4. Em razão disto, em 19/12/2011, a apelada transferiu à compradora o valor de R$ 1.520.990,39, conforme demonstra o Contrato de Câmbio nº 000101676092. Neste Contrato, consta a especificação de que se trata de valores referentes à "repatriação parcial do contrato tipo 04 nr: 11/106262", que é o Contrato de Câmbio inicial.

5. O Imposto de Renda, previsto no art. 153, III, da Constituição da República, tem como fato gerador a aquisição da disponibilidade econômica ou jurídica: I) de renda, assim entendido o produto do capital, do trabalho ou da combinação de ambos; II) de proventos de qualquer natureza, assim entendidos os acréscimos patrimoniais não compreendidos no inciso anterior, conforme descrição do Código Tributário Nacional (art. 43, I e II).

6. Levando-se em conta a circunstância de que o imposto de renda é tributo cujo fato gerador tem natureza complexiva, i.e., é composto de múltiplos fatos materiais sucessivos cuja hipótese de incidência ocorre sempre no dia 31 de dezembro, ao término do exercício financeiro, não há que se falar em violação ao art. 116 do CTN, vez que todas as transações financeiras para a aquisição societária foi concretizada no mesmo ano calendário.

7. Apelação e remessa oficial improvidas". (Apelação/Remessa necessária nº 0014590-39.2013.4.03.6100/SP, Relatora Desembargadora Consuelho Yoshida, 14.5.2018).

pela empresa brasileira, nos termos do artigo 116, I, do CTN, descabendo qualquer modificação posterior resultante de acordo privado entre as partes.

A decisão do Tribunal foi unânime e favorável ao contribuinte, mantendo a sentença de 1º grau que já havia reconhecido o direito à restituição da empresa uruguaia, apontando que a redução do ganho de capital seria consequência direta da "repatriação" de parte do preço de venda. Embora não tenha entrado na discussão mais detalhada envolvendo o tratamento da contraprestação contingente, esse precedente judicial é bastante importante, dessa forma, ao reconhecer que os ajustes posteriores do preço têm sim impacto no custo de aquisição do comprador e no ganho de capital do vendedor.

Portanto, tratando-se de ajustes de preço, é preciso compreender bem o mecanismo adotado; sendo um ajuste puro e simples para cima ou para baixo, caberá ao comprador e ao vendedor posteriormente reconhecerem o respectivo ajuste e seus efeitos tributários sendo caracterizados como contraprestações contingentes cujo pagamento está sujeito a condição suspensiva; tratando-se de ajustes que, na essência, são mecanismos típicos de *earn out* ou *holdback*, cabem os comentários já tecidos ao longo deste livro.

5.3. Sugestões e Recomendações Práticas na Execução dos Ajustes de Preço

Tendo em vista a importância de recomendações práticas, seguem abaixo alguns aspectos e sugestões relativos aos ajustes de preço que merecem atenção das partes:

(i) seria essencial que o contrato pontuasse de forma clara como cada ajuste ocorrerá, quais critérios e parâmetros financeiros estão atrelados, ou seja, quais são os eventos futuros e incertos (por exemplo, o vendedor vai receber um valor adicional decorrente de ajuste positivo devido pelo fato de a empresa-alvo ter auferido lucro no período entre a assinatura do contrato e o fechamento, e vice-versa, deverá pagar um valor adicional ao comprador em caso de ajuste negativo decorrente do prejuízo auferido), como será verificado o evento que causará o acréscimo ou redução do preço, prevendo prazo e forma de verificação de cada item de ajuste;

(ii) seria importante que no contrato constasse a condicionalidade do pagamento do ajuste e que, por ocasião da assinatura, ainda não fosse possível estabelecer quem deverá pagar e qual o valor exato – justamente para isso serve o mecanismo. A cláusula do ajuste poderia já indicar a natureza de contraprestação contingente cujo pagamento está sujeito a condição suspensiva, que deve impactar o preço em período posterior; e

(iii) no caso de eventual ajuste negativo devido pelo vendedor puder ser compensado com *earn out* ou valor de preço retido, e vice-versa, por exemplo, eventual ajuste positivo devido pelo comprador puder ser compensado com eventual indenização devida pelo vendedor, seria imprescindível que as partes dispusessem exatamente no contrato como serão feitas as compensações e os impactos para fins de acréscimo ou redução do preço.

6
Indenização

6.1. A Função do Mecanismo de Indenização

As cláusulas de indenização são uma excelente garantia ao comprador, protegendo-o contra eventuais passivos/contingências que podem afetar negativamente a empresa-alvo, bem como contra eventuais problemas que possam surgir que são inclusive desconhecidos durante a fase da diligência. Esse mecanismo funciona, de maneira similar ao *earn out*, ao *holdback* e ao *escrow*, como alternativa para mitigar os diversos problemas de assimetria informacional, expectativas divergentes, aversão ao risco, dentre outros.

As cláusulas de indenização podem ser mais abrangentes e até genéricas estabelecendo o dever amplo de indenização ao comprador. Essas cláusulas mais abertas estão diretamente relacionadas com as declarações e garantias[233], que envolvem essencialmente a declaração de uma série de fatos pelo vendedor. Como bem coloca João Pedro Barroso Nascimento[234], as

---

[233] Mais conhecidas como *"reps & warranties"*.

[234] Conforme João Pedro Barroso Nascimento, "as cláusulas de declarações e garantias (representations and warranties) são disposições usuais em contratos de aquisição, por meio das quais, de um lado, o comprador e, de outro lado, o vendedor e/ou a companhia prestam informações e detalham características e apresentam uma "fotografia" fidedigna e presumidamente correta da situação financeira, contábil, jurídica e operacional da companhia (i.e., empresa-alvo) e, em determinados casos, do próprio comprador e do vendedor. A composição desses interesses se dará mediante a definição do preço e/ou a aceitação recíproca entre as

declarações e garantias funcionam como uma espécie de "fotografia" da empresa-alvo que o vendedor apresenta ao comprador.

Nesse sentido, as declarações e garantias são utilizadas para mitigar justamente o problema da assimetria informacional: o comprador não consegue ou não tem tempo hábil o suficiente para realizar uma diligência completa e, desse modo, o vendedor declara determinados fatos como verdadeiros, resolvendo eventuais impasses entre as partes. Ronald J. Gilson[235] bem sintetiza: o vendedor assume a veracidade das informações e dos fatos declarados ao longo do contrato e garante a indenização ao comprador se houver qualquer problema quanto às suas declarações.

Considerando que nem todas as informações necessárias são disponíveis ao comprador – e, ainda que estejam, há altos custos de transação em obter e avaliar todo conjunto de informações em curto espaço de tempo – o comprador acaba se valendo de uma lista por vezes bastante extensa de declarações do comprador. Gilson[236] aponta que esse tipo de cláusula costuma ser, na verdade, a parte mais extensa do contrato, e, na prática, acaba por evitar que o comprador perca tempo e dinheiro buscando informações que sequer serão disponibilizadas, dando assim mais celeridade ao processo de aquisição. Por exemplo, em vez de confirmar se todas as obrigações tributárias acessórias foram cumpridas a tempo, com a entrega das inúmeras declarações, o comprador simplesmente aceita as declarações por parte do vendedor nesse sentido.

É importante observar que a cláusula de declarações e garantias está baseada na boa-fé objetiva por presumir que as declarações ali feitas são verdadeiras, dando assim maior segurança ao comprador. A boa-fé é princípio basilar do Direito Civil, pautando a execução de todos os

---

partes da materialidade dos ativos e passivos pelos quais se responsabilizarão o vendedor e/ou o comprador". Ibidem. p. 196.

[235] Ronaldo J. Gilson comenta que: *"This technique is among the most common approaches to verification that appear in corporate acquisition agreements. The seller verifies the accuracy of the information it has provided through its representations and warranties by agreeing to indemnify the buyer if the information turns out to be wrong, i.e., if a breach of a representation or warranty occurs"*. Ibidem. p. 282.

[236] Como pontua o autor, *"the portion of the acquisition agreement dealing with representations and warranties-commonly the longest part of a typical acquisition agreement and the portion that usually requires the most time for a lawyer to negotiate has its primary purpose to remedy conditions of asymmetrical information in the least-cost manner"*. Ibidem. p. 269.

contratos, nos termos dos artigos 113 e 423 do CC/2002[237]. Enquanto que o princípio da boa-fé subjetiva considera a intenção, a vontade do indivíduo, o princípio da boa-fé objetiva consiste em um norte para conduta negocial e contratual. Miguel Reale[238] bem comenta sobre ambas as facetas desse relevante princípio:

> Em primeiro lugar, importa registrar que a boa-fé apresenta dupla faceta, a objetiva e a subjetiva. Esta última – vigorante, *v.g.*, em matéria de direitos reais e casamento putativo – corresponde, fundamentalmente, a uma atitude psicológica, isto é, uma decisão da vontade, denotando o convencimento individual da parte de obrar em conformidade com o direito. Já a boa-fé objetiva apresenta-se como uma *exigência de lealdade*, modelo objetivo de conduta, arquétipo social pelo qual impõe o poder-dever que cada pessoa ajuste a própria conduta a esse arquétipo, obrando como obraria uma pessoa honesta, proba e leal. Tal conduta impõe diretrizes ao agir no tráfico negocial, devendo-se ter em conta, como lembra Judith Martins Costa, "a consideração para com os interesses do alter, visto como membro do conjunto social que é juridicamente tutelado". Desse ponto de vista, podemos afirmar que a boa-fé objetiva se qualifica como *normativa de comportamento leal*. A conduta, segundo a boa-fé objetiva, é assim entendida como noção sinônima de "honestidade pública".

Note-se que, no contexto das operações ora examinadas, o vendedor evidencia a sua boa-fé por meio de declarações no sentido de que as condutas adotadas até então estão em conformidade com a lei. Diante disso, o vendedor, para todos os fins, declara ter adotado padrões e critérios morais e éticos e ter agido de forma absolutamente leal e honesta. A sua boa-fé, refletida nesse tipo de cláusula contratual, fornece a segurança necessária ao comprador, no sentido de que o comprador pode confiar na conduta do vendedor. A segurança é, ao final, o propósito desse princípio, como bem comenta Orlando Gomes[239]: *"para traduzir o interesse social de segurança das*

---

[237] "Art. 113. Os negócios jurídicos devem ser interpretados conforme a boa-fé e os usos do lugar de sua celebração".

"Art. 422. Os contratantes são obrigados a guardar, assim na conclusão do contrato, como em sua execução, os princípios de probidade e boa-fé".

[238] REALE, Miguel. A boa-fé no código civil. 2003. Disponível em: http://www.miguelreale.com.br/artigos/boafe.htm. Acesso em 20.12.2018.

[239] GOMES, Orlando. Contratos. Rio de Janeiro: Editora Forense, 1999, p. 42.

*relações jurídicas, diz-se, como está expresso no Código Civil alemão, que as partes devem agir com **lealdade** e **confiança** recíprocos. Numa palavra, devem proceder com boa-fé".*

Um bom exemplo prático segue abaixo, no caso da aquisição da empresa corretora de imóveis Blue Negócios Imobiliários Ltda. pela Brasil Brokers Participações S.A.[240]:

> – os documentos societários da M.M. Assessoria Imobiliária & Serviços Ltda. contêm registros fiéis e completos de todas as deliberações dos acionistas ou sócios, manifestações de vontade, bem como das demais medidas societárias adotadas, e nenhuma deliberação de seus acionistas ou sócios foi tomada com relação à qual os respectivos documentos ou registros não tenham sido devidamente elaborados e arquivados;
>
> – as marcas registradas (Home Hunters, Farm Hunters, House Hunters, etc.) e demais direitos de propriedade intelectual utilizados pela M.M. Assessoria Imobiliária & Serviços Ltda. são de titularidade da M.M. Assessoria Imobiliária & Serviços Ltda., serão formalmente transferidos para a Blue Negócios Imobiliários Ltda., e não há qualquer pendência em relação a sua utilização (a Brasil Brokers Participações S.A. compromete-se a envidar seus melhores esforços para desenvolver todas as marcas de serviços transferidas, inclusive a Farm Hunters);
>
> – não existem pendências judiciais ou administrativas que impeçam, ponham em risco ou tornem onerosas as operações previstas neste Instrumento;
>
> – a M.M. Assessoria Imobiliária & Serviços Ltda. tem todos os registros e cumpre com todas as leis, normas e regulamentações diretamente relacionadas ao exercício de sua atividade profissional de compra e venda e corretagem de imóveis, tais como regras do Conselho Regional e Federal dos Corretores de Imóveis. A M.M. Assessoria Imobiliária & Serviços Ltda. não recebeu qualquer comunicação de ente público encarregado da fiscalização, regulamentação ou exercício de controle de suas atividades profissionais que alegue que a M.M. Assessoria Imobiliária & Serviços Ltda. não esteja cumprindo integralmente as leis, normas e regulamentações relacionadas ao exercício de suas atividades profissionais. Não há qualquer demanda administrativa ou judicial pendente

---

[240] Disponível em: http://ri.brasilbrokers.com.br/arquivos/AGE_Proposta.pdf. Acesso em 21.8.2017.

contra a M.M. Assessoria Imobiliária & Serviços Ltda. questionando a observância de qualquer lei, acordo, norma ou regulamentação relacionada ao exercício de suas atividades profissionais.

O vendedor pode, obviamente, trazer exceções às suas declarações e garantias, justamente em relação aos passivos e contingências que foram divulgados pelo vendedor e, portanto, que foram devidamente identificados e avaliados pelo comprador durante a diligência[241].

Há também obrigações de indenizar bastante detalhadas, que delimitam de forma específica quais itens estão cobertos ou não.

Para citar uma redação de cláusula que une o dever mais genérico de indenizar, em caso de quebra de declarações e garantias, e, de forma pontual, o dever de indenização assumido em relação a contingências tributárias específicas, segue o caso da aquisição da Companhia Providência Indústria e Comércio pela PGI Polímeros do Brasil S.A.[242]:

> 2.10. O Preço da Alienação, que é replicado na presente OPA por meio do Preço da Oferta, foi negociado entre as partes (Acionistas Vendedores e a PGI) para ser pago em uma parcela à vista, na data do fechamento da Operação, e duas parcelas futuras e incertas, a depender do desfecho de algumas situações que foram denominadas no Edital como "Obrigações de Indenização no âmbito do SPA".
>
> 2.11. No que tange às referidas Obrigações de Indenização, de acordo com as informações contidas no SPA, os Acionistas Vendedores devem indenizar a Ofertante em relação a determinadas perdas que venham a ser por ela incorridas diretamente ou através da Companhia, na medida em que **tais perdas resultem de: (a) qualquer quebra das declarações e garantias dadas pelos Acionistas Vendedores no SPA; (b) qualquer mora em relação a quaisquer obrigações dos Acionistas Vendedores no SPA; e (c) Demandas Fiscais Especiais.** (g.n.).

---

[241] As partes podem concordar em descontar ou não o valor desses passivos e contingências do preço ou mesmo criar outro mecanismo de garantia específico.

[242] Disponível em: http://www.cvm.gov.br/export/sites/cvm/decisoes/anexos/2015/20150630/9741.pdf. Acesso em 19.1.2019.

Além do escopo da indenização, na prática as partes costumam estabelecer uma limitação temporal ao pagamento da indenização, de forma similar àquela mencionada acima no caso do *holdback*, de modo que a obrigação de indenizar persiste, em geral, até o final do prazo decadencial ou prescricional no caso de passivos ocultos ou não materializados ou, no caso de processos em curso, até o término dos litígios. Ainda, as partes podem optar por valores mínimos (piso) e máximos (teto) de indenizações a serem devidas e até mesmo por estabelecer um valor mínimo total para perdas acumuladas evitando que a parte indenizada pleiteie reiteradas indenizações[243].

Como o comprador pode questionar se o vendedor terá no futuro condições financeiras para arcar com os deveres de indenização, é normal que os contratos estabeleçam garantias para o comprador, como o penhor ou alienação fiduciária de ações, usufruto ou cessão de dividendos, hipotecas de imóveis ou garantias pessoais dos vendedores.

Ainda nesse contexto, como já visto, o próprio mecanismo do *holdback* / *escrow* também serve como garantia de eventual dever de indenização. Portanto, na prática, é comum que o comprador e o vendedor concordem que parte do preço será retida e depositada em *escrow* também para garantir o pagamento de futuras indenizações devidas. Foi exatamente o caso mencionado da Companhia Providência Indústria e Comércio:

> **A segunda parcela relacionada ao valor das Obrigações de Indenização, denominada Valor Retido ou Holdback, no montante de R$ 106.869.003,96, ou seja, R$ 1,87447 por ação, servirá como garantia e única fonte de pagamento das Demandas Fiscais Especiais, descritas no parágrafo 2.12 acima.**
>
> 2.24. Assim sendo, tal parcela será parcial ou totalmente paga pela Ofertante aos Acionistas Vendedores, conforme as Demandas Fiscais Especiais não venham a gerar perdas para a Ofertante ou partes a ela relacionadas, após serem objeto de decisões administrativas ou judiciais transitadas em julgado ou virem a ter seus prazos prescricionais expirados.

---

[243] Trata-se do chamado método *basket*. Confira os comentários práticos e objetivos de Daniella Tavares e Caio Ferreira: A Limitação de Responsabilidade em Contratos de M&A regidos pela lei brasileira. Junho de 2015. Disponível em: https://www.machadomeyer.com.br/pt/noticias/imprensa/a-limitacao-de-responsabilidade-em-contratos-de-m-a-regidos-pela-lei-brasileira. Acesso em 21.8.2017.

INDENIZAÇÃO

2.25. De outro modo, caso as Demandas Fiscais Especiais resultem em perdas a serem incorridas, direta ou indiretamente, pela Ofertante, ou por partes a ela relacionadas, o Valor Retido será utilizado como garantia e única forma de pagamento de tais perdas, não sendo, dessa forma, tais valores liberados aos Acionistas Vendedores. (g.n.).

Ainda, quando adquiriu o Laboratório Padrão S.A. em 2013, o Instituto Hermes Pardini S.A. estabeleceu o *holdback* justamente como garantia de possível indenização devida[244]:

Em 04/07/2013, a Companhia celebrou com os acionistas do Laboratório Padrão S.A., Srs. Ary Henrique de Souza Júnior, Luiz Murilo Martins de Araújo, Paulo Luiz Carvalho Francescatonio e Renato Caetano Borges, Contrato de Compra e Venda de Ações visando à aquisição de 320.000 ações, representativas de 80% do capital social da sociedade.

O Preço de Compra foi estipulado em R$ 54.603.079,94, a ser pago pela Compradora aos Vendedores de acordo com suas respectivas participações no capital social da sociedade adquirida, em moeda corrente nacional. **Do valor total do Preço de Compra, foram deduzidos R$ 4.203.079,94 para fins de garantia de ajuste de preço e R$ 1.500.000,00 como Holdback Amount, para garantia da obrigação de indenização dos Vendedores.** (g.n.).

No caso acima, é interessante notar que, na realidade, foram estabelecidos 2 tipos de retenção: retenção como garantia de eventual ajuste negativo de preço e *holdback* como garantia de eventual indenização. Apesar da denominação distinta, na prática ambas as retenções funcionam como um *holdback* que, como vimos, tem a função primordial de servir como instrumento de proteção do comprador.

Embora pareça simples, há uma série de aspectos específicos envolvendo o pagamento de indenizações no âmbito de contratos de aquisição de participação societária que merecem ser discutidos: o valor indenizado corresponde à perda efetiva? O conceito contratual de perda ou dano é compatível com o conceito legal? Como atribuir o valor exato do prejuízo

---

[244] Disponível em:
http://ri.hermespardini.com.br/list.aspx?idCanal=vIK7IIwNVJcIPte1GDHw8w==&ano=2017. Acesso em 21.8.2017.

incorrido pela parte? E quando o valor da indenização sequer encontra paralelo com o valor do bem ou direito danificado? Qual a parte que arca com o dano, o comprador ou a própria empresa-alvo? E no caso de indenizações pagas ao vendedor? Daí decorre a necessidade de examinar a fundo a problemática envolvida no pagamento de indenizações, sem prejuízo do exame das peculiaridades de cada caso concreto para definir se o montante deve ou não sofrer tributação.

6.2. Conceito Jurídico de Dano e Espécies de Indenização

De acordo com o artigo 402 do CC/2002, a indenização tem por fim reparar ou compensar danos causados por alguém a outrem. Assim, o dano é pressuposto para a existência da indenização, ou seja, somente há indenização para reparar o dano causado. Portanto, a intenção é recuperar o patrimônio da pessoa física ou jurídica que sofreu a perda no exato montante caso o dano não tivesse sido causado.

Os conceitos de dano e de indenização estão diretamente relacionados com a responsabilidade civil. É importante esclarecer que o dever de responsabilidade pode ser contratual ou extracontratual[245]: o descumprimento de uma obrigação estabelecida em um contrato firmado entre as partes gera o dever de indenizar o dano causado, bem como o descumprimento da lei, ou seja, a própria prática de um ato ilícito também gera o dever legal de indenizar a perda sofrida[246].

No âmbito do Direito Privado, as partes têm autonomia para dispor sobre seu dever de indenizar e inclusive para estabelecer o próprio conceito de dano e limitar a responsabilidade, por exemplo, impondo um limite para o montante da indenização a ser paga[247].

Assim, a ocorrência do dano é pressuposto da responsabilidade civil, seja contratual ou extracontratual, e, logo, do próprio dever de indenizar.

O conceito de dano tem sido segregado entre dano patrimonial (prejuízos materiais que causam diminuição do patrimônio) e extrapatrimonial

---

[245] Responsabilidade extracontratual é chamada de "aquiliana", trata-se da responsabilidade civil geral.

[246] Confira o teor do artigo 186 do CC/2002: "Art. 186. Aquele que, por ação ou omissão voluntária, negligência ou imprudência, violar direito e causar dano a outrem, ainda que exclusivamente moral, comete ato ilícito".

[247] É questionável a limitação de responsabilidade considerando que em tese o Código Civil o protege o direito amplo à indenização pelo ato ilícito: podem as partes definir de outra maneira?

(prejuízos imateriais que afetam a imagem, a moral etc.). O conceito de dano patrimonial encontra-se previsto nos artigos 402 e 403 do CC/2002: as perdas e danos correspondem ao que a parte "efetivamente perdeu", ou seja, aos "prejuízos efetivos" sofridos, os chamados danos emergentes, e podem ainda abranger o que a parte *razoavelmente deixou de lucrar*", isto é, os lucros cessantes[248]. Portanto, os danos patrimoniais incluem o prejuízo patrimonial causado à parte lesada e os lucros cessantes abrangem os prejuízos diretos e imediatos relativos ao que a parte lesada deixou de ganhar.

Vale mencionar que a indenização *"mede-se pela extensão do dano"*, nos termos do artigo 944 do CC/2002[249], e, por fim, que a indenização, seja por danos emergentes ou mesmo por lucros cessantes, não tem natureza punitiva[250], mas sim compensatória.

6.3. Tratamento Tributário de Indenização

Primeiro, é preciso refletir se valores recebidos a título de indenização se configuram como renda e ainda como receita, para fins de incidência de IRPF, IRPJ/CSL e PIS/COFINS.

Em relação à renda, como já analisado, o artigo 43 do CTN deixa claro que apenas os acréscimos patrimoniais podem ser considerados como grandezas tributáveis pelo IR. Diante disso, seria possível entender que a indenização, por não representar acréscimo patrimonial, dada a sua natureza compensatória e reparatória, não implicaria renda tributável. Nessa linha, a indenização, regra geral, é uma mera forma de compensação de prejuízos sofridos, e não fonte de enriquecimento.

No entanto, excetuados os casos de previsão legal específica (indenizações trabalhistas, desapropriação de imóvel e programas de demissão voluntária), a Lei nº 9.430/1996 diferencia os valores de indenização pagos a título de recomposição de danos emergentes daqueles pagos a título de lucros cessantes para fins de tributação.

---

[248] "Art. 402. Salvo as exceções expressamente previstas em lei, as perdas e danos devidas ao credor abrangem, além do que ele efetivamente perdeu, o que razoavelmente deixou de lucrar. Art. 403. Ainda que a inexecução resulte de dolo do devedor, as perdas e danos só incluem os prejuízos efetivos e os lucros cessantes por efeito dela direto e imediato, sem prejuízo do disposto na lei processual".

[249] "Art. 944. A indenização mede-se pela extensão do dano".

[250] Em regra admite-se a natureza punitiva apenas no caso de danos morais.

Conforme a legislação tributária[251], os valores recebidos a título de reparação de danos emergentes não estão sujeitos à tributação por não representarem qualquer acréscimo patrimonial. Por outro lado, os valores recebidos a título de indenização por lucros cessantes, em decorrência do lucro que, por algum motivo, deixou de ser verificado, bem como valores recebidos a título de multas impostas pelo descumprimento de qualquer cláusula acordada pelas partes, representam futuros aumentos de patrimônio, não se configurando como ressarcimentos ou recomposições. Assim, estão regularmente sujeitos à tributação, por representarem efetivos acréscimos patrimoniais para quem os recebe, e não a mera reparação de um dano material.

Muito embora seja absolutamente razoável entender que a indenização por lucros cessantes também não devesse ser tributada, por consistir em compensação pela frustração da expectativa de ganho, como bem aponta Roque Antonio Carrazza[252], a lógica da legislação, do Fisco e da própria jurisprudência está relacionada à dificuldade em avaliar, quantitativamente, o valor atribuído a esse tipo de indenização.

Assim como o prejuízo causado por danos morais, esse tipo de dano envolve uma quantificação que dificilmente poderia ser verificada de forma clara e objetiva pelas Autoridades. Como examinar um caso concreto de uma indenização paga por um incêndio em uma fábrica e validar que a indenização por lucros emergentes se limitou ao cálculo mais preciso possível da recomposição da planta industrial que precisa ser reconstruída e que a indenização por lucros cessantes considerou a receita que seria auferida em condições normais com a venda de produtos caso o incêndio não tivesse ocorrido?

Essa premissa geral de que cabe tributação apenas sobre os lucros cessantes, mas não sobre a recomposição dos danos emergentes, tem sido aplicada tanto para IRPF e IRPJ/CSL[253] como para PIS/COFINS, muito

---

[251] Artigo 70, parágrafo 5º, da Lei nº 9.430/1996.

[252] Ibidem. pp. 182 e 183.

[253] Vale mencionar a Solução de Consulta DISIT nº 107, de 28.5.2012: "(...) Os valores recebidos a título de indenização, relacionados à recuperação de despesas, não se sujeitam à tributação do IRPJ, salvo se as despesas objeto dessa indenização tiverem sido computadas no Lucro Real do próprio período ou de períodos anteriores ao do recebimento. As importâncias recebidas que excederem àquelas auferidas a título de recuperação de despesas são consideradas receitas novas, sujeitando-se à incidência desse imposto. (...)".

embora, nesse último caso, o Fisco ainda entenda pela incidência das contribuições sociais cobradas na sistemática não-cumulativa[254] sobre qualquer tipo indenização, independente da sua natureza, exigência que tem sido, contudo, afastada pela jurisprudência[255].

A esse respeito, vale observar que, nos termos do artigo 195 da CF/1988, a base de cálculo do PIS/COFINS é a receita ou o faturamento. Muito embora não haja na legislação que cuida das contribuições hoje previsão legal expressa que autorize a exclusão das indenizações por danos emergentes da base de cálculo, os valores recebidos a esse título não deveriam sofrer tributação, por não representarem qualquer acréscimo, mas mera recomposição. A respeito do tema, confira-se Tércio Chiavassa e Diego Caldas R. de Simone[256]:

Ainda, o próprio entendimento do STJ: "RECURSO ESPECIAL DA FAZENDA NACIONAL. PROCESSUAL CIVIL E TRIBUTÁRIO. VIOLAÇÃO DOS ARTS. 295, III E 267, VI E parágrafo 3º, DO CPC. NÃO OCORRÊNCIA. TRANSAÇÃO REALIZADA ENTRE AS PARTES. RECOMPOSIÇÃO DAS PERDAS E DANOS EMERGENTES. NATUREZA JURÍDICA INDENIZATÓRIA. NÃO INCIDÊNCIA DE IRPJ E CSLL. REVOLVIMENTO DE PREMISSAS FÁTICO-PROBATÓRIAS. IMPOSSIBILIDADE. SÚMULA N. 7/STJ. (...) 3. A indenização relativa às perdas e danos emergentes, consoante orientação desta Corte, não é fato gerador do imposto de renda, haja vista a natureza eminentemente indenizatória de tal verba, na qual não há qualquer acréscimo patrimonial, mas apenas a recomposição dos danos suportados. (...) DISPOSITIVO Recursos especiais conhecidos, mas ambos improvidos". (Recurso Especial nº 1.080.187/RJ, Relator Ministro Mauro Campbell Marques, 2ª Turma, Publicado em 28.9.2010).

[254] Confira a Solução de Consulta DISIT nº 43, de 10.4.2013:
"INDENIZAÇÃO. DANO PATRIMONIAL. As indenizações recebidas por pessoas jurídicas, destinadas, exclusivamente, a reparar danos patrimoniais, integram a base de cálculo para fins de incidência da Contribuição para Financiamento da Seguridade Social – Cofins (regime não-cumulativo). A partir de 28/05/2009, as indenizações recebidas por pessoas jurídicas, destinadas, exclusivamente, a reparar danos patrimoniais, não integram a base de cálculo da Cofins (regime cumulativo da Lei nº 9.718/1998)".

[255] Apenas para exemplificar algumas decisões do CARF:
"INDENIZAÇÃO EVENTUAL DE SINISTRO. NÃO INCLUSÃO NA BASE DE TRIBUTAÇÃO. A indenização de sinistro que não constitui resultado de suas atividades empresariais, mas é apenas um ingresso eventual, não está no campo de incidência da contribuição. (...)". (Acordão nº 3401-002.835, de 11.12.2014).

[256] CHIAVASSA, Tércio. RIVAS de SIMONE, Diego Caldas. Valores faturados e não recebidos: a questão do PIS e da COFINS. In Migalhas, 18.11.2004. Disponível em: https://www.migalhas.com.br/dePeso/16,MI8280,61044-Valores+faturados+e+nao+recebid os+a+questao+do+PIS+e+da+COFINS. Acesso em 10.10.2017.

O conceito de receita é discutido pela doutrina pátria há muito tempo. De maneira geral, e a par das diferenciações doutrinárias sobre o conceito de receita, é possível identificar receita como um ingresso que se incorpore de maneira positiva e definitiva ao patrimônio de uma empresa, decorrente de remuneração ou contraprestação de seus atos ou atividades sociais. Desta forma, os principais focos da discussão que sintetizam o conceito de receita, são: (i) constitui-se fenômeno de caráter positivo; (ii) possui caráter causal; e (iii) deve retratar fenômeno jurídico e não contábil.

A análise do artigo 195, I, da Constituição Federal permite afirmar que os valores que não acarretem efetivo acréscimo positivo ao patrimônio da pessoa jurídica não poderão ser objeto de tributação pelo PIS e pela COFINS, sob pena de se desviar da finalidade da norma constitucional, já que a Constituição Federal outorgou ao legislador a competência para instituição do PIS ou da COFINS sobre valores que efetivamente ingressem no patrimônio do contribuinte.

Sem analisar dispositivos legais, mas pautando-se no conceito constitucional de receita, José Antonio Minatel[257] entende que a exigência de PIS/COFINS sobre indenização implica grande contradição, já que um mesmo valor não poderia ser caracterizado, simultaneamente, como receita e indenização, considerando que a receita decorre de uma atividade empreendida pela empresa, visando ao resultado, enquanto que a indenização não decorre de qualquer atividade voluntária da empresa, nem da sua própria vontade, visando apenas à reparação patrimonial. No seu entendimento, portanto, receita e indenização seriam conceitos, além de contraditórios, obviamente excludentes.

Repise-se que o conceito de receita bruta, previsto no artigo 12 do Decreto-lei nº 1.598/1977, com a redação dada pela Lei nº 12.973/2014, abrange (i) o produto da venda de bens e o preço da prestação de serviços, (ii) o resultado nas operações de conta alheia; e (iii) as receitas da atividade ou objeto principal da empresa[258].

---

[257] MINATEL, José Antonio. Conteúdo do Conceito de Renda e Regime Jurídico para sua Tributação. São Paulo: MP Editora, 2005. pp. 120 e 121.

[258] Anteriormente, vale lembrar que, ao analisar a constitucionalidade da Lei nº 9.718/1998, em 2005 o Supremo Tribunal Federal definiu que o conceito de faturamento para PIS/COFINS estaria limitado à receita auferida com o produto de vendas de mercadorias e prestações de

Será que o Fisco poderia alegar que a indenização recebida consistiria em uma receita da *"atividade ou objeto principal da empresa"*? Em relação à indenização por danos emergentes, como visto acima, é evidente que não há qualquer receita auferida em sentido estrito, mas mera recomposição patrimonial, de modo que esse argumento do Fisco não deveria prevalecer.

Desse modo, o conceito de indenização por danos emergentes não se encaixaria no atual conceito de receita bruta, desde que, e no mesmo sentido do que o IRPJ/CSL, a indenização se limite a recompor o dano efetivamente causado, não representando um ingresso adicional de receita à parte lesada.

Além da discussão quanto à tributação para a parte que recebe a indenização, existe também debate sobre a possibilidade de dedução dos valores de indenização pela parte que realiza o pagamento. Vale lembrar que, de acordo com a regra geral de dedutibilidade contida no artigo 311 do RIR/2018, as despesas consideradas normais, usuais e necessárias ao desenvolvimento das atividades da empresa, que tenham sido por ela efetivamente incorridas, são dedutíveis para fins de apuração da base de cálculo do IRPJ/CSL.

Há intensa discussão na jurisprudência quanto à possibilidade de dedução de despesas com indenização, porque as próprias circunstâncias que determinam a necessidade de cada pagamento dependem considera-velmente das peculiaridades de cada caso. Por isso, as decisões variam, ora reconhecendo ora negando a dedutibilidade em questão.

Em relação a indenizações pagas em decorrência de responsabilidade contratual, porém, há precedentes na jurisprudência reconhecendo a dedutibilidade da despesa, já que claramente se trata de valores necessários à empresa pagadora: afinal, ninguém paga indenização porque quer, volun-tariamente, por caridade, mas sim por obrigação, seja legal ou contratual[259].

Um argumento que geralmente é utilizado pelo Fisco para glosar a dedutibilidade é no sentido de que a empresa pagou indenização por mera liberalidade, visando, assim, desconstruir a necessidade da despesa

---

serviços. Contudo, como é sabido, a orientação do Supremo suscitou muitos problemas. Em 2014, o conceito legal de receita bruta foi então alterado para fazer referência expressa ao mencionado artigo 12 do do Decreto-lei nº 1.598/1977.

[259] A título exemplificativo, cite-se decisões do CARF: Acórdãos nºs 103-19527, 108-06023 e 108-09.753.

relacionada. Contudo, o fato de que as partes estão obrigadas pelo contrato a respeitar o acordo realizado já seria suficiente para afastar o caráter de liberalidade: o contrato é ato passível de execução, de modo que as partes devem cumpri-lo para todos os fins. O pagamento de um valor a título de indenização por previsão contratual não deveria ser encarado como liberalidade, a não ser que a parte pague um valor maior do que aquele exigido. Assim, em algumas situações, a jurisprudência tem reconhecido que a indenização paga no âmbito de um contrato privado não teria o condão de descaracterizar a sua necessidade[260].

É possível concluir que, regra geral, a indenização deveria consistir em uma despesa necessária, já que decorre necessariamente da responsabilidade civil, seja contratual ou extracontratual, isto é, decorre de um dever de recompor os danos causados à parte. Portanto, consistente em mero cumprimento de um dever, não há como alegar a sua liberalidade – sem prejuízo da análise detalhada que deve ser feita em cada caso para determinar se a despesa específica pode realmente ser caracterizar como dedutível nos termos da legislação.

No caso de pagamento de indenização por pessoa física, porém, o pagamento não é dedutível para fins de apuração do IRPF.

6.4. As Problemáticas da Indenização em Fusões e Aquisições
Considerando as premissas acima, é possível vislumbrar alguns aspectos bastante problemáticos envolvendo o pagamento de indenização no contexto ora examinado.

6.4.1. Qual o Dano e Quem o Sofre?
Um primeiro aspecto que merece destaque diz respeito à possibilidade prática de verificação do valor, ou da extensão, do dano efetivamente sofrido pelo comprador. Note-se que, no âmbito da jurisprudência, o Superior Tribunal de Justiça tem destacado de forma expressa que a indenização

---

[260] Mencione-se a decisão da Delegacia da Receita Federal de Julgamento no Rio de Janeiro, refletida no Acórdão nº 12-7256, de 14.4.2005: "(...) GLOSA DE DESPESAS. DESNECESSIDADE. INDENIZAÇÕES POR ACIDENTES DE TRÂNSITO. EMPRESA DE TRANSPORTE DE PASSAGEIROS. O fato de as indenizações não haverem sido fixadas por sentença judicial, mas por acordo entre as partes, não descaracteriza a necessidade dos gastos. LANÇAMENTOS REFLEXOS. CSLL Na ausência de fatos novos a ensejarem conclusões diversas, o decidido no processo matriz se estende aos reflexos".

somente poderia deixar de sofrer tributação se houver total compatibilidade entre o valor do dano e o valor pago da indenização: se o valor indenizado for superior ao valor do dano material efetivo – isto é, se compensar lucros cessantes e se compensar danos imateriais – necessariamente deve haver tributação[261].

Na prática, como comprovar que o valor indenizado corresponde exatamente ao dano sofrido? Vale comparar algumas situações.

Imagine que, após concluído o contrato de aquisição de participação societária, o comprador acione o vendedor porque constatou uma falha grave na contagem do estoque: 100 mil unidades de produtos a menos do que declarado pelo vendedor no fechamento do negócio. Contratualmente, a quebra dessa declaração específica gera o dever geral de indenizar pelo vendedor. O comprador apresenta um relatório interno ou preparado por auditores externos indicando o erro na contagem do estoque e então pleiteia a indenização por estes valores. Nesse caso, a verificação do dano e do valor a ele atribuído é relativamente simples: a indenização compensa o dano emergente causado, ou seja, o estoque apurado indevidamente declarado a menor.

Agora vale imaginar uma situação mais complicada, em que o vendedor se responsabiliza por indenizar quaisquer perdas, ainda que sejam potenciais, ou seja, cuja efetiva materialização ainda não tenha ocorrido. É o caso, por exemplo, de uma multa aplicada por descumprimento da legislação ambiental que foi cobrada da empresa-alvo, mas que ainda poderia ser discutida na esfera administrativa, ou seja, ainda não será cobrada ou executada e não implica, no primeiro momento, desembolso financeiro pelo

---

[261] Confira, a título exemplificativo, o Recurso Especial nº 870.350/SP, de 12.12.2007: "1. O imposto sobre renda e proventos de qualquer natureza tem como fato gerador, nos termos do art. 43 e seus parágrafos do CTN, os "acréscimos patrimoniais", assim entendidos os acréscimos ao patrimônio material do contribuinte. 2. O pagamento de indenização pode ou não acarretar acréscimo patrimonial, dependendo da natureza do bem jurídico a que se refere. Quando se indeniza dano efetivamente verificado no patrimônio material (= dano emergente), o pagamento em dinheiro simplesmente reconstitui a perda patrimonial ocorrida em virtude da lesão, e, portanto, não acarreta qualquer aumento no patrimônio. Todavia, ocorre acréscimo patrimonial quando a indenização (a) ultrapassar o valor do dano material verificado (= dano emergente), ou (b) se destinar a compensar o ganho que deixou de ser auferido (= lucro cessante), ou (c) se referir a dano causado a bem do patrimônio imaterial (= dano que não importou redução do patrimônio material). (...)".

comprador. Cláusulas nesse sentido são relativamente comuns, conforme o exemplo abaixo[262]:

> Os Vendedores se obrigam solidaria e ilimitadamente a indenizar, reembolsar, defender e isentar a Compradora ou qualquer parte a ela relacionada em relação à totalidade de qualquer encargo, despesa, desembolso, perda, dano, custo, multa, penalidade, prejuízo ou qualquer outro tipo de responsabilidade ou obrigação pecuniária ou conversível em pecúnia, bem como a insuficiência ou inexistência de qualquer ativo ou crédito incorrida pela Compradora como resultado de: (i) todo e qualquer passivo, contingente ou absoluto, de qualquer natureza, incluindo, mas não se limitando a trabalhista, previdenciário, fiscal, cível, securitário, tributário, financeiro, ambiental ou qualquer outro da Sociedade até a data do fechamento (12 de abril de 2011), **inclusive, ainda que seus efeitos somente se materializem no futuro e tenha sido ou não revelado à Compradora no Contrato**; (ii) qualquer inexatidão ou violação de declaração ou garantia prestada; (iii) não cumprimento, parcial ou total, de qualquer avença ou acordo assumidas pelos Vendedores no Contrato; (iv) toda e qualquer insubsistência ativa ou superveniência passiva da Sociedade. Caso estes pagamentos não sejam efetuados nos termos e prazos avençados no Contrato, serão devidamente corrigidos nos termos da Cláusula 6.4 do Contrato. (g.n.).

Esse conceito próprio de dano ou perda previsto contratualmente, sem implicar ainda uma perda efetiva, mas apenas potencial, poderia ser desconsiderado pelo Fisco. Isso porque, contratualmente, as partes estabelecem um conceito de "perda indenizável" que não necessariamente importa um prejuízo real para a empresa compradora. Logo, se o comprador exige o valor da multa ambiental, por exemplo, pode tratar desde já como uma indenização? Ou apenas quando efetivamente a perda se materializar, ou seja, quando a perda for incorrida – quando a multa for paga? O mesmo vale para uma cobrança tributária: foi lavrado um Auto de Infração, já passível de indenização, mas que pode ou não ser cancelado, seja na esfera administrativa ou judicial, ou reduzido no caso de um pagamento em programa de parcelamento ou anistia fiscal.

---

[262] Disponível em: http://www.estacioparticipacoes.com.br/estacio2010/web/arquivos/ Estacio_Anexos19_20_21_FATERN_AGE_20110627_port.pdf. Acesso em 21.8.2017.

Por isso, nessas situações, parece que o Fisco poderia questionar o tratamento da indenização alegando que o valor recebido conforme previsão contratual não compensaria uma perda, já que a perda não seria ainda certa e não se concretizou de modo definitivo. Se, por exemplo, o Fisco exigir comprovação de que o Auto de Infração foi quitado e o comprador ainda estiver discutindo essa cobrança, já tendo reconhecido o valor recebido como indenização, poderia ser questionado no sentido de que o valor recebido não se prestou a recompor seu patrimônio, porque ainda não houve efetivo prejuízo patrimonial.

Mas seria possível argumentar que o mero fato de o contrato definir que a simples lavratura de um Auto de Infração ou a cobrança de uma multa ambiental, sem o desembolso financeiro ainda, constitui um dano ao comprador seria suficiente para caracterizar o pagamento como verdadeira indenização? Na mesma linha, seria possível embasar a qualificação do pagamento como indenização alegando que o comprador já sofre um dano efetivo pela própria descoberta desse passivo novo?

Essa linha de argumentação seria plausível, mas certamente estaria sujeita à contra- argumentação pelo Fisco, porque, pela própria teoria de Direito Civil, a premissa da indenização é a constatação do dano efetivo: sem dano, não há indenização. Tecnicamente, um dano potencial não é compensável mediante indenização. Seguindo essa lógica, o Fisco poderia desconsiderar o pagamento como indenização e exigir do comprador a tributação como lucro/receita e ainda desconsiderar a necessidade do pagamento pelo vendedor, glosando a respectiva despesa. Para o vendedor, contudo, continuaria consistente a defesa de que o valor foi pago por obrigação contratual, eficaz e válida para todos os fins, a par da existência ou não do dano efetivo.

Outro ponto que merece atenção nesse contexto diz respeito a quem deve receber a indenização no contexto de transações de fusões e aquisições: é o comprador que sofreu uma perda por ato imputável ao vendedor ou é a própria empresa-alvo? Os contratos de aquisição de participação societária geralmente têm como partes o comprador e o vendedor e a empresa-alvo geralmente consta como interveniente anuente e, muitas vezes, as cláusulas de indenização preveem que o valor devido pelo vendedor será pago ao comprador ou à empresa-alvo.

No caso abaixo já mencionado, por exemplo, a compradora Gama Participações Ltda. adquiriu a totalidade das ações das empresas Hidropower

Energia S.A. e da Tupan Energia Elétrica S.A., denominadas no contrato conjuntamente como PHCs, cabendo aos vendedores indenizarem o comprador e/ou as empresas-alvo, conforme o caso[263]:

Cláusula 8 – INDENIZAÇÃO
8.1. Indenização pelos VENDEDORES com relação às PCHS. Observado o disposto na Cláusula 8.1.1 e sujeito aos limites e condições ali previstos, os VENDEDORES, de forma solidária, obrigam-se a indenizar, defender e isentar a COMPRADORA e as PCHS, conforme o caso ("PARTES INDENIZÁVEIS DA COMPRADORA"), em relação a 100% (cem por cento) de toda e qualquer Perda, incorrida por qualquer das PARTES INDENIZÁVEIS DA COMPRADORA, como resultado de:
(...).
a obrigação dos VENDEDORES de reembolsar as PARTES INDENIZÁVEIS DA COMPRADORA por qualquer Perda nos termos da Cláusula 8.1 acima deverá ser limitada a um montante global total de R$ 24.472.463,07 (vinte e quatro milhões, quatrocentos e setenta e dois mil, quatrocentos e sessenta e três reais e sete centavos) ("CAP"), o qual deverá ser corrigido pela INDEXAÇÃO;

A determinação da parte indenizada faz diferença no que se refere ao tratamento tributário a ser concedido ao pagamento. Em regra, se o comprador for diretamente indenizado, o Fisco poderia descaracterizar a indenização alegando que a parte que sofreu efetivamente a perda seria a empresa-alvo, e não o comprador.

Nesse caso em a indenização é paga ao comprador, o Fisco poderia entender que o comprador não sofreu qualquer dano e, assim, poderia tratar o valor recebido do vendedor como ajuste redutor de preço e exigir as consequências decorrentes da redução do custo de aquisição, como será visto adiante.

Para evitar ou mitigar esse risco, no caso de a indenização ser paga ao comprador, na prática tem se utilizado as figuras de pagamento "por conta e ordem", para que o comprador receba o valor em nome da empresa-alvo, e do "repasse", para que o valor seja então remetido à empresa-alvo a título de repasse e utilizado para recompor o patrimônio da empresa-alvo

---

[263] Disponível em: http://www.enfoque.com.br/infocias/arq_infocias_Comunicado/195215. pdf. Acesso em 22.9.2017.

indevidamente reduzido em razão de perdas incorridas. Essa alternativa funciona se realmente o comprador comprovar o repasse do valor da indenização recebida à empresa-alvo.

A princípio, portanto, seria possível aplicar o tratamento de indenização nos casos em que de fato o contrato de aquisição de participação societária prevê a indenização por quebra de declaração ou contingências específicas que sejam mensuráveis e em que a indenização é paga a sociedade que foi objeto do negócio e que sofreu os impactos diretos da perda. Nessa hipótese, parece que a indenização não deveria sofrer tributação, por corresponder de fato ao ressarcimento do dano.

6.4.2. Tratamento de Preço como Indenização

Como comentado acima, em algumas situações contratualmente previstas como indenizações, existiria o risco de o Fisco entender que se trata, na realidade, de ajustes redutores de preço. Uma situação que vale chamar a atenção foi mencionada logo no item anterior: quando a indenização é paga ao comprador, e não à empresa-alvo. Nessa situação, o Fisco pode alegar que o comprador deve considerar a "indenização" paga pelo vendedor como ajuste redutor de preço.

Nesse sentido, o Fisco pode entender que a lógica de o contrato de aquisição pretender "indenizar" o comprador, na realidade, é para compensá-lo por eventual problema gerado. Se o comprador tivesse identificado aquele problema ao curso da diligência legal, provavelmente teria descontado do preço. Seguindo esse raciocínio, nessa situação o comprador não poderia tratar o valor recebido como indenização, porque não incorreu na perda diretamente – inclusive, em termos práticos, não seria eficiente e factível receber o valor da indenização e repassar à sua subsidiária, por exemplo – muito embora esse "repasse" de fato se verifique na prática. Como o valor recebido não seria utilizado para compensar uma perda própria, a natureza dessa indenização representaria, na realidade, uma redução do preço de aquisição.

Como mencionado, para afastar esse entendimento, seria necessário evidenciar que o comprador de fato não incorporou o valor da indenização de forma definitiva ao seu patrimônio, e que esse valor foi remetido à empresa-alvo, o que geralmente se dá via "repasse" ou "reembolso". Caso o comprador não consiga demonstrar que o valor foi utilizado para recompor a perda incorrida pela empresa-alvo ou que, permanecendo o valor com o comprador, que ele de fato incorreu em uma perda, seria difícil não tratar o valor como redução do custo de aquisição.

Aliás, note-se, como já apontado acima, que é bastante comum que o contrato autorize o comprador a descontar eventual indenização devida pelo vendedor com outros valores devidos pelo comprador, por exemplo, *earn out* ou *holdback / escrow*. Nessas situações, é preciso tomar cuidado para não desqualificar a natureza jurídica da operação em questão.

Se o comprador tiver considerado a contraprestação contingente – *earn out* ou *holdback / escrow* – como preço desde o início, e eventual valor de *earn out* não for pago ou o valor retido para garantir eventuais passivos ou contingências indenizáveis ou mesmo eventuais ajustes financeiros negativos não for liberado, a princípio, na linha do que visto anteriormente, o comprador deveria considerar o montante não liberado como redução do custo inicialmente apurado, e não como indenização. Primeiro, porque o comprador muito provavelmente não incorreu em qualquer perda direta; segundo, porque a natureza do valor em discussão é preço, e não indenização.

Assim, por mais que, conceitualmente, os valores reservados tivessem como propósito resguardar eventuais indenizações devidas pelo vendedor, o comprador precisa ser coerente no seu procedimento: se considerou o valor total reservado como preço, e o valor não foi liberado, parcial ou totalmente no momento posterior, o valor deverá reduzir o seu custo de aquisição. O Fisco já se manifestou expressamente que, nesse caso, os valores retidos não teriam natureza indenizatória, como visto acima.

Diferente seria o cenário em que o comprador libera financeiramente os recursos ao vendedor, confirmando o seu custo inicialmente apurado, e em seguida recebe de volta valores a título de indenização – nesse caso, seria discutível o tratamento como indenização, e não como recuperação do custo de aquisição.

Por isso, é imprescindível que, na prática, o comprador se atente ao tratamento concedido aos valores retidos e não liberadores, distinguindo a natureza jurídica de cada operação, a fim de evitar possíveis questionamentos pelo Fisco. Se em situações normais o Fisco já costuma questionar o tratamento tributário concedido a indenizações, quanto mais em casos complexos de fusões e aquisições.

Além da base contratual, é crucial obter toda documentação possível que respalde o procedimento adotado, e que, em termos de fluxos financeiros

INDENIZAÇÃO

e registros contábeis, o procedimento formalizado seja compatível com o que foi acordado entre as partes.

6.4.3. Indenização *versus* Reembolso de Despesas

O mecanismo de reembolso de despesas não é propriamente um ajuste de preço e apresenta natureza distinta da indenização, mas é comumente utilizado em contratos de aquisição de participação societária. Na prática, é possível verificar duas situações que acontecem com relativa frequência: (i) as partes indevidamente tratam como indenização casos em que na realidade há mero reembolso de despesas; e (ii) no caso efetivo de pagamento de indenização, as partes se valem do "reembolso" para "repassar" o valor da indenização entre vendedor / comprador / empresa-alvo.

Em relação ao primeiro ponto, é necessário diferenciar, de forma técnica, a indenização do reembolso, já que de fato são muito similares e inclusive utilizados como sinônimos na prática: enquanto a indenização pressupõe o ressarcimento de um dano sofrido, o reembolso se refere à uma situação em que uma empresa ressarce a outra por uma despesa específica incorrida. O reembolso geralmente é adotado no contexto de um contrato próprio, de rateio ou compartilhamento de despesas. Mas, como mencionado, é comum constar em contratos de aquisição de participação societária mediante previsão em cláusulas pontuais.

É importante destacar que, embora não haja tratamento específico previsto na legislação – diferentemente da indenização – o Fisco vem admitindo a utilização do reembolso de despesas, desde que sejam observados alguns parâmetros e requisitos essenciais[264]. Cumpridos tais requisitos, a jurisprudência reconhece que os valores recebidos a título

---

[264] Requisitos como: (i) o método de rateio deve ser definido em contrato formal entre as empresas; (ii) o contrato deve ser aplicado com continuidade durante um período determinado de tempo; (iii) os custos e despesas correspondentes às atividades compartilhadas devem ser pré-determinados com base nos princípios de contabilidade geralmente aceitos; (iv) as empresas devem manter escrituração destacada relativa ao rateio; (v) os reembolsos de despesas devem ser realizados mediante a apresentação de notas de débito emitidas pela empresa centralizadora contra as demais empresas participantes; (vi) o rateio de despesas não deve envolver quaisquer conceitos de remuneração, preço ou margem de lucro; e (vii) os serviços prestados no contexto do rateio de despesas não podem configurar atividade--fim das empresas participantes, estando, portanto, fora do comércio ou fora da circulação econômica.

de reembolso de despesas não poderiam ser considerados como receita tributável[265].

Esse tipo de mecanismo é frequentemente adotado no âmbito de contratos firmados entre empresas do mesmo grupo econômico para compartilhar despesas administrativas como RH, contabilidade, jurídico etc.[266], mas também é utilizado no contexto de parcerias comerciais, por exemplo, entre fornecedores e distribuidores[267].

Nos contratos de compartilhamento de despesas, o reembolso a princípio não sofre tributação, porque não envolve remuneração ou margem de lucro, já que cuida da mera repartição de custos e despesas incorridas: as partes elegem uma empresa que vai arcar com custos específicos e, como todas as partes se beneficiam daqueles custos, a empresa que arcou com a integralidade será posteriormente reembolsada, na proporção acordada entre as partes ou mesmo integralmente. Não há onerosidade nesse negócio jurídico; logo, na ausência de qualquer remuneração ou margem de lucro, os valores pagos a título de reembolso deveriam ser tratados como recuperação de custos incorridos, já que visam unicamente recompor o patrimônio da empresa que arcou com as despesas. Confira-se as lições de Luciana Rosanova Galhardo[268] sobre o tema:

> Por questões diversas (praticidade, aspectos gerenciais, padronização etc.), determinada empresa é escolhida como a centralizadora dos custos e despesas, e tais valores não lhe pertencem na totalidade. Cada uma das partes envolvidas no contrato é cotitular de seus respectivos montantes de custos e despesas e, consequentemente, do bem ou direito daí resultante. Caberá ao contrato definir de que modo e em que medida os custos e despesas devem ser alocados a cada uma das empresas envolvidas. Não há, portanto, alienação, transferência de propriedade, estipulação de preço ou cessão onerosa.

---

[265] A título exemplificativo, vale mencionar os seguintes Acórdãos do CARF: nºs 3402-001.912, de 27.9.2012 e 1103-001.044, de 6.5.2014.

[266] Chamadas despesas de *"back office"*.

[267] Por exemplo, despesas de propaganda rateadas entre fornecedores de produtos e rede de loja varejista que comercializa tais produtos.

[268] GALHARDO, Luciana Rosanova. Rateio de Despesas no Direito Tributário (ed. reformulada, atualizada e ampliada). 2ª. ed. São Paulo: Quartier Latin, 2018, p. 39.

INDENIZAÇÃO

Note-se que a mecânica do reembolso é similar à da indenização e ambos visam, em última instância, à recomposição patrimonial – a diferença é a causa: na indenização, a causa é o dano infligido; enquanto que, no reembolso, a causa é uma despesa incorrida acordada entre as partes. Ambos somente ensejam a tributação se não houver compatibilidade entre o valor da indenização / reembolso com o valor da perda / despesa incorrida, isto é, se de fato houver receita adicional envolvida.

No caso de fusões e aquisições, as partes muitas vezes consideram como indenização situações típicas de reembolso de despesas. É o que geralmente acontece com as contingências e passivos: como discutido acima, nos contratos as partes definem que o vendedor será responsável por quaisquer contingências, dívidas, obrigações, passivos relativos a fatos antes da aquisição, assumindo o dever de indenizar o comprador e/ou a empresa-alvo. A empresa-alvo é quem vai quitar essas dívidas, já que inclusive é ela quem será cobrada pelas Autoridades e pelos respectivos credores, mas, como contratualmente as partes acordaram entre si a atribuição de responsabilidade pelo pagamento desses valores, sem qualquer desrespeito ao artigo 123 do CTN, a empresa-alvo é reembolsada pelo vendedor, uma vez que as dívidas pagas por ela, na realidade, são de responsabilidade de um terceiro, no caso, do vendedor.

Assim, não há indenização propriamente dita, mas sim um acordo entre as partes no sentido de que, incorrendo em uma despesa que é formalmente sua, mas não negocialmente, a empresa-alvo será reembolsada pelo vendedor por ter quitado uma dívida que não era de sua responsabilidade contratual. Aqui fica evidente a figura do mero reembolso para fins de recomposição patrimonial.

Um ponto interessante que vale discutir: até que ponto uma dívida paga pela empresa-alvo por uma determinada contingência poderia mesmo ser considerada uma "perda" infligida a ela pelo vendedor passível de indenização? Parece sim bastante plausível defender que seria sim uma perda que afetou negativamente o negócio da empresa-alvo e, por isso, seria passível de indenização.

Por outro lado, seria possível questionar esse tratamento, já que existem situações diferentes: a hipótese de o comprador identificar potenciais dívidas na diligência legal e estar ciente de sua possível materialização é distinta daquela em que, após o fechamento, o comprador se depara com novos passivos materializados (os chamados passivos ocultos). Nesta última situação, realmente parece haver quebra de declaração do vendedor no sentido de que não haveria passivos além daqueles declarados e, como surgiram novas dívidas, parece que o comprador teria uma "perda" efetiva passível de indenização. Na primeira situação, contudo, haveria efetiva "perda" indenizável ao comprador? Qual o dano que sofreu se já sabia que tais passivos poderiam implicar perdas financeiras efetivas? Por isso, talvez fosse interessante segregar as hipóteses de forma mais precisa: indenização prevista em hipóteses específicas no contrato devidas pelo vendedor e outras despesas passíveis de reembolso pelo vendedor.

Tratar como indenização despesas que estão sendo apenas reembolsadas tem implicações adicionais que podem causar apenas mais transtornos ao comprador: questionamentos quanto à perda incorrida, quem de fato arcou com a perda, eventual cobrança de PIS/COFINS sobre a indenização etc. Ao segregar as situações, tratando a indenização e o reembolso de maneira diferenciada, as partes possivelmente se protegeriam ainda mais. Seria essencial, porém, que as partes adotassem todos os cuidados para evidenciar o mecanismo do reembolso, emitindo notas de débito, descritivos dos valores reembolsados etc.

Ainda, é comum que as cláusulas que cuidam de indenização se valerem do instrumento do "reembolso" de forma a viabilizar o repasse de recursos entre as partes. Na realidade, o reembolso é assim utilizado apenas como uma forma do comprador receber a indenização "por conta e ordem" da empresa-alvo, remetendo o montante da indenização à empresa investida.

Um caso que mostra bem as dificuldades envolvidas nessa discussão envolve o Banco Santander Brasil S.A[269]. Em 2000, a Bozano Simonsen Holding Ltda. alienou as ações do Banco Bozano Simonsen S.A., anterior denominação do Banco Santander S.A., para o comprador Banco Santander Central Hispano S.A., na Espanha. Por meio do contrato firmado, o vendedor assumiu integral responsabilidade por indenizar o comprador espanhol por quaisquer litígios. Foi aberta uma conta nas Ilhas Cayman na qual o vendedor depositava valores para prontamente arcar com os todos os processos de sua responsabilidade. O vendedor tinha o dever contratual de depositar nessa conta os valores para cumprir com as obrigações assumidas no contrato.

---

[269] Acórdão nº 1301-001.361, de 4.12.2014, julgado pela 1ª Turma Ordinária da 3ª Câmara do CARF.

INDENIZAÇÃO

Note-se que o contrato previa a obrigação do vendedor de indenizar o comprador ou quaisquer empresas do grupo que pagasse as despesas, por meio da transferência dos valores depositados na conta em Cayman. Logo após o contrato ter sido assinado, a empresa-alvo Banco Santander S.A. foi autuada pelo Fisco.

Como contratualmente a responsabilidade era do vendedor, a empresa-alvo recebeu os valores da conta de Cayman. Posteriormente, a empresa-alvo foi autuada pelo Fisco novamente, porque, no entendimento das Autoridades Fiscais, os valores recebidos da conta de Cayman deveriam ser tributados pelo IRPJ/CSL por se tratar de acréscimo patrimonial.

Em sua defesa, o Banco Santander S.A. alegou que esses valores seriam reembolsos do vendedor Bozano Simonsen Holding Ltda., não havendo qualquer riqueza nova ou acréscimo patrimonial. Indicou que as dívidas dos processos foram pagas por conta e ordem do vendedor, sendo ressarcida pelo mesmo posteriormente, no sentido de que não seriam "dívidas próprias".

O voto do Relator Conselheiro Edwal Casoni de Paula Fernandes Jr. fez referência a outros julgamentos anteriores envolvendo a mesma discussão e o mesmo contribuinte[270] para ressaltar que, segundo o entendimento do CARF, a chamada "indenização" recebida do vendedor representaria uma redução do preço pago pelo comprador espanhol e, para a empresa-alvo brasileira, também não poderia ser tratada como "indenização", já que o Banco Santander S.A. não poderia ser indenizado por quitar uma dívida sua – na qualidade de sucessora do Banco Bozano Simonsen S.A.

Apesar dessas premissas, o CARF acabou cancelando a autuação, bem como as demais cobranças, por entender que inexistiria acréscimo patrimonial, já que as dívidas pagas não teriam sido provisionadas e, portanto, sofreram tributação nos anos anteriores, gerando "lucros maiores", de modo que, ao receber os respectivos valores repassados pelo comprador, a empresa-alvo na verdade teve esses lucros maiores neutralizados. No

---

[270] Acórdão nº 1301-000.750, julgado em 23.11.2011 pela 3ª Câmara da 1ª Turma Ordinária da 1ª Seção do CARF, no sentido de que "não há que se falar em omissão de receitas não operacionais na empresa alienada (ora Recorrente), o fato de o vendedor (Controlador) obrigar-se a indenizar incondicionalmente o comprador (Terceiro) por qualquer obrigação contingente, prestadas nos termos de contrato de compra e venda de ações, eis que os efeitos tributários dessa operação se produzem na órbita dos contratantes. Ao prover os recursos para seu pagamento, o sócio não proporcionou nenhum acréscimo patrimonial ao Recorrente, mas apenas neutralizou o decréscimo que lhe causara".

entendimento do Conselho, teria ocorrido "absorção de prejuízo à conta de sócio".

Como se pode perceber, o CARF cancelou a autuação, mas não reconheceu que os valores recebidos do vendedor pela empresa-alvo teriam natureza de mero reembolsos por passivos e dívidas assumidos pelo vendedor. Na realidade, o caso envolveu típico reembolso de despesas assumido por uma parte mediante acordo privado, de forma que, se documentalmente comprovado, deveria ter sido considerado como válido e os valores em questão deveriam ter sido tratados sim como simples recomposição patrimonial.

A dificuldade do CARF e a própria complexidade do caso e do contrato mostram que todo cuidado deve ser tomado para não misturar conceitos jurídicos distintos e tratar institutos próprios de forma segregada e clara, evitando interpretações que não retratem a natureza real das operações praticadas.

6.4.4. Valores Devidos pelo Comprador ao Vendedor por Ativos Contingentes: Indenização ou Reembolso?

Outro tema que merece menção: muito embora seja mais incomum, há situações em que o comprador indeniza o vendedor. Essas situações, mais raras, geralmente envolvem os chamados "ativos contingentes". Como o próprio nome já diz, os ativos contingentes são possíveis valores que podem ser acrescidos ao patrimônio da empresa; são contingentes face a incerteza no seu recebimento[271].

Para fins jurídicos, os ativos contingentes somente geram consequências tributárias quando a empresa tem certeza do bem ou do direito, ou seja, quando há titularidade definitiva sobre o bem ou sobre o direito.

No contexto de aquisição de participação societária em que a empresa-alvo tem ativos contingentes relevantes, por exemplo, créditos tributários a receber do Fisco, vale lembrar que, segundo as regras do artigo 20, parágrafo 5º, do Decreto-Lei nº 1.598/1977, o comprador pode considerar no seu custo de aquisição os ativos contingentes pelo valor justo. Isso geralmente

---

[271] O Pronunciamento Técnico CPC 25 traz a definição contábil de ativos contingentes como: "São caracterizados em situações nas quais, como resultado de eventos passados, há um ativo possível cuja existência será confirmada apenas pela ocorrência ou não de um ou mais eventos futuros incertos não totalmente sob controle da entidade".

ocorre apenas se o ativo contingente já representar um bem ou direito praticamente certo.

Muitas vezes o comprador se compromete a "ressarcir" o vendedor caso a empresa-alvo venha a usufruir desses créditos no futuro, já que esse benefício decorre de ato na gestão do vendedor. Negocialmente, porém, o comprador pode precificar esses ativos e remunerar o vendedor, que aceita de alguma maneira "incluir" esses ativos na transação.

Vale imaginar o julgamento da exclusão do ICMS da base de cálculo do PIS/COFINS. Como o Supremo Tribunal Federal entendeu que os contribuintes podem excluir o imposto estadual da base das contribuições, se a empresa-alvo pagou o ICMS na base do PIS/COFINS no passado, ao final de seu litígio específico em tese poderia se restituir do PIS/COFINS pago a maior.

Nesse caso, se ao final do processo, com o trânsito em julgado, a empresa-alvo recuperar todo PIS/COFINS pago indevidamente, o comprador deve "reembolsar" o vendedor pelo crédito recuperado, se acordado contratualmente dessa maneira. Nessa situação, é comum que, sem muito rigor técnico, as partes tratem o pagamento como "indenização" ao vendedor. Mas haveria efetiva indenização paga pelo comprador?

Seguindo a lógica discutida nos itens precedentes, se o comprador considerou o valor do ativo contingente como parte da contraprestação contingente, assumindo se tratar de condição resolutiva, o seu custo de aquisição se manteria, sem qualquer ajuste cabível – a condição resolutiva não teria ocorrido, já que a sua implementação se daria apenas no caso de não pagamento do valor. Assim, para o comprador em tese não haveria impactos nessa situação – mas lembrando que não necessariamente o vendedor também considerou tal valor para fins de tributação do seu ganho de capital e, tendo em vista que a tributação somente é devida quando da disponibilidade jurídica e econômica, a dúvida para o vendedor surge somente nesse momento.

Caso o comprador não tenha computado esse ativo no custo de aquisição, a princípio poderia tratar como mera indenização posteriormente paga? Poderia também assim tratar o vendedor? Qual seria a natureza desse valor?

Tratar o pagamento como indenização parece inadequado; afinal, qual perda estaria sendo indenizada pelo comprador? O vendedor incorreu de fato em uma "perda" ao alienar a sua participação societária e deixar de usufruir esse crédito tributário? O vendedor não abriu mão do seu ativo contingente quando alienou a sua participação societária? Não teria sido liberalidade sua? Além disso, o ativo contingente era e sempre será de titularidade da empresa-alvo, não do vendedor, seja pessoa física ou jurídica. Assim, é difícil visualizar uma "perda" efetiva nessa hipótese, de modo que a própria caracterização do pagamento de indenização nessa hipótese específica poderia ser questionada pelo Fisco.

Em algumas situações, o pagamento pelos ativos contingentes, quando de fato materializados, tem sido tratado como "pagamento adicional" assumido pelo comprador[272]:

> 15. Ademais, **os Vendedores eventualmente ainda terão direito a um "Pagamento Adicional"**, assim definido nos seguintes termos do item 1.4.2 do Edital da OPA:
>
> Pagamento Adicional. Nos termos do Contrato de Compra e Venda, os Alienantes do Bloco de Controle terão direito ao recebimento, na proporção que as Ações de Controle representam no total de ações de emissão da Companhia (excluindo-se ações em tesouraria), de **reembolso dos montantes equivalentes a eventuais restituições ou créditos fiscais efetivamente recebidos e utilizados pela Companhia após a Data de Fechamento, no âmbito de determinados processos de natureza tributária especificados no Contrato de Compra e Venda acerca do cálculo do PIS (Programa de Integração Social) e COFINS (Contribuição para Financiamento da Seguridade Social) sobre receitas financeiras da Companhia e de uma de suas subsidiárias ("Processos de PIS e COFINS") ("Pagamento Adicional").** A realização de qualquer Pagamento Adicional está sujeita a obtenção de decisão final e irrecorrível favorável à Companhia no âmbito dos Processos de PIS e COFINS. (g.n.).

Note-se que, apesar da denominação de "pagamento adicional", a própria descrição acima mostra que, no caso particular, os vendedores seriam "reembolsados" pelos valores relativos à restituição do PIS/COFINS discutido em um processo específico. No modelo contratual adotado, os vendedores fariam jus ao ativo contingente originado antes da alienação da participação societária.

---

[272] Disponível em: http://www.cvm.gov.br/export/sites/cvm/decisoes/anexos/2015/20150728/9514.pdf. Acesso em 24.9.2017.

INDENIZAÇÃO

Na realidade, a figura do "reembolso" se adequa à hipótese tratada: mediante acordo contratual, os vendedores seriam reembolsados pelos ativos gerados na sua gestão, já que os ativos não pertencem, negocialmente, ao comprador ou à empresa-alvo[273]. Vale trazer um exemplo de cláusula mais direta nesse sentido[274]:

4.9. Reembolso de Ativos Contingentes. **As partes concordam que as Vendedoras serão reembolsadas, nos prazos abaixo indicados, na proporção de 28% (vinte e oito por cento) do respectivo valor, por Ativos Contingentes (abaixo definidos), que venham a se materializar após 31 de dezembro de 2002.** O direito das Vendedoras em relação a Ativos Contingentes estará limitado ao valor total de R$ 50.000.000,00 (cinqüenta milhões de reais), que constituirá a obrigação máxima da Compradora de reembolsar os valores aqui previstos às Vendedoras. Para os fins aqui previstos são "Ativos Contingentes" (i) os direitos, incluindo créditos previstos no Anexo 4.9 deste Contrato; e (ii) os valores provisionados por conta de Contingências nas demonstrações financeiras da TCOPar de 31 de dezembro de 2002 que, em virtude de decisão judicial final, não sujeita a recurso, não se materializem. Os créditos decorrentes de Ativos Contingentes materializados através do seu efetivo recebimento ou aproveitamento pela TCO, inclusive, se for o caso, mediante (i) a outorga da decisão final transitada em julgado ou acordo final que isente a Compradora e/ou a TCO de responsabilidade, e/ou (ii) disponibilização dos recursos em questão por meio de seu recebimento pela Compradora e/ou TCO ou por meio do direito de utilização dos valores correspondentes à compensação com outros débitos, serão pagos às Vendedoras, na forma da Cláusula 2.7 acima, em até 12 (doze) meses da sua materialização, em fundos disponíveis, acrescidos da remuneração correspondente à variação do CDI mais juros de 1% (um por cento) ao ano, calculada desde a data da materialização respectiva até o dia do seu efetivo pagamento. O não pagamento das quantias devidas às Vendedoras no prazo aqui previsto sujeitará a Compradora às

---

[273] Ainda, outra possibilidade seria tratar o valor como um *earn out*, dependendo da estrutura do negócio.

[274] Disponível em: http://www.google.com.br/url?sa=t&rct=j&q=&esrc=s&source=web&cd =1&ved=0ahUKEwieoo7cv9DWAhVEjpAKHYiRC1AQFggmMAA&url=http%3A%2F%2Fs iteempresas.bovespa.com.br%2FDWL%2FFormDetalheDownload.asp%3Fsite%3DC%26pr ot%3D15365&usg=AOvVaw3ZwnG9rhPCjZkbMbAxRzXh. Acesso em 1º.10.2017.

mesmas penalidades decorrentes do não pagamento do Preço de compra previstas na Cláusula 2.4 acima. O andamento das ações e processos referentes a Ativos Contingentes, se houver, bem como a realização de outros créditos que gerem o direito das Vendedoras ao reembolso na forma aqui prevista, serão informados às Vendedoras em conjunto com as informações devidas nos termos da Cláusula 4.6 acima. (g.n.).

A ideia seria argumentar que o vendedor gerou aquele ativo e era seu titular, e, após realizar a alienação da empresa-alvo, deveria ser reembolsado pelo valor correspondente ao ativo de sua titularidade, que foi financeiramente recebido pela empresa-alvo. A proposta é bastante parecida com o já mencionado compartilhamento de despesas: empresas, em regra do mesmo grupo econômico, optam por compartilhar despesas em comum, relacionadas a atividades e serviços secundários e acessórios. A empresa que arcou com as despesas é reembolsada pelas demais empresas que também se beneficiariam; cada empresa reembolsa na proporção de sua participação, conforme definido contratualmente. De forma similar, ao final do processo ou do litígio, a empresa-alvo recebeu um ativo que diz respeito ao vendedor e deve reembolsá-lo pelo ativo a que faz jus.

Vale recordar que, juridicamente, a empresa-alvo é titular do ativo recebido, por exemplo, dos créditos de PIS/COFINS ao final do trânsito em julgado da ação judicial que autorizou a exclusão do ICMS da base das contribuições, de maneira que o artigo 123 do CTN deve ser respeitado: as partes não podem se eximir de suas próprias obrigações, de modo que, exemplificativamente, se a empresa-alvo tiver que pagar IRPJ/CSL sobre os juros remuneratórios incidentes sobre o valor dos créditos de PIS/COFINS recuperados, a responsabilidade pelo pagamento é sua, não podendo alegar que, contratualmente, os ativos contingentes pertencem ao vendedor e seria ele quem deveria tributar os juros. A convenção quanto ao reembolso é estritamente privada e seus efeitos devem se manter entre as partes.

Uma vez caracterizada a natureza de recomposição patrimonial, o valor relativo ao reembolso pelos ativos contingentes a princípio não deveria sofrer qualquer tributação tanto para o comprador como para o vendedor, por não envolver qualquer remuneração ou cobrança adicional.

O tratamento como reembolso poderia gerar menos questionamentos do que no caso de indenização, mas certamente não seria imune a riscos.

Em especial, seria recomendável atenção em relação ao valor: geralmente, no trânsito em julgado, o valor do crédito pleiteado em juízo é acrescido de juros moratórios, honorários etc., de modo que o vendedor e o comprador precisam demonstrar que o valor reembolsado ao vendedor corresponde exatamente ao valor ressarcido da empresa-alvo. Seria essencial que as partes formalizem o reembolso, fazendo referência ao contrato principal de aquisição de participação societária, e que mantenham toda documentação suporte para fundamentar a figura do reembolso.

Um caso interessante envolvendo ativos contingentes vale menção: a Joint Venture ("JV") Raízen Energia (Cosan e Shell) adquiriu a usina Destivale em 2005[275]. Segundo o contrato, a JV se comprometeu contratualmente a repassar aos vendedores valores a serem recebidos pela Usina a título de precatórios, quando os processos na época em andamento fossem finalizados e os precatórios expedidos e pagos, nos termos da seguinte cláusula:

> 5.2. Não compreendem o presente negócio os direitos sobre as ações judiciais movidas pela DESTILARIA VALE DO TIETÊ – DESTIVALE contra a União Federal (processos n. 90.0002160-0 e 94.0015715-0, em trâmite perante a 13ª e 14ª Vara da Justiça Federal de Brasília – DF, respectivamente), conhecidas como ações de preço, de modo que a **COMPRADORA se compromete a fazer com que sejam transferidos aos VENDEDORES, por ocasião do seu recebimento, todo o proveito econômico decorrente de tais demandas judiciais,** bem como subscrever qualquer instrumento de cessão de direitos que viabilize o recebimento e/ou levantamento das importâncias por parte de cada um dos VENDEDORES, na proporção de suas atuais participações no capital social, perante o órgão Público pagador ou ante o Juízo competente. Compete exclusivamente aos VENDEDORES, entretanto, (i) arcar diretamente com todas as despesas relacionadas a tais processos judiciais, sem exceção, incluindo honorários de advogado, custas, sucumbência, dentre outros; bem como (ii) arcar com todos os custos e despesas, diretos e indiretos (encargos tributários ,financeiros, etc.) relativos ao recebimento e transferência a eles, VENDEDORES, dos créditos correspondentes e ainda (iii) providenciar tudo o quanto seja necessário à obtenção de êxito em referidos processos,

---

[275] Processo nº 1002276-66.2015.8.26.0032. A sentença proferida pelo Juiz Rodrigo Chammes, da 4ª Vara Cível do Foro de Araçatuba, foi publicada em 3.4.2017.

objetivando a condenação da União e o recebimento do proveito econômico decorrente, observando os prazos, providenciando os pagamentos, contratando e reunindo-se com os advogados da causa, enfim, obrigam-se a atuar e agir como se fossem a própria parte em tais processos, ficando a COMPRADORA isenta de quaisquer responsabilidades, de qualquer espécie ou natureza, à exceção da transferência do 'proveito econômico' acima referida, fazendo-se a dedução dos custos decorrentes, e da outorga de procuração aos advogados que vierem a lhe ser indicados pelos VENDEDORES para o patrocínio dos referidos processos.

Contudo, os vendedores alegaram que a JV recebeu os valores dos ativos contingentes, mas não os repassou na integralidade, já que a JV teria descontado, indevidamente, custos do próprio processo, e assim ingressaram em juízo alegando enriquecimento sem causa.

É relevante observar que, em juízo, a JV reconheceu que, conforme obrigação contratual, deveria repassar os valores, mas que seria necessário descontar todos os custos relativos ao processo, como honorários advocatícios e tributos incidentes sobre a receita dos precatórios. A discordância gira a respeito desse "desconto".

Em sua defesa, os vendedores questionaram os pagamentos efetuados a título de honorários e alegaram que não haveria qualquer tributação sobre os precatórios, destacando que a receita dos precatórios não pertenceria à Usina, mas sim aos vendedores por acordo contratual, razão pela qual deveriam ser tratados como "receitas de terceiros", de modo que deveriam apenas transitar pela contabilidade da Usina, sem qualquer impacto tributário.

O curioso é que, juridicamente, os precatórios são de titularidade da empresa-alvo, no caso da Usina, e que se houve tributação sobre eventual acréscimo verificado na recuperação dos créditos, de fato a Usina seria responsável por esses tributos perante o Fisco.

Ao sentenciar, o juiz entendeu que a cláusula contratual autorizaria de forma clara o desconto de todos os custos relativos ao processo: comprovados os honorários advocatícios pela JV, caberia sim o desconto. Quanto à controvérsia da tributação sobre os precatórios, o Juiz entendeu que os precatórios não seriam passíveis de tributação pela sua natureza indenizatória e ainda destacou que a JV teria indevidamente tratado os precatórios como receita própria e deveria ter tratado como um valor recebido transitoriamente sujeito à posterior repasse aos vendedores (receita de terceiro)[276].

A sentença foi então objeto de recursos de Apelações, por ambas as partes. Quando do julgamento em 2ª instância em 23.5.2018, note-se que o Tribunal de Justiça de São Paulo bem destacou que os honorários judiciais incorridos foram pagos em benefício dos vendedores, para garantir o efetivo sucesso do processo. E quanto à tributação, apontou, com precisão, que, ao receber o valor dos precatórios, caberia a Usina oferecê-los à tributação, a par do acordo contratual firmado de repassar aos vendedores o proveito econômico, autorizando, portanto, o desconto dos tributos do total devido aos vendedores.

O caso acima evidencia que o procedimento de reembolso envolvendo ativos contingentes, nessas situações, precisa ser detalhado o máximo possível para evitar litígios similares não apenas entre as partes, mas em especial com o próprio Fisco. Assim, é importante que as partes considerem as implicações tributárias envolvendo o pagamento dos ativos contingentes ao vendedor para que o tratamento tributário seja coerente e plausível.

6.5. Sugestões e Recomendações Práticas no Pagamento de Indenização

Como o tratamento tributário concedido à indenização varia de acordo com o tipo em questão – indenização por danos patrimoniais emergentes e lucros cessantes – as partes devem tomar cuidado ao caracterizar a indenização que será paga.

Assim, tanto o comprador como o vendedor devem se atentar para (i) garantir que a própria natureza jurídica da indenização não seja questionada pelo Fisco e qualificada de outra maneira; e (ii) ainda que reconhecida a natureza de indenização, que o Fisco não venha a exigir do

---

[276] No seu entendimento: "A ré tinha o dever de repassar aos autores, ato contínuo ao recebimento e sem incorporar ao seu patrimônio, os valores pagos pela União, admitidas apenas as deduções acima mencionadas. Ao reter de forma indevida o numerário levantado e incorporá-lo como receita própria em detrimento da imediata transferência aos ex-acionistas (fl. 1124), repassando-o posteriormente à Cosan, a ré, por sua própria conta e risco, inequivocamente deu causa à incidência dos encargos tributários que pretende ver descontados do montante que deve repassar aos autores, não podendo agora transferir aos ex-acionistas a reponsabilidade pela tributação decorrente da operação que poderia ter evitado com um mínimo de cautela, sendo-lhe vedado valer-se de sua própria torpeza".

comprador a tributação sobre o valor recebido e nem venha a glosar do vendedor a despesa incorrida com o pagamento da indenização.

Em termos práticos, vale levantar alguns pontos importantes que devem ser considerados e ponderados quando do acordo e do pagamento de uma indenização, bem como alguns documentos que devem ser mantidos para comprovar os procedimentos adotados:

(i) o contrato idealmente deveria esclarecer as hipóteses específicas em que a indenização é devida pelo vendedor. Para reforçar a natureza de indenização, seria importante a disposição contratual no sentido de que o vendedor se obriga a indenizar o comprador pela perda incorrida em sua exata medida. Nesse sentido, seria interessante que o contrato estipulasse de forma precisa o procedimento para tanto, como a necessidade de intimação do comprador indicando a perda e juntando evidências e documentos comprobatórios da perda e do valor pleiteado a título de indenização, bem como a possibilidade de o vendedor questionar e discordar do valor apresentado. Esse procedimento garantiria que, por meio de uma forma ou um método razoável, as partes concordem – ou mesmo em face de uma validação por um terceiro mais técnico – quanto à extensão do dano material e o valor atribuído à indenização, afastando assim a discricionariedade no pagamento da indenização, seja em relação ao valor ou em relação ao próprio pagamento em si;

(ii) em termos de documentação, o contrato poderia exigir do comprador a apresentação de laudos técnicos, relatórios internos e externos e outros documentos que comprovem os valores utilizados como base no cálculo da indenização pleiteada;

(iii) ao estipular o conceito de "perda indenizável", seria preciso considerar que, se as partes indicarem um conceito muito abrangente, abarcando, por exemplo, perdas ainda potenciais, ou seja, cuja efetiva materialização ainda não tenha efetivamente ocorrido, o pagamento da indenização poderia ser desconsiderado como tal pelo Fisco – já que a indenização pressupõe o dano. Nesses casos, recomenda-se a retenção do valor pelo comprador, se possível, e apenas a efetiva negativa de liberação do valor ou mesmo a exigência de pagamento da indenização quando houver certeza sobre a concretização da perda;

INDENIZAÇÃO

(iv) seria interessante evitar o uso do termo "danos potenciais", destacando que qualquer cobrança, exigência, reclamação, questionamento formal etc. por parte de terceiros (inclusive autoridades governamentais), por si só, já causa prejuízos ao comprador que, no contexto do negócio, devem ser indenizáveis pelo valor adequado;

(v) se possível, seria importante que o contrato estabelecesse que a indenização não seria acrescida de qualquer valor adicional de caráter punitivo, mas sim que se limita a recompor a perda incorrida pelo comprador;

(vi) seria recomendável que o contrato determinasse que, uma vez incorrida a perda, o vendedor assume a integral responsabilidade de efetuar o pagamento – a par do procedimento específico acima indicado para garantir a precisão do valor – justamente para esclarecer que não há liberalidade no pagamento da indenização, afastando o risco de o Fisco alegar que a despesa com o pagamento da indenização não seria uma despesa necessária e, logo, dedutível do lucro real do vendedor, no caso de pessoa jurídica. Em termos de documentação, seria importante que o comprador mantivesse documentos para evidenciar o seu desembolso, tais como exigências formuladas por autoridades, termos de cobranças, comprovantes de pagamento, pareceres, cartas, relatórios de assessores externos ou internos justificando a razão do dano ou perda, correspondências e comunicações trocadas entre as partes a respeito da perda alegada e da indenização pleiteada e paga etc.;

(vii) seria relevante prever o pagamento da indenização à empresa-alvo, que de fato incorreu na perda, indicando que, se a compradora porventura receber a indenização, será por conta e ordem da empresa-alvo, cabendo o repasse efetivo do valor; caso contrário, o Fisco poderia questionar o fato de que a compradora não incorreu em qualquer perda;

(viii) no caso de compensação do valor da indenização contra parcela de preço a ser paga a título de *earn out* ou de parcela retida via *holdback* ou depositada em *escrow* ou de algum outro valor devido pelo comprador ao vendedor, seria importante que as partes mantivessem controle e, em termos de documentação, evidências sobre o cálculo, o procedimento adotado, a fundamentação contratual, a concordância de ambas as partes, a confirmação quanto à possibilidade contratual de descontar ou compensar débitos e créditos entre as partes por parte dos assessores legais etc.; e

(ix) no que diz respeito aos ativos contingentes, seria recomendável que as partes considerassem que o tratamento dos valores como indenização ao vendedor poderia ser questionado pelo Fisco, pela ausência de "perda" efetiva causada ao vendedor, podendo optar, alternativamente, pela figura do reembolso. A opção seria instituir um mecanismo de reembolso entre as partes, prevendo a obrigação contratual de o comprador reembolsar o vendedor pelo valor correspondente aos ativos contingentes quando materializados. Seria interessante indicar que, contratualmente, as partes concordam que os ativos contingentes pertencem ao vendedor, por terem sido gerados na antiga gestão, assumindo o comprador o dever de reembolsá-lo quando do recebimento. Seria importante formalizar o reembolso efetuado e obviamente manter toda documentação relativa ao valor restituído dos ativos contingentes e o valor reembolsado ao vendedor.

7
Conclusões

Para facilitar a compreensão, vale uma síntese objetiva das conclusões extraídas a respeito do tratamento tributário de cada mecanismo contratual analisado. Após, comentários finais sobre os temas discutidos neste livro e, por fim, últimas sugestões quanto à documentação pré-fechamento e pós-fechamento do negócio.

7.1. Síntese Objetiva das Controvérsias Discutidas

1. Ao se valer do mecanismo do *earn out*, as partes acordam em condicionar o pagamento de uma parcela de preço a um evento futuro e incerto ou a uma meta específica. Trata-se de uma parcela de preço cujo pagamento é diferido no tempo;

2. Por consistir em preço pago em contrapartida da aquisição de participação societária, a natureza jurídica do *earn out* seria a de contraprestação contingente, consistindo em uma obrigação contratual assumida pelo comprador de pagar valor adicional ao vendedor;

3. A legislação tributária infralegal atualmente autoriza que o comprador inclua a contraprestação contingente no custo de aquisição, conforme dispõe o artigo 178 da IN RFB nº 1.700/2017, em seu parágrafo 12;

4. Segundo o artigo 196 da IN RFB nº 1.700/2017, os reflexos tributários das contraprestações contingentes devem ser determinados

conforme os artigos 116 e 117 do CTN. Seguindo a orientação do Direito Civil, tais dispositivos estabelecem que (i) no caso de condição suspensiva, o fato gerador só se verifica quando a condição for implementada; e (ii) no caso de condição resolutiva, o fato gerador se verifica desde o início;

5. No caso de *earn out* como pagamento de preço sujeito a condição resolutiva, o comprador poderia considerar o valor justo do *earn out* na determinação do custo de aquisição inclusive para fins de determinação do *goodwill*; no caso de pagamento de preço sujeito a condição suspensiva, o comprador não poderia considerar o valor justo do *earn out* na determinação do custo de aquisição no momento inicial, mas apenas quando do implemento da condição suspensiva, cabendo, nesse momento, eventual apuração de *goodwill* adicional;

6. Nem sempre o pagamento de *earn out* deveria se sujeitar a uma condição suspensiva; a natureza jurídica da cláusula a que o pagamento está sujeito depende da análise das peculiaridades fáticas e contratuais de cada caso. Existem situações em que o pagamento do *earn out* poderia estar sujeito a condição resolutiva: se as partes concordam com o pagamento do *earn out* e condicionam o pagamento a algum evento que deverá ocorrer, estabelecendo que a condição seria resolutiva. Por exemplo, se a empresa-alvo está apenas aguardando o deferimento formal de um benefício fiscal ou o trânsito em julgado de uma decisão favorável, havendo grande expectativa quanto à ocorrência do evento;

7. Na hipótese de o *earn out* não ser pago, caso tenha já sido considerado como contraprestação contingente (o que se verificaria na situação do pagamento estar sujeito a condição resolutiva), caberia ao comprador ajustar o seu custo de aquisição, reconhecendo, eventualmente, um resultado, decorrente do estorno das despesas que foram deduzidas com o *goodwill* calculado, proporcionalmente, em relação à contraprestação contingente não concretizada. Tal resultado seria a princípio passível de tributação pelo IRPJ/CSL (mas, a princípio, não caberia PIS/COFINS sobre a recuperação do custo de aquisição). Não haveria impactos no caso de pagamento sujeito a condição suspensiva: o não pagamento do *earn out* não teria

efeitos para o comprador e para o vendedor. A RFB já se manifestou nesse sentido;

8. Tratando-se de preço, o *earn out* deveria compor eventual ganho de capital para o vendedor, sujeito à tributação pelo IR apenas quando da disponibilidade jurídica ou econômica, ou seja, apenas quando do efetivo pagamento do valor pelo comprador;

9. Por outro lado, seria possível entender que o *earn out* não teria natureza jurídica de preço, por não remunerar diretamente a aquisição de participação societária que, afinal, é transferida no momento do fechamento, de modo que, sendo pago posteriormente, o *earn out* representaria um pagamento adicional, sem ter como contrapartida a aquisição de participação societária. Apesar de plausível, esse entendimento desconsidera a função do mecanismo e a sua origem. Caso admitida, porém, a caracterização do *earn out* como pagamento adicional, o comprador poderia tratar o valor como uma despesa, e, sendo necessária, seria dedutível para fins de IRPJ/CSL no caso de comprador pessoa jurídica, e o vendedor trataria o montante como rendimento, sujeito à tributação da tabela progressiva, no caso de pessoa física, ou receita, sujeito à incidência de IRPJ/CSL (não sendo uma receita operacional, seria possível afastar a incidência de PIS/COFINS), no caso de pessoa jurídica;

10. Em algumas situações específicas, o *earn out* poderia ter natureza jurídica de remuneração, no caso de pagamento à pessoa física vendedora que continua exercendo funções na empresa-alvo. A natureza de remuneração deve ser reconhecida com base no Direito Trabalhista, levando em consideração os requisitos para enquadramento no conceito legal de remuneração. Alguns indícios podem ajudar na identificação desse enquadramento, como, por exemplo, o valor pago a título de preço anteriormente, a base e os parâmetros utilizados no cálculo do *earn out*, a obrigação de permanecer na empresa, a existência de um contrato de gestão específico com ou sem prazo, a existência de um pacote de remuneração para o trabalho contratado, dentre outros. Caso a natureza jurídica seja de remuneração, caberia a incidência de imposto de renda calculado com base na tabela progressiva e todos os demais encargos trabalhistas e previdenciários;

11. Já o mecanismo contratual de *holdback* representa uma parcela de preço retida, e às vezes depositada em *escrow*, para fins de garantia e proteção do comprador. Em geral, o preço é retido para garantir eventuais perdas decorrentes de eventos indenizáveis por parte do vendedor ou mesmo ajustes negativos do preço;

12. O *holdback / escrow* tem natureza jurídica de contraprestação contingente, assim como o *earn out*, e, em geral, a liberação do valor retido está sujeito a condição resolutiva, já que o valor retido apenas não será disponibilizado ao vendedor se determinada condição vir a ocorrer, isto é, se houver alguma perda, algum prejuízo etc.;

13. Tratando-se de contraprestação contingente cujo pagamento está sujeito a condição resolutiva, o comprador poderia considerar o valor do *holdback / escrow* no cálculo do preço de aquisição, o que, naturalmente, impactaria o cálculo do *goodwill*. Apesar de o Fisco já ter questionado, esse procedimento foi chancelado em decisões do CARF, o qual reconheceu que o *holdback / escrow* consiste em cláusula de pagamento de preço com evidente condição resolutiva;

14. Caso o *holdback / escrow* não venha a ser liberado ao vendedor, e o valor tenha sido considerado no custo de aquisição, caberia ao comprador realizar o ajuste posterior quando da implementação da condição resolutiva, estornando as despesas com a amortização de eventual *goodwill*, proporcionalmente ao montante recuperado de *holdback*. No caso de *holdback* caracterizado como contraprestação contingente cujo pagamento está sujeito a condição suspensiva, a princípio a não liberação não teria efeitos para o comprador, assumindo que o valor retido não teria deixado de integrar o seu patrimônio em nenhum momento;

15. A princípio, não seria possível tratar o valor retido em *holdback* ou depositado *escrow* e recuperado pelo comprador como indenização devida pelo vendedor, considerando a sua natureza jurídica de preço, cabendo o seu tratamento como redução do custo de aquisição;

16. Para o vendedor, o preço retido em *holdback* ou depositado em *escrow* seria considerado para fins de apuração de eventual ganho de capital, apenas se sujeitando à tributação quando o vendedor tiver efetiva disponibilidade jurídica e econômica sobre o montante. O CARF também já proferiu diversas decisões confirmando esse entendimento;

CONCLUSÕES

17. Tratando em particular de *escrow*, em relação aos rendimentos financeiros auferidos sobre os valores depositados, existe discussão se os juros deveriam seguir o tratamento concedido ao principal (princípio de que o acessório deve seguir o principal) ou se os juros deveriam ser tratados independentemente, como rendimentos financeiros auferidos. Como se trata de rendimentos que decorrem unicamente de investimentos financeiros coordenados pelo próprio agente responsável pelo *escrow*, seria possível entender que os juros teriam natureza jurídica de receitas financeiras;

18. Em relação ao mecanismo de ajuste de preço, as partes concordam que o preço de aquisição da participação societária pode variar no tempo, em geral no período compreendido entre a assinatura do contrato e o fechamento, de modo que as partes acordam com a fixação de um preço base ou preliminar, que será posteriormente ajustado, para cima ou baixo, a depender de certos parâmetros financeiros, como posições de caixa, endividamento líquido, capital de giro, dívida líquida etc.;

19. O ajuste de preço tem natureza jurídica de contraprestação contingente, representando, ao mesmo tempo, o direito do comprador de reaver parte do preço ou a obrigação do comprador em pagar valor adicional ao vendedor. Sem prejuízo de cada análise específica, na maioria das vezes, o pagamento do valor do ajuste está sujeito a condição suspensiva, dada a incerteza inerente a esse mecanismo;

20. Eventual valor a ser pago pelo comprador adicionalmente no caso de um ajuste positivo, na condição de contraprestação contingente sob condição suspensiva, poderia ser tratado pelo comprador como preço, inclusive para fins de apuração de eventual *goodwill* adicional. Pelo contrário, tratando-se de ajuste negativo a ser efetivamente pago pelo vendedor ao comprador, seria uma despesa do vendedor e uma redução de preço do comprador; seria possível eventualmente caracterizar o ajuste negativo como indenização do comprador;

21. No que diz respeito às indenizações, a cláusula de indenização prevista no contrato de aquisição de participação societária geralmente está atrelada às garantias e declarações do vendedor e visa garantir e proteger o comprador por eventuais passivos e contingências no futuro;

22. O dever de indenizar pressupõe a ocorrência do dano, que é classificado como patrimonial e extrapatrimonial. Os danos patrimoniais envolvem o prejuízo efetivamente causado à parte lesada, os chamados danos emergentes, e os lucros cessantes diretos e imediatos. Para fins tributários, os valores recebidos a título de reparação de danos emergentes não estão sujeitos à tributação, por não representarem qualquer acréscimo patrimonial; já os valores recebidos a título de indenização por lucros cessantes representam efetivos aumentos de patrimônio, não se configurando como meros ressarcimentos, sujeitando-se à tributação. A indenização em regra deveria ser uma despesa necessária e, portanto, operacional e dedutível do lucro real para a parte pagadora;

23. Em contratos de aquisição de participação societária, existem várias controvérsias relativas às indenizações: primeiro, como comprovar que o valor da indenização correspondente exatamente ao dano sofrido. Trata-se de um problema de ordem prática. Ainda, é preciso notar que muitas vezes o próprio conceito contratual de "perda indenizável" abrange perdas ainda potenciais, ou seja, cuja efetiva materialização ainda não tenha ocorrido, podendo ser desconsiderado como dano pelo Fisco. Segundo, há divergência em relação a quem deveria ser paga a indenização: foi o comprador ou a empresa-alvo que sofreu o dano? Terceiro, com frequência valores pagos a título de preço de aquisição são tratados pela partes como indenização: a natureza jurídica é distinta, e é preciso prestar atenção na prática com os mecanismos de compensação. Valores retidos em *holdback* ou *escrow* ou valores devidos de *earn out* não liberados ou não pagos não deveria ser tratados como indenização, mas sim como recuperação do custo de aquisição. Quarto, na prática é comum que as partes tratem reembolsos de despesas como indenizações, sendo figuras distintas que tem o mesmo efeito, mas causas diferentes, sendo necessário diferenciar os institutos adotados no contrato. A última problemática diz respeito ao tratamento de valores pagos por ativos contingentes recuperados como indenizações pagas pelo comprador ao vendedor: não haveria "perda" por parte do vendedor, sendo a figura mais adequada a do próprio reembolso de despesas; e

24. Em todos os mecanismos de ajuste de preço, é preciso atenção às compensações entre valores devidos pelo comprador e vendedor

simultaneamente, porque muitas vezes as partes desconsideram a natureza jurídica de cada pagamento e consideram apenas o valor líquido pago. Assim, torna-se essencial que as hipóteses de compensação no âmbito do contrato sejam bem definidas, prevendo como cada compensação será feita, e que as partes guardem todos os registros e documentos que demonstrem os pagamentos e remessas, bem como que providenciem com os auditores os devidos registros que retratem todas as operações envolvidas. Seria relevante que toda compensação, quando acordada entre as partes, fosse objeto de um registro próprio em termos de documentação contratual, para que haja documentos adicionais ao contrato – como cartas, correspondências trocadas etc. – comprovando o ajuste realizado e os termos praticados.

7.2. Comentários Finais

Em face da complexidade do tema, o presente livro pretendeu apresentar e discutir as principais controvérsias envolvendo os mecanismos contratuais de ajuste de preço mais utilizados na prática: *earn out, holdback / escrow*, ajuste de preço e indenização. Ao longo do livro, foi possível verificar que existe uma racionalidade econômica e negocial que explica porque esses mecanismos são tão utilizados na prática e porque conseguem mitigar conflitos entre as partes.

A ideia não foi – e nem poderia ser – esgotar todos os debates e resolver todos os pontos polêmicos. A própria natureza dos mecanismos contratuais e a flexibilidade exigida no contexto do mercado não permitiria uma análise estrita e definitiva.

Após debater essas principais controvérsias e mostrar as dificuldades envolvidas na determinação dos reflexos tributários desses mecanismos, a principal conclusão que podemos extrair é que o tema, sem dúvida, é riquíssimo e que o Fisco e os Julgadores devem se manifestar de forma razoável para fornecer verdadeiros critérios que possam guiar as empresas e oferecer mais segurança jurídica e previsibilidade, em vista da insuficiência da atual regulamentação tributária sobre os vários mecanismos aqui estudados.

Assim, o Fisco, bem como os Julgadores, devem ser capazes de interpretar as regras tributárias no contexto dinâmico, moderno e flexível no qual as grandes operações de fusões e aquisições se inserem. Portanto, a análise desses mecanismos precisa ser devidamente contextualizada, para que

CONTROVÉRSIAS TRIBUTÁRIAS DOS MECANISMOS CONTRATUAIS

possa ser, além de útil, minimamente razoável. Analisar esses mecanismos de forma isolada certamente pode levar a conclusões desconcertantes.

7.3. Cuidados com a Documentação Pré-fechamento e Pós-fechamento

Ao longo do livro, foram indicadas algumas reflexões, recomendações e sugestões não só no que tange à redação contratual em si, mas em relação a outros documentos, aos procedimentos contábeis e aos fluxos financeiros que, no conjunto, são relevantes para reforçar ou desconsiderar determinada qualificação jurídica.

O último – mas certamente não o menos importante – tópico que ainda cabe diz respeito aos demais documentos que podem e devem ser organizados e mantidos pelas partes em casos de grandes operações de fusões e aquisições.

Quando as partes estão inseridas na negociação, que tende a ser muito calorosa, muitas vezes nem imaginam os problemas que podem decorrer no futuro e não tomam os cuidados necessários para obter um conjunto probatório que retrate aquela realidade específica no tempo. Palavras e estórias são facilmente manipuláveis, documentos não; são evidências concretas que podem ser extremamente úteis futuramente.

Assim, a montagem de um conjunto probatório deve ser motivo de preocupação tanto no contexto de eventual disputa entre as partes, com as respectivas consequências tributárias, como especialmente entre as partes e o Fisco. Isso porque, e na linha do que foi discutido, o contrato, muitas vezes, é tão técnico e complexo em termos de redação das cláusulas que abre margem para diferentes interpretações. Ainda, é preciso considerar que, para as partes, a estrutura de pagamento pode até ser clara, mas para um terceiro não inserido no contexto pode ser muito difícil entender o racional dessa estrutura e seu funcionamento.

Nesse contexto, por exemplo, se o Fisco questionar porque o vendedor considerou o *earn out* como preço e apurou ganho de capital, como o vendedor poderia demonstrar, além do contrato, que o valor pago era mesmo preço? Ou se quiser demonstrar que a natureza não era a remuneração pelo trabalho realizado após o contrato, como demonstrar que se tratava de preço? Não há limitações quanto às provas que podem ser produzidas: e-mails, apresentações, cartas / memorandos, comunicações formais, notificações entre as partes, relatórios de advogados / consultores /

auditores etc. Tudo que for hábil para provar pode ser guardado para um dia ser utilizado pelas partes.

Quando as partes estão em lados opostos, ou quando as empresas estão contra o Fisco, as provas são cruciais para convencer os Julgadores, sejam árbitros, Julgadores administrativos ou Juízes. Alegações e argumentos podem ser entendidos como meras estórias narradas de forma parcial se não forem comprovadas mediante elementos concretos de prova.

A respeito desse papel de convencimento, Fabiana Del Padre Tomé[277] bem coloca que a prova não é um fim em si mesma, mas sim um instrumento para demonstrar a verdade. Daí a sua importância no contexto de uma discussão ou litígio entre as partes.

Frise-se que, durante as negociações que antecedem ao fechamento, muitas vezes as partes discutem diversas estruturas e alternativas, mas sem deixar muito registro das razões que levaram ao modelo adotado. Um exemplo: uma empresa parcelou o valor do preço, condicionando uma parcela específica, depositada em *escrow*, a um certo evento que poderia ocorrer até determinada data. As partes posteriormente discordaram quanto à ocorrência ou não desse evento e o comprador se recusou a liberar o pagamento.

Quando as partes foram discutir em processo arbitral, o comprador sustentou se tratar de bônus, enquanto que o vendedor alegou que o valor era preço e que, demonstrada a sua boa-fé e tratando-se de uma simples formalidade relacionada ao cumprimento da condição, o valor deveria ser liberado, sob pena de enriquecimento ilícito. Como a redação da cláusula de preço era muito ambígua, como comprovar que o valor tinha natureza jurídica de preço? Por exemplo, por meio de documentos que comprovem que, na negociação, o comprador precificou, na sua modelagem financeira, aquele evento, considerando como efetivo preço do negócio.

Se antes do fechamento as partes refletirem a respeito das controvérsias tributárias envolvidas no pagamento do preço, certamente poderão ter uma visão mais clara dos aspectos que precisam restar evidenciados

---

[277] TOMÉ, Fabiana Del Padre. A Prova no Direito Tributário. Lima: Grijley, 2010. Artigo publicado em *Derecho Tributário – Tópicos Contemporâneos*. Tradución de Juan Carlos Panez Solórzano. Disponível em: http://www.ibet.com.br/download/Artigo%20A%20Prova%20no%20Direito%20Tributario. pdf. p. 8.

contratualmente – não que o contrato e os demais elementos contratuais sejam os únicos instrumentos que possam comprovar a real natureza dos pagamentos e eventuais ajustes, pois há diversos outros elementos relevantes, como a forma de contabilização e os fluxos financeiros.

Além do contrato de aquisição em si, outros elementos contratuais merecem menção: Memorando de Entendimentos, ofertas formais / cartas / propostas, vinculantes ou não, apresentações, comunicações por e-mail e outros documentos trocados na fase de negociação são especialmente importantes para demonstrar, por vezes, a lógica por trás das cláusulas que foram por fim acordadas no contrato em si.

É comum que as cláusulas contratuais sejam extensas, complexas e com referências cruzadas a outras cláusulas do próprio contrato, anexos ou mesmo outros contratos, de modo que a análise não é simples. Fornecer ao intérprete – ao Fisco ou mesmo ao Julgador, Juiz, Conselheiro, Ministro – elementos que possam esclarecer o sentido das cláusulas em uma possível disputa pode ajudar a sustentar determinada qualificação jurídica ou a defender a natureza daquela transação específica.

Nesse contexto, e de forma mais objetiva e prática, em casos de fusões e aquisições, as partes devem se preocupar em manter registro tanto em relação momento pré-fechamento e pós-fechamento, em especial se atentando aos seguintes elementos e documentos:

(i) quais as propostas de preço apresentadas pelo comprador? Houve na época contrapropostas do vendedor? Em termos de documentos: documentos fornecidos e discutidos com o racional do cálculo do preço, documentos preparados por assessores financeiros (relatórios com modelagens financeiras, apresentações, planilhas de cálculos) e documentos internos preparados por ambas as partes; propostas/ofertas formais (cartas/Memorando de Entendimentos) como informais (apresentações, e-mails etc.), além das várias versões do contrato de aquisição em si;

(ii) quais ajustes foram considerados ao definir o preço acordado? Quais valores, a título de passivos ou contingências, foram já descontados do preço? Documentos preparados pelos assessores jurídicos e pelas auditorias externas indicando contingências apuradas e seus valores. Avaliação de riscos identificados e discutidos pelas partes durante as negociações;

CONCLUSÕES

(iii) na época da aquisição, como foi calculado o custo de aquisição pelo comprador? Detalhes da composição do custo, mediante laudo técnico preparado por empresa independente. Informações sobre a avaliação das contraprestações contingentes incluídas ou não no preço pago. Comprovantes do pagamento feito pelo comprador ao vendedor e dos lançamentos contábeis relativos a esse pagamento;

(iv) se houve retenção de preço (*holdback* ou *escrow*), quem apresentou tal proposta? Qual foi a real motivação? Por que as partes concordaram? Apenas o contrato reflete as condições impostas para liberação? Outros documentos que podem indicar posições adotadas pelas partes;

(v) no caso de *escrow*, além do próprio contrato de *escrow*, todos os demais documentos providos pela própria instituição financeira relativos à abertura da conta, aos poderes de movimentação de cada parte, extratos bancários, ordens de liberação emitidas e acatadas, parte responsável pelos custos da conta etc. Documentos enviados pelas partes ao agente depositário, prestações de conta fornecidas pela instituição financeira, comprovantes de pagamento dos custos do agente de manutenção da conta bancária. Quanto aos rendimentos financeiros sobre os valores depositados, documentos que comprovem quais aplicações foram feitas pelo agente depositário e comprovem a quem caberia esses rendimentos;

(vi) se houve *earn out*, como foi calculado? Qual valor foi inicialmente estimado pelas partes? Esse valor foi posteriormente confirmado ou não? Quais elementos comprovaram o cumprimento da condição pelo vendedor? Quais documentos foram efetivamente apresentados pelo vendedor para comprovar o cumprimento?

(vii) se o *earn out* existiu mas não foi pago, como comprovar que a condição fixada para pagamento não foi cumprida? Notificações trocadas entre comprador e vendedor a esse respeito;

(viii) no caso de *earn out* pago aos vendedores pessoas físicas que continuam trabalhando na empresa-alvo, quais documentos comprovam a relação ou não do *earn out* com esse trabalho? Contrato de trabalho / gestão segregado, comprovantes de pagamento, periodicidade do pagamento. Como distinguir o *earn out* da eventual remuneração?

CONTROVÉRSIAS TRIBUTÁRIAS DOS MECANISMOS CONTRATUAIS

Há evidências de como foi calculado cada pagamento, a título de *earn out* e a título de remuneração?

(ix) no caso de indenização, quais documentos comprovam o pleito efetuado pelo comprador e qual o seu embasamento? Como foi feito o cálculo do valor indenizável devido? Quais aspectos quanto ao valor e à extensão da perda alegada foram discutidos pelas partes? Laudos técnicos que comprovem a perda incorrida pelo comprador. Discriminativo com o racional do cálculo acordado e comprovantes de pagamento da indenização/ou do seu desconto de valores ainda devidos ao vendedor;

(x) no caso de compensações de valores (por exemplo, indenização foi descontada do preço retido, ou ajuste negativo foi descontado do preço retido etc.), foi qual foi o mecanismo utilizado? Como demonstrar o cálculo e comprovar a liberação dos valores líquidos?

(xi) tratando de reembolso, quais despesas foram objeto de pagamento por uma das partes e objeto de posterior reembolso? comprovantes de pagamento e notas de débitos, contendo a discriminação das despesas e dos exatos valores reembolsados; e

(xii) no que tange aos ativos contingentes, quais ativos foram negociados? Quais documentos mostram que as partes concordaram que o ativo foi gerado pelo vendedor e que a ele caberia eventual benefício econômico? Documentos que comprovem a materialização efetiva do ativo e o posterior reembolso ao vendedor pelo valor correspondente ao benefício trazido pelo ativo.

Além do contrato de aquisição de participação societária, esses são alguns dos elementos de prova necessários em relação ao momento pré-fechamento e pós-fechamento que devem ser considerados por ambas as partes.

Por fim, cabe uma última recomendação, no sentido de que as empresas devem se preocupar, além das questões envolvendo a documentação e os registros contábeis, em elaborar políticas internas ou *guidelines* com recomendações objetivas a respeito dos cuidados que devem ser adotados pelos indivíduos que são responsáveis pelas operações de M&A. Práticas de boa governança são comprovadamente importantes para proteger os investidores, os empregados e o próprio Fisco, evitando a adoção de condutas que sejam impróprias e possam prejudicar a própria atividade produtiva[278]. Nesse sentido, é interessante que haja regras claras de como a negociação deve ser conduzida, garantias que devem ser buscadas e precauções, obviamente, no que tange aos impactos tributários das operações.

---

[278] Confira-se as excelentes lições de Luciana Aguiar in Governança Corporativa Tributária: aspectos essenciais. São Paulo: Quartier Latin, 2016.

REFERÊNCIAS

Aguiar, Luciana Ibiapina Lira. *Governança Corporativa Tributária: aspectos essenciais.* São Paulo: Quartier Latin, 2016.

Alves, Daniel Rodrigues. *Determinabilidade, negociação e elaboração das cláusulas de preço contingente (earn-out) nas operações de compra e venda de participação societária ou de estabelecimento e análise de conflitos à luz do princípio da boa-fé objetiva.* 17.10.2016. 87 folhas. Orientadora Lie Uema do Carmo. Dissertação de Mestrado. Escola de Direito de São Paulo da Fundação Getulio Vargas.

Barbosa, Luiz Roberto Peroba. *A Contabilidade como Prova no Processo Administrativo Tributário.* In Controvérsias Jurídico-Contábeis (Aproximações e Distanciamentos). São Paulo: Dialética. 2010.

BDINE Jr, Hamid Charaf. *Código Civil comentado: doutrina e jurisprudência.* Coordenador Cezar Peluso. 3ª edição. São Paulo: Manole, 2009.

Carrazza, Roque Antonio. *Imposto sobre a Renda (perfil constitucional e temas específicos).* São Paulo: Malheiros, 2009.

Chiavassa, Tércio. Simone. Diego Caldas Rivas de. *Valores faturados e não recebidos: a questão do PIS e da COFINS.* In Migalhas, 18.11.2004.

Cooter, Robert. Thomas Ulen. *Law and Economics.* 6ª edição. Berkeley Law Books, 2016.

Diniz, Maria Helena. *Código Civil anotado.* 14ª edição revisada e atual. São Paulo: Saraiva, 2009.

Frankel, Michael E. S.. *Mergers and Acquisitions Basics.* The Key Steps of Acquisitions, Divestitures and Investments. Wiley, 2005.

Galhardo, Luciana Rosanova. *Rateio de Despesas no Direito Tributário* (ed. reformulada, atualizada e ampliada). 2ª. ed. São Paulo: Quartier Latin, 2018.

Gilson, Ronald J.. *Value Creation by Business Lawyers: Legal Skills and Asset Pricing.* Yale Law Journal Company, 1984.

Gomes, Orlando. *Contratos*. Rio de Janeiro: Editora Forense, 1999.

Greco, Marco Aurélio. *Crise do Formalismo no Direito Tributário Brasileiro*. Revista da PGFN. Ano 1, número 1.

Greco, Marco Aurélio. *Planejamento Tributário*. 2ª edição. São Paulo: Dialética, 2008.

Iudícibus, Sérgio de e Martins, Eliseu. *Uma investigação e uma proposição sobre o conceito e o uso do valor justo*. In Revista de Contabilidade e Finanças da USP, nº 44, 2007.

Iudícibus, Sérgio de. et. al. *Contabilidade introdutória*. Equipe de professores da Faculdade de Economia, Administração e Contabilidade da USP; coordenação Sérgio de Iudícibus. 9ª edição. São Paulo: 2008.

Iudícibus, Sérgio de. et. al. *Manual de contabilidade societária*. 2ª edição. Atlas: São Paulo, 2013.

Lobo, Ricardo. *Normas Gerais Antielisivas*. Revista Fórum de Direito Tributário, Belo Horizonte, volume 1, número 1, jan. 2003.

Lundenberg, Daniel. Bostian, Brice. *Accounting for Transaction Costs and Earn-outs in M&A*. In Practical Law Company. 2012.

Machado, Hugo de Brito. *Inoponibilidade das convenções particulares à Fazenda Pública – Inteligência do art. 123 do CTN*. In Revista do Curso de Mestrado em Direito da UFC. 2009.

Minatel, José Antonio. *Conteúdo do Conceito de Renda e Regime Jurídico para sua Tributação*. São Paulo: MP Editora, 2005.

Miyahira , Carlos. *O Perigo Contábil do Earn Out*. In Capital Aberto. Edição 67. 24.2.2017.

Nascimento, João Pedro Barroso. *Direito Societário Avançado*. FGV, 2015.

Oliveira, Ricardo Mariz de. *Fundamentos do Imposto de Renda*. São Paulo: Quartier Latin, 2008.

Paro, Giácomo. Diniz, Rodrigo de Madureira Pará. *As implicações das cláusulas de ajustes de preços e das contas escrow na tributação pelo Imposto de Renda*. In Revista Tributária e de Finanças Públicas, volume 23, nº 121, Março/Abril de 2015.

Pereira, Caio Mário da Silva. *Instituições de Direito Civil*. Volume III. 12ª edição. Rio de Janeiro: Forense, 2006.

Pereira, Caio Mário da Silva. *Instituições de Direito Civil*. Volume I. 22ª edição. Rio de Janeiro: Forense, 2008.

Posner, Richard. *Economics Analysis of Law*. Aspen Casebook Series. 8ª edição, 2011.

Posner, Richard. *Values and Consequences: An Introduction to the Economics Analysis of Law*. University of Chicago Law School, Program in Law and Economics Working Paper 53.

Reale, Miguel. *A boa-fé no código civil*. 2003. Disponível em: http://www.miguelreale. com.br/artigos/boafe.htm.

REFERÊNCIAS

Sehgal , Anshul. *The concept of Earnout in Merger and Acquisition Transactions*. Amity Law School, New Delhi. 2014.

Simone, Diego Caldas Rivas de. *Segurança Jurídica e Tributação: da certeza do direito à proteção da confiança legítima do contribuinte*. São Paulo: Quartier Latin, 2011.

Stiglitz, Joseph. *Information and the Change in the Paradigm in Economic*. The American Economic Review, Vol. 92, nº 3, junho 2002.

Sunstein, Cass R.. *Behavioral Analysis of Law* (Program in Law & Economics Working Paper No 46, 1997).

Tomé, Fabiana Del Padre. *A Prova no Direito Tributário*. Lima: Grijley, 2010.

Tsao, Adam. *Pricing Mechanisms in Mergers and Acquisitions: Thinking Inside the Box*. University of Pennsylvania Journal of Business Law. Vol. 18:4.

Varian, Hal R. *Microeconomia: conceitos básicos*. Rio de Janeiro: Elsevier, 2006.

Venosa, Sílvio de Salvo. *Direito civil: teoria geral das obrigações e teoria geral dos contratos*. 12ª edição. São Paulo: Atlas, 2012.

Vieira, Jorge. *Transações de M&A e os impactos societários e tributários das IFRSs no Brasil: Desafios Apresentados aos Operadores do Direito e aos Operadores das IFRSs*. 2º Workshop de Contabilidade e Tributação da FEARP/USP, 20.10.2016 e 21.10.2016.

Wald, Arnoldo. *Obrigações e contratos*. 16ª edição, revisada, ampliada e atualizada de acordo com o Código Civil de 2002, com a colaboração do Prof. Semy Glanz. São Paulo: Saraiva, 2004.

SUMÁRIO

PREFÁCIO	5
SUMÁRIO	9
1. INTRODUÇÃO	13
2. REFERENCIAL TEÓRICO	19
3. *EARN OUT*	63
4. *HOLDBACK* E DEPÓSITO EM *ESCROW*	121
5. AJUSTES DE PREÇO	161
6. INDENIZAÇÃO	185
7. CONCLUSÕES	221
REFERÊNCIAS	235